# GUIDE DES ASPIRANTS

## AU PROFESSORAT DES ÉCOLES NORMALES

### ET DES ÉCOLES PRIMAIRES SUPÉRIEURES

AINSI QU'A L'ADMISSION

### AUX ÉCOLES DE SAINT-CLOUD ET DE FONTENAY-AUX-ROSES

ORDRE DES LETTRES

# GUIDE DES ASPIRANTS

## AU PROFESSORAT DES ÉCOLES NORMALES

### ET DES ÉCOLES PRIMAIRES SUPÉRIEURES

AINSI QU'À L'ADMISSION

## AUX ÉCOLES NORMALES SUPÉRIEURES D'ENSEIGNEMENT PRIMAIRE

### DE SAINT-CLOUD ET DE FONTENAY-AUX-ROSES

## (ORDRE DES LETTRES)

---

## CONSEILS ET DIRECTIONS PÉDAGOGIQUES

PRÉCÉDÉS

**D'UN EXPOSÉ DES TEXTES RÉGISSANT LA MATIÈRE**

ET SUIVIS

de modèles commentés pour les diverses épreuves
et d'un recueil de sujets officiels donnés
pour les épreuves écrites et orales
soit aux examens mêmes, soit dans l'intervalle des sessions,
pour aider à la préparation des candidats

PAR

## Roger LIQUIER

ANCIEN INSTITUTEUR, LICENCIÉ EN DROIT,
DIRECTEUR D'ÉCOLE NORMALE

# PARIS

## LIBRAIRIE CLASSIQUE EUGÈNE BELIN

Vᵉ EUGÈNE BELIN ET FILS

RUE DE VAUGIRARD, Nº 52

---

1888

SAINT-CLOUD. — IMPRIMERIE V° EUG. BELIN ET FILS.

# AVERTISSEMENT

Au milieu de l'admirable évolution pédagogique qui s'accomplit dans l'enseignement primaire, il est une réforme qui peut être considérée comme la base de toutes les autres et sans laquelle celles-ci eussent été condamnées à rester lettre morte ou frappées de stérilité. Je veux parler de la réorganisation des écoles normales.

Il ne pouvait suffire, en effet, d'étendre et d'élever les programmes, si l'on ne se fût préoccupé en même temps d'assurer un nouveau recrutement d'instituteurs capables de les enseigner. Or, cette mesure devait nécessairement avoir pour corollaire une mesure analogue en ce qui concerne le personnel des maîtres chargés de former les premiers ; de là l'institution du certificat d'aptitude au professorat des écoles normales et la création des écoles de Saint-Cloud et de Fontenay-aux-Roses.

Mais ces écoles ne s'ouvrent que pour quelques élus. Outre les candidats à qui l'examen d'admission n'a pas été favorable, il est un grand nombre de maîtres qui, soit qu'ils aient dépassé l'âge, soit que mille considérations les en empêchent, ne peuvent songer à entrer comme élèves dans ces établissements.

Il y a encore les anciens maîtres adjoints déjà en fonctions au 5 juin 1880. Ceux-ci voient généralement, avec un regret qui n'est pas toujours exempt d'une certaine amertume, l'invasion dans leurs rangs de jeunes collègues diplômés, jouissant, dès leur début, d'une situation morale et pécuniaire supérieure à la leur, et se trouvant en possession d'un titre qui doit pour l'avenir leur assurer l'avantage sur leurs aînés, dans le cours de leur commune carrière.

Enfin, le certificat d'aptitude au professorat, déjà nécessaire pour obtenir le certificat d'aptitude à l'inspection primaire et à la direction des écoles normales, vient, par une loi récente, d'être rendu obligatoire pour être appelé à la direction d'une école primaire supérieure.

Dans ces circonstances, l'élite du personnel de nos écoles de tout ordre a très courageusement entrepris la conquête du nouveau diplôme : le nombre des candidats inscrits à chaque session témoigne de cet heureux mouvement ; mais la faible proportion des admis atteste aussi une préparation insuffisante ou défectueuse.

C'est qu'en effet, si c'est une chose exceptionnellement ardue et difficile que de s'instruire tout seul, sans maître et sans guide, la difficulté s'accroît singulièrement quand il faut mener à bien une semblable tâche au milieu de travaux absorbants qui ne nous laissent que de rares loisirs, et souvent dans une solitude intellectuelle qui paralyse nos forces et ôte tout essor à notre pensée.

Il faut, pour surmonter de tels obstacles, être doué des plus heureux dons de l'esprit et d'une force de volonté de tous les instants. C'est ce que chacun sait, et sans doute ceux-là seuls l'affrontent qui se sentent armés pour le combat.

Mais ces conditions indispensables ne suffisent pas

encore pour se préparer avec succès. Il faut, en outre, *savoir se préparer*.

*Savoir se préparer*, c'est-à-dire se rendre un compte exact du but à poursuivre, régler intelligemment ses études et ses travaux, faire un choix judicieux des exercices auxquels on doit se soumettre, organiser en un mot l'assimilation intellectuelle ; enfin tirer parti des notions acquises.

Or, voilà en quoi la plupart des aspirants, maîtres adjoints et surtout instituteurs, qui se préparent dans un isolement plein d'incertitudes, livrés à leurs tâtonnements, ont besoin qu'on les conseille et qu'on les dirige.

C'est pour eux spécialement qu'a été écrit cet ouvrage. Ce sont ces divers points d'intérêt pédagogique qu'on s'est attaché à étudier et à mettre en lumière dans la II$^e$ partie, qui en forme la partie la plus originale.

Nous ne nous sommes point renfermé dans ces données vagues et générales qu'on se dépite si souvent de rencontrer dans les livres à la place des indications pratiques que l'on y cherchait. Tout y est précis, minutieusement exposé, facile à mettre en action pour quiconque possède seulement les facultés nécessaires.

Car l'auteur n'a point puisé ses observations dans de vaines théories pédagogiques. Ancien instituteur lui-même, il les doit à une expérience personnelle qui s'est formée pendant la moitié d'une carrière, et dont toute une série d'examens (y compris, bien entendu, ceux du professorat), préparés et subis dans les mêmes conditions où se trouvent placés les moins favorisés de nos aspirants, semble avoir aujourd'hui consacré la valeur.

C'est, d'ailleurs, le succès obtenu par cette publication dans le journal *l'Instruction primaire,* où elle a d'abord paru, qui nous détermine à l'éditer en volume.

Pour rendre cet ouvrage plus complet, nous avons fait précéder l'étude dont il s'agit d'un exposé de la législation sur la matière, tant en ce qui concerne le diplôme du professorat en lui-même, que les écoles normales supérieures d'enseignement primaire, destinées à y préparer. Nous l'avons fait suivre, en outre, de modèles *commentés* pour les diverses épreuves, et d'un recueil de sujets donnés par l'administration, soit aux examens mêmes, soit, dans l'intervalle des sessions, pour aider à la préparation des candidats.

Nous pensons qu'ainsi conçu, ce livre pourra être, avec les quatre parties qui le composent, un véritable *vade-mecum* à l'usage des maîtres ou des maîtresses qui se préparent soit directement au professorat, soit à l'admission aux écoles de Saint-Cloud ou de Fontenay-aux-Roses.

# PREMIÈRE PARTIE

———

## RÉGLEMENTATION

# CERTIFICAT D'APTITUDE AU PROFESSORAT

## INSTITUTION DU DIPLOME. SANCTION. AVANTAGES. SITUATION LÉGALE DES PROFESSEURS

L'institution d'un *certificat d'aptitude au professorat des écoles normales* date du décret du 5 juin 1880.

En raison de la nouvelle sanction qu'a reçue ce diplôme de la loi du 30 octobre 1886, le décret du 18 janvier 1887 a étendu sa dénomination en le désignant désormais sous le nom de *certificat d'aptitude au professorat des écoles normales et des écoles primaires supérieures* :

**Décret du 18 janvier 1887.** — Art. 106. Les titres de capacité de l'enseignement primaire sont :

1° . . . . . . ; 2° . . . . . . le certificat d'aptitude au professorat des écoles normales et des écoles primaires supérieures.

Ce diplôme est désormais requis :

1° Pour être nommé *professeur* dans une école normale ;

2° Pour être nommé directeur ou directrice d'une école primaire supérieure ;

3° Pour être nommé *professeur* dans une école primaire supérieure ;

4° Pour se présenter, sauf quelques équivalences et quelques dispenses, au certificat d'aptitude à l'inspection primaire et à la direction des écoles normales.

C'est ce qui résulte des textes ci-après :

**Décret du 18 janvier 1887.** — Art. 65. L'enseignement est donné (dans les écoles normales) par des *professeurs* nommés par le ministre...

**Loi du 30 octobre 1886.** — Art. 28. Les directeurs, directrices et professeurs d'écoles primaires supérieures sont nommés par le ministre. Ils doivent être pourvus du certificat d'aptitude au professorat des écoles normales.

**Décret du 18 janvier 1887.** — ART. 110. Les aspirants au certificat d'aptitude à l'inspection primaire et à la direction des écoles normales doivent... être pourvus de l'un des titres suivants : certificat d'aptitude au professorat, licence ès lettres ou ès sciences, certificat d'aptitude à l'enseignement secondaire spécial, baccalauréat ès lettres et baccalauréat ès sciences, ou, à défaut de ce dernier, baccalauréat de l'enseignement secondaire spécial.

Les aspirantes à la direction des écoles normales doivent remplir les mêmes conditions que les aspirants [1].

A la vérité, on peut être appelé à exercer des fonctions d'enseignement dans les écoles normales ou dans les écoles primaires supérieures, sans être pourvu du certificat d'aptitude au professorat, mais les maîtres de cette catégorie *n'en sont pas moins astreints à un examen subi dans les mêmes formes que l'examen du professorat;*

De plus, au lieu d'être pourvus d'une nomination définitive, ils n'exercent qu'en vertu d'une délégation accordée pour un an seulement, et qui ne pourra être renouvelée que suivant le succès de leur préparation au professorat :

**Arrêté du 1er septembre 1887.** — ART. 1er. Aucune délégation à titre provisoire dans les fonctions de professeur, soit dans les écoles normales, soit dans les écoles primaires supérieures, ne sera désormais accordée

---

1. Le décret du 18 janvier 1887, outre les équivalences spécifiées à l'article 110, admet aussi *temporairement* quelques dispenses :

« ART. 186. Pendant les deux années qui suivront la publication du » présent décret, les instituteurs publics et les directeurs d'école an- » nexe, les commis de l'inspection académique, les maîtres adjoints des » écoles normales, s'ils comptent cinq ans d'exercice *comme titulaires* » et s'ils sont pourvus du brevet supérieur et du certificat d'aptitude pé- » dagogique, pourront, par décision ministérielle rendue sur l'avis du » recteur et du comité consultatif, être dispensés de produire le certificat » d'aptitude au professorat pour se présenter aux examens du certifi- » cat d'aptitude à l'inspection primaire et à la direction des écoles nor- » males. »

qu'à des candidats pourvus : 1° soit du brevet supérieur, soit du baccalauréat ; 2° du certificat d'aptitude pédagogique et après un examen spécial subi dans les mêmes formes que l'examen du professorat.

Sont seuls dispensés de cet examen les candidats admissibles aux épreuves orales du professorat, les licenciés et, pour les femmes, les personnes munies du certificat d'aptitude à l'enseignement secondaire.

ART. 2. Aucune délégation ne sera accordée pour une durée dépassant l'année scolaire. Les délégations cessent de plein droit au 30 septembre au plus tard. Les délégués qui ne se seront pas présentés aux examens du professorat ne peuvent, en aucun cas, obtenir le renouvellement de leur délégation.

Le nombre des délégations qui pourront être renouvelées sera déterminé par le nombre de postes vacants après le placement des titulaires.

**Circulaire du 1ᵉʳ septembre 1887** (extraits). — ... Ceux qui solliciteront cette sorte de stage (la délégation) sauront, en y entrant, qu'ils l'obtiennent pour la seule durée de l'année scolaire, au terme de laquelle ils devront se présenter au professorat. Admis, ils seront nommés à titre définitif ; admissibles, ils auront droit, de préférence à tous autres, à voir leur délégation renouvelée pour un an. Refusés ou ayant négligé de se présenter, ils devront aviser à se pourvoir d'autres postes dans l'enseignement primaire élémentaire.

... Il est à peine besoin d'ajouter qu'aucun renouvellement de délégation ne sera accordé que sur une proposition expresse de votre part (de la part du recteur), et après un rapport motivé qui me fera connaître les titres du candidat à cette faveur.

Ajoutons que les maîtres délégués ne peuvent prendre au lieu du titre de *professeurs* que celui de *maîtres adjoints* dans les écoles normales et d'*instituteurs adjoints* dans les écoles primaires supérieures, et que le traitement dont ils jouissent est très sensiblement inférieur à celui des professeurs titulaires.

1.

Les textes ci-après établissent ces différences et font connaître en outre les avantages respectivement attachés aux diverses situations du personnel des écoles normales, des écoles primaires supérieures et de l'inspection primaire [1].

**Décret du 18 janvier 1887.** — ART. 65. L'enseignement est donné (dans les écoles normales) par des *professeurs nommés* par le ministre, et, à défaut, par des instituteurs *délégués* par le ministre *à titre provisoire* en qualité de *maîtres adjoints* et qui doivent être pourvus du brevet supérieur et du certificat d'aptitude pédagogique.

**Loi du 30 octobre 1886.** — ART. 24, § 3. Les *instituteurs adjoints* dans les écoles primaires supérieures doivent avoir vingt et un ans et être pourvus du brevet supérieur. Ils prennent le titre de *professeurs* s'ils sont pourvus du certificat d'aptitude au professorat des écoles normales.

ART. 28. Les... *professeurs* d'écoles primaires supérieures sont *nommés* par *le ministre de l'instruction publique.*

Les *instituteurs adjoints* munis du brevet supérieur... sont nommés ou *délégués* dans ces établissements *par le préfet* sur la proposition de l'inspecteur d'académie.

**Décret du 30 juillet 1881** — ARTICLE PREMIER. Les professeurs, directeurs, maîtres adjoints et maîtresses adjointes d'écoles normales primaires sont répartis en trois classes.

Les traitements afférents à chacune de ces classes sont fixés ainsi qu'il suit :

### Ecoles normales d'instituteurs

DIRECTEURS

| | |
|---|---|
| 3e classe........................ | 4000 francs |
| 2e classe........................ | 4500 — |
| 1re classe........................ | 5000 — |

---

1. Pour tous ces traitements, voy. la note très importante, p. 19.

#### MAITRES ADJOINTS (EXTERNES)

```
3e classe........................... 2200 francs
2e classe........................... 2500   —
1re classe.......................... 2800   —
```

#### PROFESSEURS (EXTERNES)

```
3e classe........................... 2500 francs
2e classe........................... 2800   —
1re classe.......................... 3100   —
```

## Ecoles normales d'institutrices

#### DIRECTRICES

```
3e classe........................... 3000 francs
2e classe........................... 3500   —
1re classe.......................... 4000   —
```

#### MAITRESSES ADJOINTES (INTERNES)

```
3e classe........................... 1400 francs.
2e classe........................... 1700   —
1re classe.......................... 2100   —
```

#### PROFESSEURS (INTERNES)

```
3e classe........................... 1700 francs.
2e classe........................... 2200   —
1re classe....... ................... 2400   —
```

Il sera alloué aux professeurs et maîtresses adjointes autorisées à résider hors de l'établissement, en vertu de l'article 15 du décret du 29 juillet 1881 [1], un supplément de traitement de 500 francs.

---

1. Le décret du 29 juillet 1881 est aujourd'hui abrogé, mais l'article dont il s'agit est reproduit dans le dernier alinéa de l'art. 77 de l'arrêté du 18 janvier 1887. (Voy. ci-après.)

**Arrêté du 18 janvier 1887.** — Art. 77. Le directeur et l'économe [1] habitent dans l'établissement. Ils ont droit aux prestations en nature. Dans les écoles normales d'instituteurs, tous les autres fonctionnaires sont externes.

Toutefois, les professeurs et maîtres délégués qui en feront la demande pourront, sur la proposition du recteur, être autorisés par le ministre à habiter dans l'école et à prendre leurs repas à la table commune. En échange de ces avantages, ils sont chargés de diriger les différents services de surveillance intérieure.

Dans les écoles normales d'institutrices, les professeurs et les maîtresses déléguées ne peuvent habiter hors de l'établissement qu'avec l'autorisation du recteur.

**Arrêté du 10 janvier 1887.** — Article premier. Les professeurs d'écoles primaires supérieures sont assimilés en ce qui concerne la répartition en classes et le traitement aux professeurs d'écoles normales primaires.

Ils conserveront le traitement attaché à leurs précédentes fonctions lorsque ce traitement excédera celui de professeur d'école primaire supérieure.

Art. 2. La différence existant entre le traitement de professeur et celui d'instituteur adjoint d'école primaire supérieure (traitement fixe, éventuel, supplément communal) et celui de professeur est garantie par l'État.

**Décret du 29 octobre 1881.** — Article premier. Les directeurs et instituteurs adjoints des écoles primaires supérieures sont répartis en quatre classes, et le traitement minimum de chaque classe est fixé ainsi qu'il suit :

---

1. Nous n'insistons pas sur la situation particulière de l'économe, ce fonctionnaire étant désormais dispensé du professorat, mais astreint en revanche à un stage et à un examen spécial. (Décret du 18 janvier 1887, art. 64.)

### DIRECTEURS

| | |
|---|---|
| 4ᵉ classe............................ | 2000 francs. |
| 3ᵉ classe............................ | 2200 — |
| 2ᵉ classe............................ | 2500 — |
| 1ʳᵉ classe............................ | 2800 — |

### ADJOINTS

| | |
|---|---|
| 4ᵉ classe............................ | 1200 francs. |
| 3ᵉ classe............................ | 1400 — |
| 2ᵉ classe............................ | 1600 — |
| 1ʳᵉ classe............................ | 1800 — |

Art. 2. La promotion d'une classe à la classe supérieure est de droit, pour les directeurs après cinq années, et pour les adjoints, après trois années passées dans la classe immédiatement inférieure, et ne peut avoir lieu avant l'expiration de cette période.

Art. 3. Les directeurs et adjoints des écoles primaires supérieures jouissent des avantages spécifiés aux articles 3, § 1ᵉʳ, et 4 de la loi du 19 juillet 1875[1].

Art. 4. Les directeurs et adjoints qui débutent appartiennent à la dernière classe. Toutefois, ceux qui étaient déjà titulaires ou adjoints dans les écoles primaires élémentaires conservent la classe à laquelle ils appartenaient, et, dans aucun cas, leur traitement ne peut devenir inférieur à celui dont ils jouissaient.

Art. 5. Les directeurs et adjoints des écoles primaires supérieures et les directeurs de cours complémentaires d'un an[2] reçoivent, en outre des traitements minima fixés par l'article 1ᵉʳ, un traitement éventuel soumis à retenue et calculé d'après le nombre des élèves qui fréquentent l'école primaire supérieure ou le cours complémentaire.

---

1. 100 fr. de supplément pour le brevet supérieur et 100 fr. pour la médaille d'argent.

2. Le décret du 15 janvier 1881 (art. 1ᵉʳ) entendait par cours complémentaires les écoles primaires supérieures *d'un an* annexées à l'école élémentaire. Le décret du 18 janvier 1887 désigne ainsi les établissements d'enseignement primaire supérieur annexés à une école primaire élémentaire et placés sous une même direction. Ils peuvent désormais comprendre deux années d'études (art. 30).

Aucun élève n'entre dans le calcul de l'éventuel s'il n'est régulièrement inscrit sur le registre matricule et s'il n'a fréquenté au moins pendant sept mois l'école ou le cours.

Sur l'avis du conseil départemental, le préfet détermine tous les ans, sous réserve de l'approbation du ministre, le taux de cette allocation supplémentaire dans chaque école.

Cette allocation peut varier de 10 à 20 francs par élève, suivant la résidence et les résultats de l'enseignement.

ART. 6. Le montant de l'éventuel dans toute école qui a des instituteurs adjoints est divisé en deux parties égales : l'une est attribuée au directeur, l'autre est partagée également entre les adjoints.

Les directeurs de cours complémentaires reçoivent la totalité de l'éventuel.

ART. 7. Les indemnités ou suppléments de traitements que les directeurs et adjoints des écoles primaires supérieures et les directeurs de cours complémentaires peuvent recevoir des communes sont prélevés sur les ressources ordinaires ou extraordinaires des budgets municipaux autres que celles des quatre centimes spéciaux. Elles peuvent être soumises à la retenue.

. . . . . . . . . . . . . . . . . . . . . .

ART. 11. Toutes les dispositions ci-dessus sont applicables aux écoles primaires supérieures de filles.

. . . . . . . . . . . . . . . . . . . . . .

**Décret du 18 janvier 1887.** — ART. 31. Ne peuvent être nommés directeurs ou directrices d'une école à laquelle est annexée un cours complémentaire que les instituteurs ou institutrices publics titulaires pourvus au moins du brevet supérieur.

Ceux ou celles qui seraient en outre pourvus du certificat d'aptitude au professorat des écoles normales seront assimilés aux directeurs et directrices d'écoles primaires supérieures.

ART. 32. Les conditions d'âge et de titres imposées par

l'article 24, § 3, de la loi du 30 octobre 1886[1] aux instituteurs adjoints dans les écoles primaires supérieures sont également requises des instituteurs adjoints chargés de cours complémentaires.

**Arrêté du 11 avril 1878.** — Les traitements des inspecteurs primaires sont fixés ainsi qu'il suit, à partir du 1er janvier 1878 :

| | |
|---|---|
| Inspecteurs de 1re classe. . . . . . . . | 3600 fr. |
| Inspecteurs de 2e classe. . . . . . . . | 3200 » |
| Inspecteurs de 3e classe. . . . . . . . | 2800 » |

Les inspecteurs primaires touchent, en outre, des frais de tournées calculés sur le pied de 10 francs par jour d'inspection (Arrêté du 15 octobre 1879), et, dans la plupart des départements, des allocations dont le chiffre est très variable[2].

---

1. Voy. ci-dessus, p. 11.
2. D'après un projet de loi sur lequel la Chambre des députés a déjà statué, la situation des divers fonctionnaires dont nous venons de parler serait profondément modifiée, savoir :

« ART. 13. Le traitement des directeurs et directrices d'écoles primaires supérieures est fixé ainsi qu'il suit :

| | |
|---|---|
| 5e classe. . . . . . . . . . . . . . . . . . . . . . . . . . | 1 800 francs. |
| 4e classe. . . . . . . . . . . . . . . . . . . . . . . . . . | 2 000 — |
| 3e classe. . . . . . . . . . . . . . . . . . . . . . . . . . | 2 200 — |
| 2e classe. . . . . . . . . . . . . . . . . . . . . . . . . . | 2 500 — |
| 1re classe. . . . . . . . . . . . . . . . . . . . . . . . . . | 2 800 — |

» Ils reçoivent, en outre, l'indemnité de résidence prévue à l'art. 11
» (100 à 800 fr. suivant l'importance des villes, 2 000 fr. à Paris).
» Ils ont droit au logement ou à l'indemnité représentative.
» ART. 14. Le traitement des instituteurs adjoints et des institutrices adjointes des écoles primaires supérieures est fixé ainsi qu'il suit :

| | |
|---|---|
| 5e classe. . . . . . . . . . . . . . . . . . . . . . . . . . | 1 000 francs. |
| 4e classe. . . . . . . . . . . . . . . . . . . . . . . . . . | 1 200 — |
| 3e classe. . . . . . . . . . . . . . . . . . . . . . . . . . | 1 500 — |
| 2e classe. . . . . . . . . . . . . . . . . . . . . . . . . . | 1 800 — |
| 1re classe. . . . . . . . . . . . . . . . . . . . . . . . . . | 2 000 — |

» Ils reçoivent, en outre, l'indemnité de résidence prévue à l'art. 11
» (100 à 800 fr. suivant l'importance des villes, 2 000 fr. à Paris).

## PROGRAMME ET CONDITIONS DE L'EXAMEN

**Décret du 18 janvier 1887** (modifié par le décret du 26 mars 1887). — Art. 109. Les candidats à l'examen du professorat des écoles normales et des écoles primaires supérieures doivent être âgés de vingt et un ans révolus au moment de leur inscription, être pourvus du brevet supérieur ou de l'un des deux baccalauréats, ou (pour les femmes) du diplôme de fin d'é-

---

» Ils ont droit au logement ou à l'indemnité représentative.

» Art. 15. Le traitement des directeurs et directrices d'écoles nor-
» males est fixé ainsi qu'il suit :

| | |
|---|---|
| 5e classe.............................. | 3 500 francs. |
| 4e classe.............................. | 4 000 — |
| 3e classe.............................. | 4 500 — |
| 2e classe.............................. | 5 000 — |
| 1re classe............................. | 5 500 — |

» A Paris, ce traitement sera de 7 000 à 10 000 francs.

» Art. 16. Le traitement des professeurs d'écoles normales est fixé
» ainsi qu'il suit :

| | |
|---|---|
| 5e classe.............................. | 2 400 francs. |
| 4e classe.............................. | 2 600 — |
| 3e classe.............................. | 2 800 — |
| 2e classe.............................. | 3 100 — |
| 1re classe............................. | 3 400 — |

» Ce traitement est diminué de 400 francs pour les maîtres nourris
» et logés dans l'établissement.

» Art. 17. Les instituteurs adjoints des écoles primaires supérieures
» pourvus du certificat d'aptitude au professorat dans les écoles nor-
» males sont assimilés aux professeurs de ces écoles.

» Art. 19. Les inspecteurs primaires sont répartis en cinq classes au
» traitement de :

| | |
|---|---|
| 5e classe.............................. | 3 000 francs. |
| 4e classe.............................. | 3 500 — |
| 3e classe.............................. | 4 000 — |
| 2e classe.............................. | 4 500 — |
| 1re classe............................. | 5 000 — |

» Dans le département de la Seine, les traitements seront de 6 000,
» 6 500, 7 000, 7 500, 8 000 francs.

» Art. 20. Indépendamment du traitement qui leur est attribué par
» l'article précédent, les inspecteurs primaires ont droit à une indem-
» nité de résidence qui ne pourra être inférieure à 200 francs. »

tudes, et justifier de deux ans d'exercice au moins dans les écoles publiques ou dans les écoles privées.

. . . . . . . . . . . . . . . .

Art. 192 (modifié par le décret du 26 mars 1887). Pendant cinq ans à dater de la publication du présent décret, les candidats au certificat d'aptitude au professorat des écoles normales qui étaient directeurs ou directrices d'une école primaire supérieure ou privée au moment de la promulgation de la loi du 30 octobre 1886 seront, s'ils avaient à cette date trente ans au moins et s'ils comptaient dix ans au moins d'exercice dans l'enseignement public ou privé, dispensés d'une partie des épreuves de l'examen, dans des conditions qui seront déterminées par un arrêté ministériel pris en conseil supérieur[1].

Jusqu'à l'expiration de ces cinq années, ils resteront dans la situation où ils étaient le 30 octobre 1886.

Les dispositions transitoires du présent article sont applicables au personnel enseignant des écoles primaires supérieures pourvu d'une nomination régulière au 30 octobre 1886.

**Arrêté du 18 janvier 1887.** — Art. 165. Deux commissions, l'une pour l'ordre des sciences, l'autre pour l'ordre des lettres, sont nommées chaque année par le ministre de l'instruction publique pour examiner l'aptitude au professorat des écoles normales et des écoles primaires supérieures.

Art. 166. Chacune de ces commissions est composée de cinq membres au moins, auxquels sont adjointes, avec voix délibérative, pour l'examen des aspirantes, deux directrices ou professeurs soit d'école normale, soit d'école primaire supérieure.

Des examinateurs spéciaux pourront être adjoints à

---

1. Voy. ci-après l'art. 173 dé l'arrêté du 18 janvier 1887, p. 23.

l'une ou l'autre de ces commissions, avec voix délibérative, pour l'ordre d'études qu'ils représentent.

ART. 167. Les candidats sont tenus de se faire inscrire,
à Paris, à la Sorbonne, et, dans les départements, au
bureau de l'inspecteur d'académie, d'indiquer les lieux où
ils ont résidé et les fonctions qu'ils ont remplies, depuis
dix ans et de faire les justifications exigées par l'art. 109
du décret du 18 janvier 1887.

Le registre d'inspection est clos un mois avant l'ouverture de la session.

La liste des candidats est arrêtée par le ministre de
l'instruction publique.

ART. 168. L'examen a lieu à la fin de l'année scolaire,
aux jours fixés par le ministre.

ART. 169. L'examen se compose : 1° d'épreuves écrites,
lesquelles sont éliminatoires ;

2° D'épreuves orales et pratiques.

ART. 170. Les épreuves écrites ont lieu au chef-lieu du
département, sous la surveillance de l'inspecteur d'académie ou d'un délégué agréé par le recteur.

Elles comprennent :

Pour les lettres : 1° une composition sur un sujet de
littérature ou de grammaire ;

2° Une composition d'histoire et de géographie ;

3° Une composition de morale ou de psychologie appliquée à l'éducation ;

4° Une composition de langue vivante (anglais ou
allemand) : thème et version. Pour cette épreuve, qui ne
sera obligatoire qu'à partir du 1er janvier 1888, les candidats pourront se servir de dictionnaires.

Pour les sciences :

. . . . . . . . . . . . . . . . . . . . . . .

Les quatre épreuves de chaque série ont lieu en quatre
jours consécutifs, les mêmes pour toute la France.

ART. 171. La commission prononce l'admission aux
épreuves orales et pratiques. Ces épreuves ont lieu à
Paris.

Art. 172. Les épreuves orales et pratiques comprennent :

Pour les lettres : 1° une leçon sur un sujet tiré au sort, dont la durée ne dépassera pas une demi-heure et qui pourra être suivie d'interrogations portant, soit sur le sujet qui a fait l'objet de la leçon, soit sur toute autre partie du programme. Trois heures sont accordées pour la préparation de cette leçon. Cette préparation a lieu à huis clos ;

2° La lecture expliquée d'un passage pris dans un auteur classique français ;

3° La correction d'un devoir d'élève-maître. La lecture expliquée et la correction du devoir sont précédées d'une préparation dont la durée ne doit pas dépasser trois quarts d'heure pour chacune des deux épreuves ;

4° L'explication, à livre ouvert, d'un texte allemand ou anglais, suivie d'interrogations sur la grammaire allemande ou anglaise (un quart d'heure).

Pour les sciences :

. . . . . . . . . . . . . . . . . . .

La liste des auteurs allemands ou anglais, ainsi que celle des auteurs classiques français sur lesquels porteront les explications des textes est arrêtée par le ministre tous les trois ans.

L'usage de tout secours autre que celui des dictionnaires, atlas ou livres autorisés par la commission est interdit.

Art. 173. Les candidats mentionnés à l'article 192 du décret du 18 janvier 1887[1] ne seront astreints qu'aux épreuves prévues par les deux premiers numéros de l'article précédent, tant pour les lettres que pour les sciences.

**Liste des auteurs sur lesquels porteront les explications en 1886, 1887 et 1888 (4 dé-**

---

1. Voy. p. 21.

cembre 1885). — La liste des auteurs anglais et allemands, ainsi que celle des auteurs classiques français sur lesquels porteront les explications des textes à l'examen pour l'obtention du certificat d'aptitude au professorat des écoles normales, en 1886, 1887 et 1888, est fixée ainsi qu'il suit :

**Langue anglaise :** *Nelson's Fourth Royal Reader.* (T. Nelson and sons, Londres et Edimbourg; Hachette et C<sup>ie</sup>, Paris.)

**Langue allemande :** *Der Schweizerische Bildungsfreund, ein republikanisches Lesebuch,* von D<sup>r</sup> Thomas Scheer. Prosaischer Theil. 1 vol. in-8°. (A Zurich, chez Orell Fussli et C<sup>ie</sup>; à Paris, chez Fischbacher, 33, rue de Seine[1]).

**Langue française :** CORNEILLE. — *Polyeucte, Rodogune, le Menteur.*
RACINE. — *Andromaque, Britannicus, les Plaideurs.*
MOLIÈRE. — *Les Précieuses ridicules, le Misanthrope, les Femmes savantes.*
LA FONTAINE. — *Fables,* livre X et XI.
BOILEAU. — *L'Art poétique.*
MONTAIGNE. — *Essais,* livre I, chap. xxv et xxvii; — *Lettre sur la mort de la Boétie.*
PASCAL. — *Lettres à un provincial,* I, IV, XIII.
LA BRUYÈRE. — *Caractères :* Chapitre I, *Des ouvrages de l'Esprit,* et chapitre V, *De la Société et de la Conversation.*
BOSSUET. — *Oraisons funèbres de Henriette de France, de Henriette d'Angleterre et du prince de Condé; Sermon sur la mort.*
FÉNELON. — *Lettre sur les occupations de l'Académie française; — Dialogues sur l'éloquence.*
M<sup>me</sup> DE SÉVIGNÉ. — *Choix de lettres.*
M<sup>me</sup> DE MAINTENON. — *Extraits de ses lettres, avis, entretiens, conversations et proverbes sur l'éducation.*
VOLTAIRE. — *Choix de lettres* (édition Fallex); — *Siècle de Louis XIV,* ch. xxxii.
BUFFON. — *Discours sur le style.*

Bien que l'abrogation de l'ancienne réglementation semble devoir entraîner celle de toutes les instructions qui s'y ratta-

---

1. Ouvrage prescrit par décision du 22 février 1886 en remplacement de l'ouvrage porté sur la liste du 4 décembre 1885, lequel était épuisé.

chent, nous reproduisons les deux avis suivants, où les candidatst rouveront toujours, au moins un indice utile :

**Avis relatif aux épreuves orales** (avril 1886).
— Les aspirants et aspirantes au certificat d'aptitude sont prévenus que l'administration demandera aux présidents des jurys de joindre au procès-verbal de l'examen et au dossier de chaque candidat une note spéciale sur la *diction*, dont il sera tenu compte pour le classement dans les épreuves orales.

**Autre avis** (novembre 1885). — Ouvrages recommandés pour la préparation aux examens :
*L'Art de la lecture* et *la Lecture en action*, par M. Ernest Legouvé, de l'Académie française.

---

### MOYENS DE PRÉPARATION

Une décision en date du 31 octobre 1881 avait institué au ministère de l'instruction publique un comité qui avait pour mission de corriger les devoirs des candidats au professorat, et de proposer des sujets dont le texte était publié d'abord tous les mois, puis tous les trois mois, dans le *Bulletin administratif*.

Une note insérée au Bulletin annonce la suppression de cette mesure :

**Note relative à la correction des devoirs proposés** (décembre 1886). — Des raisons d'ordre financier imposent à l'administration centrale de l'instruction publique la nécessité de renoncer à faire corriger les devoirs qu'elle proposait, au cours de l'année, pour la préparation aux divers certificats d'aptitude de l'enseignement primaire (inspection, direction et professorat des écoles normales).

Les candidats sont donc informés qu'à l'avenir le *Bulletin administratif* de l'instruction publique ne publiera plus de sujets de devoirs.

Il a été organisé au chef-lieu de plusieurs académies des comités de correction composés de professeurs de Facultés, qui présentent aux instituteurs désireux d'étendre et de perfectionner leurs connaissances les plus hautes garanties de savoir et de talent, et, en outre, la plupart des journaux et des revues scolaires proposent régulièrement à leurs lecteurs des sujets de composition et se chargent de la correction des devoirs.

Les candidats qui ont le désir de travailler sont donc assurés de trouver les conseils et la direction dont ils ont besoin pour se préparer aux examens qu'ils ont à subir.

Signalons, par contre, la récente mesure ci-après, dont les candidats de Paris ou des environs sont malheureusement seuls appelés à profiter :

**Avis de novembre 1887.** — Il sera ouvert au Musée pédagogique, à partir du 13 décembre prochain, trois séries d'entretiens pédagogiques et de lectures expliquées portant sur la littérature et la grammaire, l'histoire et la géographie, la morale et la psychologie appliquée à l'éducation, en vue de la préparation *des aspirants au certificat d'aptitude au professorat* dans les écoles normales primaires et dans les écoles primaires supérieures.

Ces conférences pratiques auront lieu, de huit à neuf heures du soir, le mardi, le mercredi et le samedi de chaque semaine.

Elles seront faites :

Le mardi, pour la littérature, par M. Hémon, professeur de rhétorique au lycée Louis-le-Grand;

Le mercredi, pour l'histoire et la géographie, par M. Ducoudray, agrégé de l'Université, professeur à l'école normale d'Auteuil;

Le samedi, pour la morale et l'éducation, par M. Mabilleau, professeur de philosophie à la Faculté de Toulouse, en congé.

Les inscriptions sont dès à présent reçues au Musée pédagogique, tous les jours, de midi à cinq heures du soir, sauf le lundi.

Les candidats doivent être pourvus du brevet supérieur, et justifier d'une année au moins d'exercice dans les écoles publiques.

Tout candidat devra faire connaître, en s'inscrivant, s'il est dans l'intention de suivre les trois séries de conférences, ou seulement une ou deux.

Du moins le secours des livres est assuré aux candidats de la province :

**Avis de janvier 1882.** — En vue d'aider à la préparation des candidats au professorat dans les écoles normales d'instituteurs et d'institutrices, à l'inspection de l'enseignement primaire et à celle des écoles maternelles, il est institué, au Musée pédagogique de Paris, 41, rue Gay-Lussac (nouvelle adresse), une *bibliothèque circulante*. Elle est divisée en trois sections :

1° Section des lettres (grammaire, critique et histoire littéraires, histoire générale et géographie) ;

2° Section des sciences (arithmétique, géométrie et algèbre élémentaire ; physique et chimie ; histoire naturelle, agriculture et hygiène) ;

3° Section de pédagogie (psychologie, morale, instruction civique, éducation générale, méthodes d'enseignement, législation scolaire).

Le catalogue de cette bibliothèque sera envoyé à toute personne qui le demandera par lettre affranchie à l'inspecteur général, directeur du Musée pédagogique[1].

Les demandes de livres devront être adressées à M. le Ministre de l'instruction publique et des cultes.

Elles porteront en tête cette mention : *Bibliothèque circulante du Musée pédagogique. — Demande de livres.*

---

1. Voy. ci-après, p. 29.

Ils feront connaître :

A. — Le titre exact des objets demandés;

B. — Le temps pendant lequel on désire les conserver, ce temps ne pouvant, en aucun cas, excéder deux mois;

C. — L'adresse de l'emprunteur, avec l'indication de la ligne de chemin de fer et de la station qui desservent sa résidence.

La première demande de livres devra être soumise au visa de l'inspecteur d'académie ou de l'inspecteur primaire, lequel attestera que l'auteur de la demande se prépare réellement à un examen pour un des emplois indiqués plus haut.

Les livres demandés seront envoyés comme colis postaux par les soins du directeur du Musée pédagogique. Ils devront lui être retournés dans les mêmes conditions par l'emprunteur, à l'expiration du délai indiqué au bulletin d'expédition. Le port, au retour, sera seul à la charge de l'emprunteur.

Pour chaque envoi, le nombre de volumes ne pourra former un poids supérieur à trois kilogrammes.

Les livres empruntés devront avoir été retournés au Musée pédagogique pour obtenir un autre prêt. Il ne serait pas donné suite aux demandes des personnes qui, à deux reprises, n'auraient pas effectué le renvoi des ouvrages au temps fixé.

En cas de perte ou de détérioration grave des livres prêtés, l'emprunteur sera tenu d'en payer le prix d'après le catalogue ou de les remplacer au Musée pédagogique.

Le *fascicule n° 31 du Musée pédagogique*, qui reproduit cet avis, le fait suivre des recommandations suivantes :

Les ouvrages compris au catalogue de la Bibliothèque circulante ne sont pas des livres élémentaires, mais des ouvrages d'étude destinés à compléter les leçons de l'école primaire supérieure ou même de l'école normale primaire. Ils ne peuvent profiter qu'aux personnes qui ont déjà l'habitude des études sérieuses et du travail personnel.

Il importe de faire un choix discret et intelligent dans les ouvrages traitant d'une même science, et de ne pas rechercher tout d'abord les ouvrages les plus complets. Il faut commencer par les ouvrages qui exposent les faits ou les doctrines ; les généralisations ne doivent venir qu'après et lorsqu'on s'est rendu familière la langue propre à la science dont il s'agit.

Il n'est pas bon non plus de demander beaucoup de livres à la fois, six ou huit volumes par exemple, comme si, par économie, l'on tenait à atteindre d'un seul coup le poids-limite de 3 kilogrammes. Il est préférable de se borner à ce qu'on peut lire et étudier sérieusement dans deux mois, sans y mettre de précipitation, en revenant au besoin sur la première lecture et en prenant des notes. La prolongation du prêt ne doit être demandée que lorsque, pour un motif involontaire, on n'a pu donner à l'étude des ouvrages tout le temps désirable. Cette mesure a d'ailleurs l'inconvénient d'immobiliser les ouvrages dans les mêmes mains et de restreindre le nombre des lecteurs.

La direction du Musée pédagogique a eu, assez rarement il est vrai, à refuser de continuer des prêts à des lecteurs qui, sur les ouvrages prêtés, marquaient au crayon certains passages ou faisaient des annotations de divers genres. A cet égard, elle ne saurait se départir d'une légitime sévérité, et elle rappelle aux lecteurs qu'il s'agit de conserver une propriété de l'Etat et que les habitudes d'ordre sont au premier rang parmi les qualités d'un bon maître.

Voici, pour la section des lettres et la section de pédagogie, le catalogue de la bibliothèque circulante :

# Catalogue de la bibliothèque circulante.

## I. — SECTION DES LETTRES

| NUMÉROS D'ORDRE | NOMS DES AUTEURS | TITRES DES OUVRAGES | NOMBRE DE VOLUMES | FORMAT | ÉDITEURS | PRIX FORT |
|---|---|---|---|---|---|---|
| | | **Grammaire.** | | | | |
| 1 | Legouvé...... | L'Art de la lecture............. | 1 | In-12. | Hetzel.... | 3 50 |
| 2 | *Idem*......... | La Lecture en action......... | 1 | » | *Idem*..... | 3 50 |
| 3 | ............. | Grammaire de Port-Royal, avec les remarques de Duclos..... | 1 | » | Hachette.. | 2 00 |
| 4 | Sylvestre de Sacy | Principes de grammaire générale | 1 | » | *Idem*..... | 1 50 |
| 5 | Brachet........ | Grammaire historique de la langue française......... | 1 | » | Hetzel.... | 3 00 |
| 6 | *Idem*........ | Dictionnaire étymologique..... | 1 | » | *Idem*..... | 8 00 |
| 7 | Cocheris (H.).. | Précis historique de l'origine et de la formation de la langue française............... | 1 | » | Delagrave. | 1 50 |
| 8 | Ayer ......... | Grammaire raisonnée de la langue française........... | 1 | » | Georg .... | 6 00 |
| 9 | Pélissier ..... | Précis d'histoire de la langue française........... | 1 | » | Didier.... | 3 00 |
| 10 | Littré........ | Histoire de la langue française. | 2 | » | *Idem*..... | 7 00 |
| 11 | Chabaneau.... | Histoire et théorie de la conjugaison française............ | 1 | In-8°. | Vieweg... | 4 00 |
| 12 | Loiseau....... | Histoire de la langue française. | 1 | » | Thorin.... | 8 00 |
| | | **Principes de littérature.** | | | | |
| 13 | Deltour....... | Principes de composition et de style................ | 1 | In-12. | Delagrave. | 2 75 |
| 14 | Henry (A.).... | Cours pratique de style et de composition .............. | 1 | » | Belin..... | 2 50 |
| 15 | Gazier........ | Traité d'explication française... | 1 | » | *Idem*..... | 1 50 |
| 16 | Albert (Paul).. | La Prose................. | 1 | » | Hachette.. | 3 50 |
| 17 | *Idem*......... | La Poésie................ | 1 | » | *Idem*..... | 3 50 |
| | | **Histoire littéraire.** | | | | |
| 18 | Eugène Noël.. | Histoire abrégée de la langue et de la littérature françaises ... | 1 | In-12. | Delalain.. | 3 00 |
| 19 | Darmesteter et Hatzfeld.... | Le seizième siècle en France, morceaux choisis des principaux écrivains du seizième siècle................ | 2 | » | Delagrave. | 4 00 |
| 20 | Géruzez....... | Histoire de la littérature française | 2 | » | Didier.... | 7 00 |
| 20 bis | *Idem*......... | Histoire de la littérature française pendant la Révolution....... | 1 | » | *Idem*..... | 3 00 |

| NUMÉROS D'ORDRE | NOMS DES AUTEURS | TITRES DES OUVRAGES | NOMBRE DE VOLUMES | FORMAT | ÉDITEURS | PRIX FORT |
|---|---|---|---|---|---|---|
| | | **Histoire littéraire** (*Suite*). | | | | |
| 21 | Nisard (D.).... | Précis de l'histoire de la littérature française............... | 1 | In-12. | F. Didot.. | 4 00 |
| 22 | *Idem* ......... | Histoire de la littérature française | 4 | » | *Idem* ..... | 16 00 |
| 22 bis | Faguet ....... | La Littérature du dix-neuvième siècle..................... | 1 | » | Lecène et Oudin... | 3 50 |
| 23 | Henry (A.).... | Cours critique et historique de littérature .............. | 1 | » | Belin..... | 3 50 |
| 24 | Taine......... | La Fontaine et ses fables ...... | 1 | » | Hachette.. | 3 50 |
| 25 | Sainte-Beuve.. | Galerie des grands écrivains français................... | 1 | G. in-8° | Garnier... | 20 00 |
| 25 bis | *Idem* ......... | Nouvelle Galerie des grands écrivains français............. | 1 | » | *Idem* ..... | 20 00 |
| 26 | Merlet........ | Études littéraires sur les classiques français............. | 1 | In-12. | Hachette.. | 4 00 |
| 26 bis | *Idem* ......... | Extraits des grands classiques grecs..................... | 1 | » | *Idem* ..... | 4 00 |
| 26 ter | *Idem* ......... | Extraits des grands classiques latins.................... | 1 | » | *Idem* ..... | 4 00 |
| 27 | Villemain..... | Cours de littérature française au dix-huitième siècle.......... | 4 | In-8°. | Didier.... | 24 00 |
| 28 | Saint-Marc Girardin ...... | Cours de littérature dramatique. Les deux premiers volumes... | 2 | In-12. | Charpentier | 7 00 |
| 29 30 | *Idem* ......... | J.-J. Rousseau, sa vie et ses œuvres, préface de Bersot.... | 2 | » | Charpentier | 7 00 |
| 31 | Prévost - Paradol........ | Études sur les moralistes français | 1 | » | Hachette.. | 3 50 |
| 32 | Deltour....... | Les Ennemis de Racine au dix-septième siècle.............. | 1 | » | *Idem*..... | 3 50 |
| 32 bis | Jacquinet..... | Les femmes poètes et orateurs.. | 1 | » | Belin..... | 4 00 |
| | | **Œuvres des grands écrivains.** | | | | |
| 33 | Descartes..... | OEuvres choisies. — Ed. Fouillée | 1 | In-12. | Belin..... | 2 50 |
| 34 | Arnauld ...... | La Logique de Port-Royal. — Edition Charles........... | 1 | » | Delagrave. | 3 00 |
| 35 | Mme de Sévigné | Lettres choisies. — Ed. Regnier. | 1 | In-18. | Hachette.. | 1 80 |
| 35 bis | *Idem* | Lettres choisies. — Edit. Labbé. | 1 | In-12. | Belin..... | 3 00 |
| 36 | Saint-Simon... | Scènes et portraits choisis dans les Mémoires............. | 2 | » | Hachette.. | 7 00 |
| 37 | Bossuet....... | Oraisons funèbres. — Ed. Aubert | 1 | » | *Idem* ..... | 1 60 |
| 37 bis | *Idem* ......... | Oraisons funèbres. — Edition Jacquinet.................. | 1 | » | Belin..... | 3 00 |
| 38 | Bossuet....... | Choix de sermons. — Edition Gandar................... | 1 | » | Didier .... | 3 50 |
| 39 | Fénelon ...... | Lettres sur les occupations de l'Académie. — Ed. Despois... | 1 | » | Delagrave. | 0 80 |
| 40 | *Idem*......... | Télémaque. — Edit. Chassang.. | 1 | In-18. | Hachette.. | 1 80 |

### Œuvres des grands écrivains (*Suite*).

| NUMÉROS D'ORDRE | NOMS DES AUTEURS | TITRES DES OUVRAGES | NOMBRE DE VOLUMES | FORMAT | ÉDITEURS | PRIX FORT |
|---|---|---|---|---|---|---|
| 41 | La Bruyère... | Les Caractères. — Ed. Chassang. | 1 | In-12. | Garnier... | 3 00 |
| 42 | Voltaire...... | Siècle de Louis XIV. — Edition Garnier.................. | 1 | » | Hachette.. | 2 75 |
| 43 | | | | | | |
| 44 | Voltaire...... | Lettres choisies. — Ed. Fallex.. | 1 | » | Delagrave. | 5 00 |
| 45 | Montesquieu.. | Grandeur et décadence des Romains................ | 1 | » | F. Didot.. | 1 50 |
| 46 | Buffon........ | Morceaux choisis. — Ed. Dupré. | 1 | In-18. | Hachette.. | 1 50 |
| 47 | Pascal........ | Les Provinciales. — Ed. Michel. | 1 | In-12. | Belin..... | 2 00 |
| 47 bis | *Idem* ......... | Pensées. — Edition Havet...... | 1 | » | Delagrave. | 3 00 |
| 48 | Corneille..... | Théâtre choisi............. | 1 | In-8°. | Ducrocq.. | 5 00 |
| 48 bis | *Idem* ...... | Théâtre choisi............. | 1 | In-12. | Garnier... | 3 00 |
| 49 | Racine ...... | Théâtre choisi............. | 1 | » | *Idem* ..... | 3 00 |
| 50 | Molière...... | Théâtre choisi............. | 1 | In-8°. | Ducrocq.. | 5 00 |
| 51 | Boileau...... | Œuvres. — Edition Gidel...... | 1 | In-12. | Garnier... | 2 00 |
| 52 | La Fontaine... | Fables. — Edition Aubertin.... | 1 | » | Belin..... | 1.60 |
| 53 | Florian....... | Fables suivies du théâtre....... | 1 | » | Garnier... | 2 00 |
| 54 | Marcou....... | Morceaux choisis (prose et poésie) | 2 | » | *Idem* ..... | 7 00 |
| 55 | Lamartine.... | Méditations et Harmonies...... | 3 | » | Hachette.. | 10 50 |
| 56 | Hugo (Victor), | Orientales. Feuilles d'automne. Chants du Crépuscule........ | 1 | » | Hachette.. | 3 50 |
| 57 | *Idem* ........ | Contemplations.............. | 2 | » | *Idem* ..... | 7 00 |
| 58 | Shakespeare... | Théâtre choisi.............. | 3 | » | *Idem* ..... | 3 75 |
| 59 | Foë (Daniel de) | Robinson Crusoë ........... | 1 | » | *Idem* ..... | 2 25 |
| 60 | Schiller....... | Guillaume Tell. — Edition Fix. | 1 | » | *Idem* ..... | 2 50 |
| 61 | Gœthe........ | Hermann et Dorothée. — Edit. Lévy................... | 1 | » | *Idem* ..... | 1 50 |
| 62 | *Idem* ......... | Gœtz de Berlichingen (dans le 1er volume du Théâtre)...... | 1 | In-8°. | *Idem* ..... | 6 00 |
| 63 | Dante ........ | Divine comédie.............. | 1 | In-12. | F. Didot.. | 2 00 |
| 64 | Le Tasse...... | Jérusalem délivrée........... | 1 | » | *Idem* .... | 2 00 |
| 65 | Cervantès..... | Don Quichotte. (Traduction de Florian)................. | 1 | » | *Idem* ..... | 2 00 |
| 65 bis | *Idem* ......... | Don Quichotte. (Traduction de Florian)................. | 1 | » | Garnier... | 3 00 |
| 66 | Homère....... | L'Iliade. — Ed. Dugas-Montbel. | 1 | » | F. Didot.. | 5 00 |
| 66 bis | *Idem* ........ | L'Odyssée. — Même édition.... | 1 | » | *Idem* ..... | 5 00 |
| 67 | Virgile........ | Œuvres choisies. — Ed. Feillet. | 1 | » | Hachette.. | 2 00 |

### Histoire.

| NUMÉROS D'ORDRE | NOMS DES AUTEURS | TITRES DES OUVRAGES | NOMBRE DE VOLUMES | FORMAT | ÉDITEURS | PRIX FORT |
|---|---|---|---|---|---|---|
| 68 | Duruy (V.).... | Histoire grecque............. | 1 | In-12. | Hachette.. | 4 00 |
| 69 | *Idem*......... | Histoire romaine ............. | 1 | » | *Idem* ..... | 4 00 |
| 70 | *Idem*......... | Histoire de France........... | 2 | » | *Idem* ..... | 8 00 |
| 70 bis | Guizot........ | Histoire de la civilisation en Europe.................. | 1 | » | Garnier... | 3 50 |
| 70 ter | *Idem* ......... | Histoire de la civilisation en France................. | 4 | » | *Idem* ..... | 11 00 |
| 70 quat | Rambaud..... | Histoire de la civilisation française.................. | 2 | » | A. Colin... | 8 00 |

## Histoire (*Suite*).

| NUMÉROS D'ORDRE | NOMS DES AUTEURS | TITRES DES OUVRAGES | NOMBRE DE VOLUMES | FORMAT | ÉDITEURS | PRIX FORT |
|---|---|---|---|---|---|---|
| 71 | Michelet...... | Précis de l'histoire moderne.... | 1 | In-12. | C. Lévy... | 3 50 |
| 72 | Thierry (Aug.). | Récits des temps mérovingiens. | 2 | » | Jouvet.... | 3 00 |
| 73 | *Idem*.......... | Essai sur l'histoire du Tiers Etat. | 1 | » | *Idem*..... | 1 50 |
| 74 | Mignet........ | Histoire de la Révolution française......................... | 2 | » | Didier.... | 7 00 |
| 75 | *Idem*........ | Etudes historiques.............. | 1 | » | *Idem*..... | 3 50 |
| 76 | Tocqueville... | L'Ancien Régime et la Révolution | 1 | In-8°. | C. Lévy... | 6 00 |
| 77 | Duruy (V.).... | Histoire du moyen âge........ | 1 | In-12. | Hachette.. | 4 00 |
| 78 | *Idem*........ | Histoire des temps modernes... | 1 | » | *Idem*..... | 4 00 |
| 79 | *Idem*........ | Abrégé d'histoire universelle.... | 1 | » | *Idem*..... | 4 00 |
| 80 | Hérodote..... | Récits tirés des histoires. — Edition Bouchot..................... | 1 | » | Delagrave. | 3 00 |
| 81 | Xénophon..... | Expédition des Dix-Mille....... | 1 | » | Hachette.. | 2 00 |
| 82 | Plutarque..... | Vies des Romains illustres. — Edition Feillet.................. | 1 | » | *Idem*..... | 2 25 |
| 83 | *Idem*........ | Vie des Grecs illustres. — Edition Feillet.................... | 1 | » | *Idem*..... | 2 25 |
| 84 | César......... | Commentaires de la guerre des Gaules....................... | 1 | » | Charpentier | 3 00 |
| 85 | Joinville...... | Histoire de saint Louis. — Edition de Wailly.............. | 1 | ▸ | Hachette.. | 2 00 |
| 86 | Le Loyal Serviteur....... | Histoire de Bayard. — Ed. Feillet | 1 | » | Hachette.. | 2 25 |
| 87 | Raffy (C.)..... | Lectures historiques, t. VI, de 1610 à 1789.................. | 1 | » | Thorin.... | 3 00 |
| 88 | *Idem*........ | Lectures historiques, t. VII, de 1789 à 1818.................. | 1 | » | *Idem*..... | 3 00 |

## Géographie.

| NUMÉROS D'ORDRE | NOMS DES AUTEURS | TITRES DES OUVRAGES | NOMBRE DE VOLUMES | FORMAT | ÉDITEURS | PRIX FORT |
|---|---|---|---|---|---|---|
| 89 | Reclus (O.)... | France, Algérie et Colonies..... | 1 | In-12. | Hachette.. | 5 00 |
| 90 | *Idem*........ | La Terre à vol d'oiseau........ | 2 | » | *Idem*..... | 10 00 |
| 91 | Reclus (E.)... | La France (Nouvelle géographie universelle)................. | 1 | In-4°. | *Idem*..... | 30 00 |
| 92 | *Idem*........ | Les Phénomènes terrestres et les Continents................. | 1 | In-12. | *Idem*..... | 1 25 |
| 93 | *Idem*........ | Les Mers et les Météores....... | 1 | » | *Idem*..... | 1 25 |
| 94 | Levasseur..... | La France avec ses Colonies. — Edition complète.............. | 1 | » | Delagrave. | 6 75 |
| 95 | *Idem*........ | L'Europe...................... | 1 | » | *Idem*..... | 3 00 |
| 96 | *Idem*........ | La Terre...................... | 1 | » | *Idem*..... | 3 00 |
| 96 bis | Vidal-Lachache. | La Terre, géographie physique et économique.............. | 1 | » | *Idem*..... | 2 50 |
| 97 | Lavergne (De). | Economie rurale de la France.. | 1 | » | Guillaumin. | 3 50 |
| 98 | Vivien de Saint-Martin...... | Hist. de la géographie (avec atlas) | 1 | G. in-8° | Hachet | 20 00 |
| 99 | Block......... | Eléments d'économie politique.. | 1 | In-12. | Hetzel,... | 2 00 |
| 100 | *Idem*........ | La France, le Département, la Commune.................... | 3 | réunis en 1 v. | *Idem*..... | 4 50 |

II. — SECTION DES SCIENCES

| NUMÉROS D'ORDRE | NOMS DES AUTEURS | TITRES DES OUVRAGES | NOMBRE DE VOLUMES | FORMAT | ÉDITEURS | PRIX FORT |
|---|---|---|---|---|---|---|
| | | **III. — SECTION DE PÉDAGOGIE** | | | | |
| | | **Philosophie et morale.** | | | | |
| 1 | Janet (Paul)... | Cours élémentaire de philosophie. | 1 | In-8°. | Delagrave. | 8 75 |
| 2 | Idem......... | La Famille............ | 1 | In-12. | C. Lévy... | 3 50 |
| 3 | Charles....... | Lectures de philosophie........ | 2 | » | Belin...... | 7 00 |
| 4 | Garnier (Ad.).. | Traité des facultés de l'âme. .. | 3 | » | Hachette.. | 10 00 |
| 4 bis | Compayré..... | Notions élémentaires de psychologie .......... | 1 | » | Delaplane. | 3 50 |
| 5 | Ferraz........ | Philosophie du devoir.......... | 1 | » | Didier.... | 3 50 |
| 6 | Idem......... | Nos devoirs et nos droits....... | 1 | » | Idem..... | 3 50 |
| 7 | Marion ....... | Leçons de psychologie appliquée à l'éducation............ | 1 | » | A. Colin.. | 4 50 |
| 7 bis | Idem........ | Leçons de morale............. | 1 | » | Idem..... | 4 50 |
| | | **Éducation générale.** | | | | |
| | Souquet ...... | Les Écrivains pédagogiques du seizième siècle........... | 1 | In-12. | Delagrave. | 2 50 |
| | Fénelon ...... | De l'Éducation des filles (Éd. Defodon)............... | 1 | » | Hachette.. | 1 50 |
| 9 bis | Mme de Maintenon........ | Extraits de ses lettres sur l'éducation. — Éd. Gérard........ | 1 | » | Hachette.. | 3 00 |
| 10 | Rollin........ | Traité des études. (Éd. Letronne). | 3 | » | F. Didot.. | 4 50 |
| 10 bis | Cadet (Félix).. | Extraits du Traité des études de Rollin................ | 1 | » | Idem..... | 2 50 |
| 11 | J.-J. Rousseau. | Émile ou De l'Éducation. (Extraits par Souquet)......... | 1 | » | Delagrave. | 1 50 |
| 11 bis | Idem......... | Idem. (Édition complète)....... | 1 | » | Didot..... | 3 50 |
| 12 | Guizot (Mme).. | Éducation domestique ou Lettres de famille sur l'éducation..... | 2 | » | Didier.... | 7 00 |
| 13 | Necker de Saussure (Mme).. | L'Éducation progressive ou Étude du cours de la vie...... | 2 | » | Garnier... | 5 00 |
| 14 | Channing..... | De l'Éducation personnelle. (Œuvres sociales.)........... | 1 | » | Charpentier | 3 50 |
| 15 | Girard (Le Père) | De l'Enseignement régulier de la langue maternelle........... | 1 | » | Delagrave. | 2 75 |
| 16 | Guizot........ | Méditations et études morales.. | 1 | » | Didier.... | 3 50 |
| 17 | Guimps (De).. | La Philosophie et la pratique de l'éducation............... | 1 | In-8°. | Fischbacher | 5 50 |
| 18 | Herbert Spencer......... | De l'Éducation intellectuelle, morale et physique (traduction) | 1 | » | G. Baillière | 5 00 |
| 19 | Simon (Jules).. | L'École................... | 1 | In-12. | Hachette.. | 3 50 |
| 20 | Baudrillart.... | La Famille et l'éducation en France dans leurs rapports avec l'état de la société.......... | 1 | » | Didier.... | 3 50 |
| 20 bis | Gréard (O.) ... | L'éducation des femmes par les femmes................ | 1 | » | Hachette.. | 3 50 |

| NUMÉROS D'ORDRE | NOMS DES AUTEURS | TITRES DES OUVRAGES | NOMBRE DE VOLUMES | FORMAT | ÉDITEURS | PRIX FORT |
|---|---|---|---|---|---|---|
| | | **Éducation générale** (*Suite.*) | | | | |
| 21 | Bain (A.)..... | La Science de l'éducation (traduction)....................... | 1 | In-8°. | G.Baillière | 6 00 |
| 21 bis | Vessiot (A.)... | L'Education à l'école.......... | 1 | In-12. | Lecène et Oudin. . | 3 50 |
| 22 | Compayré..... | Histoire critique des doctrines de l'éducation................. | 2 | » | Hachette.. | 7 00 |
| 23 | Egger........ | Observations et réflexions sur le développement de l'intelligence et du langage chez les enfants. | 1 | » | Picard.... | 2 50 |
| 24 | Martin........ | Les Doctrines pédagogiques des Grecs....................... | 1 | » | Delagrave. | 2 50 |
| 24 bis | Cadet (Félix).. | L'Education à Port-Royal...... | 1 | » | Hachette.. | 3 50 |
| | | **Pédagogie pratique.** | | | | |
| 25 | Gérando (De).. | Cours normal des instituteurs primaires................... | 1 | In-12. | Renouard. | 2 00 |
| 26 | Rendu (Ambr.) | Cours de pédagogie............ | 1 | » | Garnier... | 2 00 |
| 26 bis | Joly (H.)...... | Notions de pédagogie.......... | 1 | » | Delalain.. | 3 00 |
| 27 | Pape - Carpantier (Mme)... | Conseils sur la direction des salles d'asile................. | 1 | In-18. | Hachette.. | 1 50 |
| 28 | Pape - Carpantier (Mme)... | Enseignement pratique dans les salles d'asile................. | 1 | In-8°. | Hachette.. | 6 00 |
| 29 | Rendu (E.).... | Manuel de l'enseignement primaire..................... | 1 | » | *Idem* ..... | 6 00 |
| 30 | Charbonneau.. | Cours théorique et pratique de pédagogie.................... | 1 | In-12. | Delagrave. | 2 50 |
| 30 bis | Compayré..... | Cours de pédagogie............ | 1 | » | Delaplane. | 4 00 |
| 31 | Pape - Carpantier (Mme)... | Manuel des maîtres. — Période élémentaire. — 1re année préparatoire.................... | 2 | » | Hachette.. | 5 00 |
| 32 | Masson (Oct.).. | Histoire d'un jardin d'enfants.. | 1 | In-8°. | *Idem* ..... | 5 00 |
| 33 | Guimps (De).. | Histoire de Pestalozzi, de sa pensée et de son œuvre ......... | 1 | » | Fischbacher | 6 00 |
| 34 | Cochin........ | Pestalozzi.................... | 1 | In-12. | Didier.... | 1 25 |
| 35 | .............. | Conférences pédagogiques faites aux instituteurs primaires délégués à l'Exposition universelle de 1878.................. | 1 | » | Delagrave et Hachette | 2 50 |
| 36 | Rousselot..... | Pédagogie à l'usage de l'enseignement primaire........... | 1 | » | Delagrave. | 3 00 |
| 37 | Brouard et Defodon........ | Inspection des écoles primaires. | 1 | » | Hachette.. | 3 50 |
| 38 | Rousselot..... | La Pédagogie féminine.......... | 1 | » | Delagrave. | 3 00 |
| 39 | Daguet........ | Manuel de pédagogie.......... | 1 | » | Fischbacher | 3 00 |
| 39 bis | Vessiot (A.)... | L'Enseignement à l'école....... | 1 | » | Lecène et Oudin.. ; | 3 50 |

| NUMÉROS D'ORDRE | NOMS DES AUTEURS | TITRES DES OUVRAGES | NOMBRE DE VOLUMES | FORMAT | ÉDITEURS | PRIX FORT |
|---|---|---|---|---|---|---|
| | | **Ouvrages à consulter.** | | | | |
| 40 | Hippeau ...... | L'Instruction publique aux Etats-Unis............... | 1 | In-12. | Didier.... | 4 00 |
| 41 | Bréal.......... | Quelques mots sur l'instruction publique en France.......... | 1 | » | Hachette.. | 3 50 |
| 42 | André........ | Nos Maîtres hier............. | 1 | » | *Idem*..... | 3 50 |
| 43 | *Idem*......... | Nos Maîtres aujourd'hui..... | 2 | » | *Idem*..... | 5 00 |
| 44 | Paroz......... | Histoire universelle de la pédagogie............... | 1 | » | *Idem*..... | 4 00 |
| 44 *bis* | Compayré.... | Histoire de la pédagogie........ | 1 | » | Delaplane. | 4 00 |
| 44 *ter* | Dumesnil..... | La Pédagogie dans l'Allemagne du Nord............... | 1 | » | Delagrave. | 2 00 |
| 45 | Hippeau ...... | L'Instruction publique pendant la Révolution............... | 1 | » | Didier .... | 4 00 |
| 45 *bis* | *Idem* ......... | L'Education et l'instruction.... | 1 | » | Delalain.. | 3 50 |
| 46 | Pichard....... | Nouveau Code de l'instruction primaire............... | 1 | » | Hachette.. | 4 00 |
| 47 | Ferneuil...... | La Réforme de l'enseignement public en France............. | 1 | » | *Idem*..... | 3 50 |
| 48 | Pécaut (Félix). | Etudes au jour le jour sur l'éducation nationale............. | 1 | » | *Idem*..... | 3 50 |
| 48 *bis* | Anthoine ..... | A travers nos écoles........... | 1 | » | Hachette.. | 3 50 |
| 49 | Narjoux....... | Ecoles primaires et salles d'asile, construction et installation... | 1 | » | Delagrave. | 2 50 |
| 50 | Une Mère de famille...... | De l'Etude de soi-même....... | 1 | » | Fischbacher | 4 00 |
| 51 | Pécaut........ | Deux mois de mission en Italie. | 1 | » | Hachette.. | 3 50 |
| 52 | *Idem*......... | L'Education de soi-même, par John Stuart Blackie (trad.)... | 1 | » | *Idem*..... | 1 25 |
| 53 | Bert (Paul).... | Leçons, discours et conférences, | 1 | » | Charpentier | 3 50 |
| | | **Supplément.** | | | | |
| 54 | Compayré..... | Pensées sur l'éducation, de Locke. | 1 | In-12. | Hachette.. | 3 00 |
| 54 *bis* | Fochier (L.)... | Extraits des Pensées sur l'éducation, de Locke............... | 1 | » | Delagrave. | 2 50 |
| 55 | Pestalozzi..... | Comment Gertrude instruit ses enfants (trad. Darin)......... | 1 | » | *Idem*..... | 2 50 |
| 56 | Dupanloup.... | L'Enfant............... | 1 | » | J. Gervais. | 4 00 |
| 57 | Mann (Horace). | Importance de l'éducation dans une république............... | 1 | In-8o. | Berger-Levrault... | 2 00 |
| 58 | Chalamet (M^lle) | L'Ecole maternelle............ | 1 | In-12. | Delagrave. | 2 50 |
| 59 | Kergomard (M^me)........ | L'Education maternelle dans l'école............... | 1 | In-16. | Hachette.. | 3 50 |

Le fascicule n° 31 ajoute encore les utiles renseignements ci-après :

Le fonctionnement régulier de la bibliothèque circulante du Musée pédagogique a commencé le 16 février 1882. Le jeudi de chaque semaine partent les colis, qui sont expédiés conformément aux demandes. Plus de 3150 envois ont été ainsi échangés entre le Musée et les emprunteurs : instituteurs et institutrices, maîtres adjoints et maîtresses adjointes d'écoles normales, professeurs élémentaires de lycées et de collèges, inspecteurs de l'enseignement primaire.

Le Musée pédagogique peut, en dehors de son envoi hebdomadaire, envoyer comme colis postal tout ouvrage de son catalogue qui lui est demandé, pour un mois au plus, par un fonctionnaire de l'une des catégories ci-dessus.

L'envoi par la poste, comme imprimé, peut aussi avoir lieu pour un ouvrage dont le poids est inférieur à un kilogramme.

Il est important, au retour, de faire connaître l'expéditeur sur l'adresse et d'affranchir à domicile, *rue Gay-Lussac, n° 41.*

A toutes ces facilités s'ajoutait naguère un avantage considérable : les candidats admissibles aux épreuves orales étaient indemnisés de leurs frais de voyage et de séjour à Paris. Cette faveur est aujourd'hui supprimée (Avis de janvier 1886).

# ÉCOLES NORMALES SUPÉRIEURES

## D'ENSEIGNEMENT PRIMAIRE

---

### CONDITIONS D'ADMISSION. RÉGIME DE CES ÉTABLISSEMENTS

Pour assurer le recrutement du personnel, deux *écoles normales supérieures d'enseignement primaire* ont été fondées, savoir :

L'une destinée à préparer des professeurs et des directrices pour les écoles normales d'institutrices, à Fontenay-aux-Roses (décrets du 13 juillet 1880 et du 15 octobre 1881);

L'autre destinée à former des professeurs pour les écoles normales d'instituteurs, à Saint-Cloud (décret du 30 décembre 1882).

Ces deux établissements sont aujourd'hui organisés ainsi qu'il suit :

**Décret du 18 janvier 1887.** — Art. 90. Il est institué deux écoles normales supérieures de l'enseignement primaire pour former des professeurs d'écoles normales et d'écoles primaires supérieures de filles et de garçons.

Art. 91. A chacun de ces établissements il sera annexé une école normale primaire d'application.

Art. 92. Ces écoles sont gratuites. Elles recrutent leurs élèves au concours.

Art. 93. Il est institué auprès de chacune des deux écoles une commission administrative dont les membres sont nommés pour trois ans par le ministre de l'instruction publique, avec mission de surveiller et de contrôler l'administration matérielle et la gestion économique.

ART. 94. Le directeur et les professeurs forment le conseil de chaque école. Ce conseil est convoqué et présidé par le directeur : il délibère sur la direction à donner aux études, se prononce sur l'aptitude des élèves à passer de première en deuxième année et de deuxième en troisième année, et arrête la liste des ouvrages à mettre entre leurs mains.

ART. 95. Tout élève qui quitte volontairement l'une ou l'autre école pour tout autre motif qu'une maladie dûment constatée, ou qui ne remplit pas l'engagement pris par lui au moment de son admission de servir pendant dix ans dans l'enseignement public, est tenu de rembourser à l'État le prix de sa pension, fixé à 600 francs par an.

Des remises totales ou partielles pourront être accordées par le ministre de l'instruction publique, sur l'avis du directeur de l'école, du conseil des professeurs et de la commission administrative.

ART. 96. Des arrêtés ministériels, pris après avis du Conseil supérieur de l'instruction publique, régleront la constitution et le régime intérieur de ces établissements, ainsi que les conditions d'admission dans l'une et dans l'autre de ces écoles.

ART. 97. Des bourses de séjour à l'étranger sont accordées chaque année par le ministre, dans des conditions déterminées par un arrêté ministériel pris en Conseil supérieur, à des professeurs d'école normale ou à des candidats pourvus du certificat d'aptitude au professorat, qui se destinent à l'enseignement des langues vivantes.

**Arrêté du 18 janvier 1887.** — ART. 106. Dans les deux écoles normales supérieures de Saint-Cloud et de Fontenay-aux-Roses, la durée des études est de trois années.

ART. 107. Ces écoles peuvent recevoir des internes et des externes.

Le nombre des élèves internes et des élèves externes est fixé chaque année par le ministre.

Art. 108. Il est accordé à chaque élève externe une bourse dont le montant est fixé par arrêté ministériel.

Art. 109. L'enseignement dans les écoles normales supérieures d'institutrices et d'instituteurs comprend l'étude approfondie des matières enseignées dans les écoles normales primaires. D'autres peuvent être enseignées avec l'autorisation du ministre.

La troisième année est plus particulièrement consacrée à la préparation professionnelle des élèves.

Art. 110. Les élèves sont répartis en deux sections, la section des sciences et la section des lettres. Le nombre des élèves à admettre dans chaque section est fixé, chaque année, par décision ministérielle. Il pourra être institué des cours communs aux deux sections.

Art. 111. Il peut être admis à l'école normale supérieure d'institutrices des élèves déjà pourvues de l'un des deux certificats d'aptitude aux fonctions de professeur qui voudraient se préparer à l'examen du certificat d'aptitude aux fonctions de directrice. Les aspirantes de cette catégorie ne sont pas astreintes à l'examen d'entrée. Le ministre, après avis du recteur, décide de leur admission.

Les aspirantes aux fonctions de directrice suivent un cours spécial de législation et d'administration scolaires.

Art. 112. Des examens de passage ont lieu à la fin de chacune des deux années d'études. Tout élève qui n'aura pas satisfait à ces examens devra quitter l'école.

Son renvoi est prononcé par décision ministérielle, sur le vu de ses notes et le rapport du conseil des professeurs.

Art. 113. Un concours d'admission aux écoles normales supérieures d'institutrices et d'instituteurs est ouvert chaque année, vers la fin de l'année scolaire, à la date fixée par le ministre.

Art. 114. Pour être admis à concourir, les candidats doivent :

Avoir dix-neuf ans au moins et vingt-cinq ans au plus

au 1er octobre de l'année où ils se présentent. Toutefois, les dispenses d'âge peuvent être accordées par le ministre sur la proposition du recteur ;

Etre pourvus du brevet supérieur ou de l'un des baccalauréats ou, pour les aspirantes, du diplôme de fin d'études de l'enseignement secondaire ;

Avoir contracté ou contracter, s'ils ne l'ont encore fait, l'engagement de servir pendant dix ans dans l'enseignement public.

ART. 115. Les candidats sont tenus de se faire inscrire, à Paris, à la Sorbonne, et, dans les départements, au bureau de l'inspection académique, un mois au moins avant l'ouverture du concours, et de faire connaître sur quelle langue vivante ils demandent à être examinés.

Avec leur demande d'inscription, ils déposent :

1° Un extrait de leur acte de naissance ;

2° Leur brevet ou leur diplôme ;

3° Une notice faisant connaître l'école ou les écoles auxquelles ils ont appartenu, et, s'il y a lieu, les fonctions qu'ils ont remplies ;

4° Un certificat de médecin constatant qu'ils sont aptes à remplir les fonctions de l'enseignement ;

5° Un engagement de servir pendant dix ans dans l'enseignement public, à dater de leur admission à l'école normale supérieure, ou de rembourser à l'Etat le prix de la pension dont ils auront joui.

Cette pièce sera rédigée sur papier timbré et dûment légalisée. Elle sera accompagnée, si le candidat est mineur, d'une déclaration par laquelle son père ou son tuteur l'autorise à souscrire un engagement et s'engage lui-même à rembourser à l'Etat le prix de pension du contractant dans les cas prévus par l'article 78 du décret du 18 janvier 1887 [1].

---

1. **Décret du 18 janvier 1887.** — ART. 78. Tout élève-maître qui quitte volontairement l'école ou qui en est exclu, ou tout ancien élève-maître qui rompt l'engagement prescrit par l'article 70 ci-dessus est tenu de restituer le prix de la pension dont il a joui.

Art. 116. La liste des candidats admis à prendre part au concours est arrêtée par le ministre.

Aucun candidat n'est admis à se présenter plus de trois fois.

Art. 117. L'examen d'admission comprend des épreuves écrites qui sont éliminatoires, des épreuves orales et une épreuve pratique.

Art. 118. Les épreuves écrites se font au chef-lieu du département où l'inscription a été reçue; elles ont lieu sous la surveillance de l'inspecteur d'académie, ou, à son défaut, d'un délégué agréé par le recteur.

Elles comprennent, pour les candidats de la section des lettres :

1° Une composition sur un sujet de littérature ou de grammaire ;

2° Une composition sur un sujet de pédagogie ou de morale ;

3° Une composition sur un sujet d'histoire et un sujet de géographie ;

4° Une composition de langues vivantes (version et thème allemand ou anglais).

Pour les candidats de la section des sciences :

. . . . . . . . . . . . . . . . . . . .

La composition de pédagogie ou de morale et celle de langues vivantes pourront être communes aux candidats des deux sections.

Trois heures sont accordées pour la composition de langues vivantes. L'usage des dictionnaires est autorisé. Quatre heures sont accordées pour chacune des autres compositions.

Art. 119. Les sujets de compositions sont choisis par le ministre, sur la proposition de la commission, et adressés aux inspecteurs d'académie sous un pli cacheté, qui est ouvert en présence des candidats.

A la fin de chaque journée de l'examen écrit, les compositions sont adressées au ministre par l'inspecteur d'académie, qui y joint le procès-verbal de la séance.

Art. 120. Les compositions écrites sont corrigées à Paris par une commission nommée chaque année par le ministre..

Art. 121. Les candidats reconnus admissibles sont appelés à Paris pour y subir les épreuves orales et l'épreuve pratique.

Art. 122. Les épreuves orales consistent :

Pour les candidats de la section des lettres :

1° En un exposé sur une question de grammaire, ou de littérature, ou d'histoire, ou de géographie;

2° Dans la lecture expliquée d'un passage pris dans les auteurs du brevet supérieur[1] ;

----

1. **Arrêté du 22 juillet 1887** (complété par des *Avis* ultérieurs). — Art. 1er. La liste des auteurs français sur lesquels doit porter l'épreuve de lecture expliquée à l'examen du brevet supérieur comprend, pour une période triennale, à partir de 1888, les ouvrages ci-après énumérés.

CORNEILLE. — *Nicomède; le Menteur.*
RACINE. — *Britannicus; Mithridate.*
MOLIÈRE. — *Le Misanthrope.*
LA FONTAINE. — *Fables*, livres VII et XI.
BOILEAU. — *Art poétique.*
FÉNELON. — *Lettre à l'Académie.*
Mme DE SÉVIGNÉ. — *Choix de lettres* (recueil au choix du candidat).
VOLTAIRE. — *Choix de lettres.*                (*Id.*)
BOSSUET. — *Sermons sur la mort et sur la parole de Dieu.*
LA BRUYÈRE. — *Caractères*, chapitres I et V.
PASCAL. — *Provinciales*, lettres I, V et XIV; *Pensées*, art. I et II (édition Havet.)
Mme DE MAINTENON. — *Extraits des lettres et conversations.*
BUFFON. — *Discours sur le style.*
André CHÉNIER. — *L'Aveugle; la Jeune Captive; le Jeu de paume; la Jeune Tarentine; Hymne à la Justice* (désignée aussi, suivant les éditions, sous le nom d'*Hymne à la France*).
MONTAIGNE. — *Essais*, livre I, chapitre xxv.
J.-J. ROUSSEAU. — *Émile*, livre II.
CHATEAUBRIAND. — *Les Martyrs*, livre VI.
LAMARTINE. — *L'Immortalité; le Chêne.*
Alfred DE VIGNY. — *Moïse; la Mort du loup; le Cor.*
Alfred DE MUSSET. — *L'Espoir en Dieu.*
Victor HUGO. — *Les Enfants* (le *Livre des mères*).
THIERS. — *Histoire du Consulat et de l'Empire*, livre XLV. (Ce livre, de l'édition Furne, correspond au livre XXVII de l'édition populaire Lheureux et Cie.)
MICHELET. — *Jeanne d'Arc.*

Art. 2. — Tous les ouvrages compris dans la liste ci-dessus devront

3° Dans l'explication d'un texte anglais ou allemand.

Pour les candidats de l'ordre des sciences :

. . . . . . . . . . . . . . . . . .

ART. 123. Chacune des épreuves orales pourra être suivie d'interrogations.

Une demi-heure est accordée aux candidats de chaque section pour la préparation de chacune des deux premières épreuves.

ART. 124. L'épreuve pratique consiste :

Pour les aspirantes, en une épreuve de travail à l'aiguille;

Pour les aspirants, dans l'exécution d'un modelage ou d'un travail sur le fer ou sur le bois.

Cette dernière épreuve ne sera exigée des aspirants qu'à partir du concours d'admission de 1889. Elle sera facultative jusqu'à cette époque, et il en sera tenu compte dans le classement des candidats.

ART. 125. Les élèves sont tenus de se présenter à la fin du cours d'études, à l'examen en vue duquel ils ont suivi les cours de l'école.

ART. 126. Les bourses de séjour à l'étranger accordées aux professeurs d'école normale ou aux candidats pourvus du diplôme de professeur qui se destinent à l'enseignement des langues vivantes, sont obtenues à la suite d'un examen qui comprend des épreuves écrites et orales.

Les épreuves écrites subies au chef-lieu du département comprennent un thème, une version et une rédaction d'un genre simple.

Cette dernière épreuve est faite sans dictionnaire.

Trois heures sont accordées pour chaque composition.

Les épreuves orales, subies à Paris devant la commis-

---

avoir été lus. Toutefois, les candidats auront à désigner, dans chaque siècle, deux ouvrages, l'un de prose, l'autre de poésie, sur lesquels des interrogations plus approfondies pourront être faites.

**Avis de novembre 1887.** — ... Les candidats (à Saint-Cloud et à Fontenay), qui se présenteront en 1888, auront le choix entre la liste triennale publiée le 22 juillet dernier (ci-dessus) et celle qui a été en vigueur durant la période 1884-87.

sion des bourses de séjour, comprennent la lecture et la traduction d'une page facile d'un prosateur étranger, une conversation en langue étrangère sur la page lue, des questions de grammaire.

A la suite de ces textes, et quoique se rattachant à une réglementation antérieure, nous croyons devoir reproduire les *Avis* ci-après qui ne laisseront pas d'être utilement consultés par les candidats.

**Avis concernant les langues vivantes aux examens d'admission à l'école de Saint-Cloud en 1886** (février 1886). — Les langues vivantes devant figurer obligatoirement au programme de l'examen du professorat des lettres, à partir de la session de 1888, il a paru nécessaire que les aspirants à l'école de Saint-Cloud fussent examinés, dès le prochain concours d'admission (juillet 1886), sur les premiers éléments de l'anglais et de l'allemand.

En conséquence, ils sont invités à se mettre en mesure de subir cette nouvelle épreuve et à s'y préparer par les exercices suivants :

**Allemand.** — *Grammaire :* Etude des déclinaisons (articles, adjectifs, pronoms, substantifs), des conjugaisons (auxiliaires *être*, *avoir*, *devenir*, auxiliaire de mode, verbes faibles, principes généraux de la conjugaison forte) et de la construction (proposition principale et proposition subordonnée).

*Version et thème :* Traduire deux des *Récits des temps héroïques de la Grèce* (expédition des Argonautes, histoire d'Hercule), de Niebuhr (chez Hachette), et s'exercer, après avoir traduit le texte allemand en français, à reproduire d'après la traduction le texte primitif.

**Anglais.** — *Grammaire :* Eléments de la grammaire et principales règles de la syntaxe.

*Version et thème :* Traduire les extraits du troisième chapitre des *Essais de Macaulay sur l'histoire de l'Angleterre, par M. Battier (chez Hachette), et faire les exercices de thème qui se trouvent dans la grammaire.

L'épreuve comprendra un thème écrit et une traduction orale suivie de questions de grammaire. Elle ne sera pas obligatoire; mais il sera tenu compte aux candidats des connaissances dont ils auront fait preuve sur l'une ou l'autre langue.

**Avis concernant les langues vivantes aux examens d'admission à l'école de Fontenay-aux-Roses** (décembre 1885). — Les langues vivantes devant figurer au programme de l'examen du professorat des lettres à partir de la session de 1888, il a paru nécessaire que les aspirantes à l'école de Fontenay fussent examinées, dès le prochain examen (juillet 1886), sur les premiers éléments de l'anglais ou de l'allemand.

En conséquence, on les invite à se préparer peu à peu à cette nouvelle épreuve par l'étude des ouvrages ci-après indiqués, et en prenant quelques leçons de lecture :

**Anglais.** — *Grammaire :* Vocabulaire, thèmes.
1. *Première année d'anglais*, par Beljame; chez Hachette. Prix : 1 fr. 25.
*N. B.* Apprendre strictement les règles, les conjugaisons et les mots.
2. *The Lamplighter* (l'Allumeur des réverbères). Edition Tauchnitz, 15, rue des Saints-Pères, Paris. Prix : 2 fr.
*N. B.* Etudier seulement les trois premiers chapitres. On peut s'aider de la traduction française. (Bibliothèque des meilleurs romans étrangers, Hachette. Prix : 1 fr. 25.)

**Allemand.** — *Cours de langue allemande*, par Pey; 2ᵉ année, chez Delagrave.
*N. B.* 1° On apprendra les règles élémentaires de la grammaire jusqu'à la conjugaison forte, page 54;
2° On s'exercera aux thèmes contenus dans le même livre jusqu'à la conjugaison forte, page 54;
3° On s'exercera également à traduire les récits, fables

de Lessing, extraits de *Robinson* de Campe, qui se trouvent dans ce volume, depuis la page 91 jusqu'à la page 105. On aura soin d'apprendre au fur et à mesure le plus de mots possible, en les faisant toujours précéder de l'article qui en marque le genre.

L'examen comprendra pour l'une et l'autre langue un thème, une traduction, des questions de grammaire tirées des livres ci-dessus.

**Avis concernant l'examen médical** (juin 1886). — L'administration a plusieurs fois constaté que les certificats d'aptitude physique produits par les candidats aux écoles normales supérieures de Saint-Cloud et de Fontenay-aux-Roses... ne présentaient pas une garantie suffisante et que des candidats signalés comme ayant une bonne constitution se trouvaient dans l'impossibilité de supporter le régime de l'école. Afin de remédier à cet inconvénient, il serait nécessaire que ces certificats fussent délivrés, autant que possible, par des médecins attachés à des établissements d'instruction publique.

Les aspirants et aspirantes admissibles auront en outre, au moment des épreuves orales, à subir un nouvel examen du médecin de l'école à laquelle ils se présentent; les candidats qui seraient reconnus d'une santé trop faible ne seraient pas admis.

**Avis relatif aux demandes d'autorisation de suivre les cours en qualité d'externe à l'école normale supérieure de Saint-Cloud** (juillet 1886). — Tous les ans, un certain nombre de jeunes maîtres demandent l'autorisation de suivre les cours de l'école de Saint-Cloud en qualité d'externes, soit pour y compléter leur instruction en vue de l'examen du professorat, soit pour se préparer au futur concours d'admission. En raison du petit nombre de places dont l'école dispose, on croit devoir avertir les jeunes gens qui auraient l'intention de demander cette faveur, qu'elle sera exclusivement accordée, dans le premier cas, à ceux qui, s'étant présentés au certificat d'aptitude au professorat, auront obtenu des notes satisfaisantes, et, dans le second cas, à ceux-là seulement qui auront été déclarés admissibles au concours d'admission à l'école.

Toutes les demandes de cette nature doivent suivre la voie hiérarchique.

Il ne sera donné aucune suite à celles qui parviendraient à l'école après le 15 septembre.

# DEUXIÈME PARTIE

---

## CONSEILS ET DIRECTIONS PÉDAGOGIQUES

# CHAPITRE PREMIER

## Inventaire intellectuel et psychologique. — But à atteindre.

Le certificat d'aptitude au professorat n'est pas seulement un diplôme d'un ordre plus élevé que le brevet supérieur. Il s'en distingue en plus d'une façon.

Le brevet supérieur n'exige guère autre chose qu'une certaine somme de connaissances qui peuvent être résumées dans un manuel, et qu'il suffit de présenter sous une forme correcte. C'est déjà quelque chose, c'est même beaucoup, et l'on pourrait caractériser ainsi la plupart des examens de tout ordre. Mais l'examen du professorat n'est pas, sur ce point, assimilable aux autres, et constitue — qu'on le sache bien — une exception redoutable.

C'est qu'en effet il ne s'agit point ici d'un « couronnement d'études ». Ce n'est plus cette sorte de *satisfecit* sur papier ou parchemin qu'on emporte de l'école normale ou même du lycée, et qui n'est, en définitive, qu'une récompense et un encouragement. Le diplôme de professeur n'est point un simple témoignage qui sanctionne le passé, c'est une caution qui garantit l'avenir. C'est la clef d'une carrière qui, demandant un ensemble rare de qualités élevées, ne doit s'ouvrir que pour les meilleurs d'entre les meilleurs.

Ici point de procédé superficiel grâce auquel le candidat puisse espérer faire, en un moment donné, avec un peu de bonheur, illusion à la commission sur sa valeur réelle, car on considère en lui autant *ce qu'il est* que *ce qu'il sait*.

Quand je dis « ce qu'il est », je ne veux pas seulement

parler de l'enquête qui se fait sur chaque aspirant à partir du jour de son inscription : les renseignements recueillis de la sorte ne peuvent être que favorables à tout concurrent sérieux. Mais ces données ne sont acceptées que sous bénéfice de l'inventaire auquel on procédera pendant l'examen. Or, il faut nous attendre à être appréciés par un jury qui cherchera et scrutera nos points faibles, avec plus de sévérité que par un chef de service généralement bienveillant, qui nous a notés suivant l'opinion qu'il a de nous en général, c'est-à-dire en tenant compte, peut-être même à son insu, de nos services, de nos efforts, et ne nous a encore décerné de la sorte qu'un insuffisant *satisfecit*.

Commençons donc d'abord par nous interroger nous-mêmes. Surtout méfions-nous d'un jugement par comparaison ! Beaucoup de candidats, — dépourvus d'ailleurs de toute présomption naturelle, — sont portés à se juger avec avantage, qui se trouveraient eux-mêmes singulièrement amoindris le jour où ils changeraient de milieu et de contact. C'est l'histoire du rat de la Fontaine.

Donc, sans chercher, en jetant nos regards sur autrui, un encouragement perfide, considérons : 1° *nos connaissances* ; 2° *nos facultés* ; 3° *nos forces*.

Tel est l'examen intérieur (que j'appellerais examen de conscience si cette expression était du domaine purement psychologique) auquel nous allons préalablement procéder de concert.

### 1° NOS CONNAISSANCES

## Littérature.

—M. A... a lu tous les principaux classiques. Il a pensé, avec raison, qu'il était nécessaire de connaître non seulement les quelques ouvrages plus spécialement prescrits pour l'examen, mais tous ceux qui occupent une place véritablement importante dans les lettres françaises. Aussi, du jour où il a eu le dessein formé de se préparer au professorat, il a entrepris d'arrache-pied la lecture de nos grands auteurs : histoire, poésie, théâtre, tout y a passé, et en moins d'un an il a dévoré tous les chefs-d'œuvre imprimés depuis Malherbe jusqu'à Bernardin de Saint-Pierre.

C'est procéder trop hâtivement. Il est fort à craindre qu'il ne reste à M. A... qu'un souvenir passager et surtout confus de tous les ouvrages qu'il a voulu ainsi connaître en trop peu de temps. Ses lectures seront, comme on dit, mal « digérées ». Car les lois de l'assimilation intellectuelle ressemblent assez, en effet, à celles de l'assimilation animale : l'une et l'autre demandent nécessairement un temps qu'il ne nous appartient pas d'abréger ; le cerveau, comme l'estomac, ne retient les aliments que s'ils lui sont offerts avec mesure, et il a, lui aussi, ses dispositions passagères et ses préférences, dont il est bon de tenir compte dans la mesure du possible. Lisons donc en gourmets et non pas en gloutons. C'est à cette condition seulement que nous lirons avec profit ; que les notions acquises se tasseront et se classeront dans notre intelligence, et qu'elles accourront d'elles-mêmes, sans désordre, au premier appel, sur nos lèvres ou sous notre plume.

— M. B..., qui connaît cet écueil, a moins lu, mais il a pris la peine d'analyser toutes ses lectures, ouvrage par ouvrage, chapitre par chapitre, pour les mieux retenir ; et il en est arrivé, à force de constance, à posséder en effet ses volumineux cahiers de résumés.

Procédé excellent en soi ; mais le labeur énorme qu'il implique m'effraye et m'inspire des craintes. Je regrette surtout un aussi héroïque effort de mémoire, car il constitue une dépense malheureuse de forces intellectuelles qui eussent pu être plus utilement employées. D'ailleurs l'analyse suffit-elle à faire connaître un ouvrage ? Pourrait-on dire qu'on connaît la Fontaine pour avoir « résumé » ses fables ? Mieux vaudrait, n'est-ce pas, s'être borné à apprendre par cœur *le Chêne et le Roseau !* Il y a dans une œuvre littéraire autre chose qu'un simple enchaînement d'idées. M. B... ne l'a-t-il pas oublié ? Saura-t-il, si nous lui demandons l'impression que lui a faite la lecture du

*Misanthrope*, par exemple, nous répondre avec la même assurance que si nous le priions de nous raconter la pièce? Saura-t-il en faire une critique judicieuse et éclairée? J'appréhende, jusqu'à preuve du contraire, que le soin excessif qu'il a pris de cataloguer et d'enregistrer avidement toutes les idées qu'il a ramassées dans les livres ne lui ait pas laissé le loisir de chercher à les pénétrer et à les juger. Toutefois ce système d'analyse à outrance ne présente d'inconvénient que dans ce qu'il pourrait avoir d'excessif et de trop exclusif. Et, en tout cas, il est absolument nécessaire de le suivre, en ce qui concerne les auteurs prescrits pour l'examen.

—Pénétré par avance de ces observations, M. C... a peu lu les textes. Il a pris dans des ouvrages spéciaux des analyses toutes faites (et mieux faites, dit-il, que celles dont il aurait été l'auteur), et il a puisé, en outre, sans efforts, dans lesdits ouvrages, les aperçus critiques dont il a besoin.

Ce système est pénible, stérile et dangereux. Pénible : car l'analyse d'un livre qu'on n'a pas lu ne peut qu'être dépourvue de tout intérêt, et s'astreindre dans ces conditions à la retenir, c'est s'imposer une tâche extrêmement aride et fatigante. — Stérile : car, en dépit des efforts de notre volonté, la mémoire sera rebelle ou laissera rapidement échapper ce qu'à force d'énergie et de persévérance nous aurons pu peut-être lui imposer un instant. — Dangereux : car nous n'avons pas toujours conscience de cette trahison, et nous risquons dès lors de donner tête baissée dans les confusions les plus compromettantes.—Enfin, en ce qui concerne les points de critique, que M. C... prenne encore garde? S'il croit qu'il lui suffira de savoir dire à l'occasion, sur la foi de son manuel, que « Soyons amis, Cinna » est sublime, ou que la Bruyère est un observateur spirituel plutôt qu'un profond moraliste, il se fait une naïve illusion. Il peut être assuré d'avoir à traiter soit à l'écrit, soit à l'oral, telle question sur laquelle il consulterait vainement ses souvenirs. Et quand même ses souvenirs lui répondraient, les défauts de sa préparation tout artificielle ne laisseraient pas de sauter aux yeux, révélés par le vague de l'expression (car il aura toujours peur de s'aventurer), par des développements sans ampleur (car ce n'est pas un sec commentaire qui peut inspirer un discours abondant), révélés surtout par l'absence de cet accent personnel qu'on s'attache à rechercher et qui fait la principale valeur de tout travail littéraire.

— M. D... n'a pas encore commencé à se préparer : il « va s'y mettre ». Son bagage littéraire serait encore assez lourd, mais n'est rien moins que classique. Il avoue avoir lu jusqu'ici un peu de tout au gré de sa fantaisie, et les écrivains contemporains lui sont beaucoup plus familiers que ceux du grand siècle.

Lacune à combler, monsieur D... Toutefois ne déplorez pas trop d'être un peu sorti du domaine classique, — à condition d'y rentrer, bien entendu. Je regrette même pour beaucoup de vos collègues, qu'ils n'aient pas fait plus d'excursions buissonnières en dehors des ouvrages consacrés. Vous aurez sur eux l'immense avantage de pouvoir mieux juger ce qui est classique en connaissant bien ce qui ne l'est pas. Enfin, pour peu que vous ayez lu, comme je l'espère, autre chose que de mauvais feuilletons, vous y aurez encore gagné au point de vue de la connaissance de notre langue du dix-neuvième siècle, qui est en somme celle dont vous avez à faire usage, et qui non seulement par quelques points de grammaire, mais par son allure et par ses tours, diffère profondément, comme chacun sait, de celle de Pascal et même de Voltaire. Cependant, trêve de vagabondage : revenons désormais, il n'est que temps, au bercail de nos vieux classiques. Je suis assuré, d'ailleurs, que votre esprit, aujourd'hui plus mûr et en plus complète possession de lui-même, trouvera à leur commerce plus d'intérêt qu'à l'âge où vous avez cru devoir leur préférer une littérature moins solide.

— M. E..., après avoir lu, lui aussi, un peu de tout, sans ordre et sans choix, jusqu'aux premières années de sa jeunesse, a sérieusement commencé à renouer connaissance avec les écrivains inscrits sur le livre d'or de l'Université. Il a tracé par avance le cadre des lectures qu'il se propose de faire ; il sait les œuvres qu'il lui faut connaître à fond et celles dont il pourra se contenter de parcourir quelques extraits. Il lit lentement, mais avec réflexion, et résume à grands traits ce qui en vaut la peine. Ses livres sont criblés de notes au crayon et d'une multitude d'hiéroglyphes au milieu desquels il se reconnaît merveilleusement. Il avance de la sorte sans précipitation, mais avec sûreté et méthode. Aussi ses lectures ont-elles laissé dans son esprit non pas un amas d'idées incohérent, mais une harmonieuse synthèse. Voilà pour les textes. — Il a, d'autre part, étudié quelques ouvrages de critique, ni trop superficiels ni trop savants ; il s'en est servi pour vérifier et rectifier les jugements qu'il avait eu soin de se former d'abord lui-même. Il vous citera quelques points sur lesquels il n'a pu se mettre d'accord avec M. Nisard : il en gémit, il est sûr d'avoir tort, il s'accuse d'inintelligence, mais, si vous l'interrogez, il n'hésitera pas à vous donner, quoique avec modestie, son propre sentiment, ou à déclarer ses doutes en attendant d'être mieux éclairé.

Telle est la véritable voie. Que ceux qui n'y sont pas s'empressent d'y entrer, et qu'ils comptent pour rien ou pour peu de chose le chemin qu'ils auront essayé de parcourir en dehors d'elle, car elle seule conduit sûrement au but.

Nous examinerons plus loin dans quelle mesure et comment nous devons régler nos efforts ; nous ne faisons pour le moment, on se le rappelle, que procéder à un inventaire intellectuel.

Reste l'histoire littéraire. Quand nous aurons dit, en passant, qu'il faut prendre garde d'égarer nos études dans ce vaste domaine, en évitant ce qui est ou trop savant ou simplement curieux, car il ne s'agit pas, après tout, de l'agrégation des lettres ; quand nous aurons dit qu'il doit suffire à des candidats de l'enseignement primaire d'avoir des données claires et précises sur les évolutions de la langue et de l'esprit français, ainsi que sur les biographies des plus grands auteurs, nous pensons que chacun pourra s'interroger lui-même à cet égard.

Ce n'est d'ailleurs que par exception que nous avons

insisté si longuement sur la littérature proprement dite, parce que le programme est assez mal défini sur ce point, que ce champ d'études est mal connu, même des candidats qui croient le connaître ; que plusieurs s'y fourvoient et que tous y tâtonnent, et qu'enfin, pour que chacun pût se rendre compte de sa situation, il a bien fallu l'orienter.

### Grammaire.

— « Tous les candidats savent leur grammaire ! » dira-t-on. Voilà qui n'est pas sûr !

J'admettrai, si l'on veut, que tous en connaissent les règles avec leurs multiples et souvent bizarres exceptions ; que la formation des temps, l'orthographe des participes n'ont plus de secret pour eux, et que la lucidité de leur esprit a fini par avoir raison des subtilités du *tout* et du *même ;* qu'ils pourraient énumérer l'un après l'autre les cas où plusieurs sujets d'un même verbe veulent ce verbe au singulier, avec la même sûreté que s'il s'agissait de la série des théorèmes relatifs à l'interversion des facteurs ; qu'ils sauront reconnaître et nommer des noms les plus spéciaux les diverses propositions qui peuvent entrer dans la période la plus compliquée ; qu'enfin ils possèdent les notions élémentaires d'étymologie et de grammaire historique que peut comprendre un programme d'où sont exclues les langues anciennes.

Mais cet acquis, solide et précieux assurément, ne suffirait pas encore si l'on s'était fait de la grammaire l'idée étroite et fausse qu'on en a dans presque toutes les écoles primaires et, je le crains, dans beaucoup d'écoles normales. On la considère trop généralement comme un ensemble de définitions et de règles fixes en dehors desquelles il n'y a qu'erreur. On ne se doute pas assez qu'elle n'est qu'une branche de la philosophie, et que, comme celle-ci, elle implique bien des incertitudes et comprend bien des points sujets à discussion. Et d'abord la grammaire est-elle une science, ou est-elle un art, comme le veut l'antique définition ? — Le substantif servant à nommer les personnes et les choses, comment des substantifs abstraits sont-ils des substantifs ? ou, si l'on veut, qu'est-ce qu'une « chose » ? — Que faut-il penser de cette définition de l'article : « Un petit mot que l'on met devant le substantif pour en faire connaître le genre et le nombre » ? — Verbe impersonnel, verbe unipersonnel ; dire le sens de ces deux dénominations et les discuter. — Le participe doit-il être véritablement considéré comme une des dix parties du discours ou comme un simple mode du verbe ? etc., etc.

On pourrait multiplier ces questions presque à l'infini. Les étudier à fond serait long et difficile ; prétendre les résoudre pourrait être quelquefois téméraire. Mais il faut au moins les soupçonner, s'attendre à s'en voir poser de semblables et y avoir préparé d'avance son esprit. Une thèse soutenue avec bon sens et clarté a toujours par elle-même une valeur que l'examinateur, fût-il partisan de la thèse contraire, saura reconnaître et apprécier dans un esprit d'indulgente impartialité.

### Histoire.

Ici chacun peut s'interroger soi-même. Mais le champ est immense : prenons garde de nous y égarer. Il faut une mémoire exceptionnellement puissante (à moins qu'elle ne soit aidée par la pratique même de l'enseignement dont il s'agit) pour garder un souvenir fidèle du nombre incroyable de faits consignés dans le plus modeste précis. Et cependant on n'ose rien omettre et l'on s'alarme des détails que l'on a laissés échapper. C'est bien le cas d'appliquer ici le dicton : « Qui trop embrasse... »

Tel est l'inconvénient d'un programme trop étendu. Aussi, en ce qui concerne l'histoire, le décret du 30 décembre 1884 l'avait-il restreint singulièrement pour le brevet supérieur, en n'y comprenant que la période qui s'étend depuis 1610 jusqu'à nos jours. Il est vrai que l'arrêté du 18 janvier 1887 n'a pas maintenu ces limites, mais la rédaction de l'article 152[1] qui en fixe de nouvelles, indique assez combien on s'est préoccupé de mettre en garde les candidats contre un pénible et stérile éparpillement de leurs efforts. Une restriction de ce genre ne pouvait être ap-

portée au programme du professorat, car il est évident que
l'histoire devra toujours être enseignée intégralement dans
les écoles normales. La voie où est entré le Conseil supérieur n'en demeure pas moins l'indice d'une tendance déjà
marquée dans les programmes du 28 juillet 1882 pour les
écoles primaires. — On connaît, on sait par cœur la spiri-
tuelle page des *Caractères* : « Hermagoras ne sait pas qui
est le roi de Hongrie.... » C'est à croire que la Bruyère,
qui n'est cependant pas mort d'hier, a pris part aux assises
universitaires de ces dernières années. Aussi pensons-
nous qu'il n'y a guère à redouter de question relative aux
faits qui ont précédé l'ère des temps modernes.

Si cependant ces prévisions devaient être démenties,
nous pouvons affirmer du moins que, pour tout ce qui
touche à l'histoire ancienne, grecque, romaine où du
moyen âge, le sujet donné serait toujours suffisamment
vaste pour qu'il fût possible de le traiter à la seule lumière
de connaissances assez générales, mais précises cependant.

Quant à l'époque moderne et contemporaine, il faut
entrer dans bien d'autres détails : outre les guerres et les
traités, l'histoire (au moins sommaire) des institutions,
les évolutions morales et intellectuelles des peuples, les
mesures politiques ou économiques et jusqu'aux intrigues
de cour, il faut tout aborder, tout connaître dans une certaine
mesure et être prêt à se montrer, dans l'exposé des
questions et suivant le cas, tacticien, jurisconsulte, philosophe, diplomate, financier... que sais-je ? Que de choses !
Ah ! si l'on savait d'avance !... Mais on ne peut pas savoir.

Par exemple, ce que tous les candidats savent bien, ce
qui a été officiellement dit et publié, c'est que la part la
plus large, et de beaucoup, doit, dans nos études historiques, revenir à l'histoire de France.

Ajoutons que le manuel ne saurait suffire, même

---

1. « ART. 152. — Pour les épreuves de la deuxième série, les ma-
» tières sont réparties en sept groupes ci-après énumérés : 1°... 2°...
» 3° Époques mémorables, grands noms, faits essentiels de l'histoire
» générale et de l'histoire de France, *principalement dans les temps*
» *modernes (depuis 1453).* »

pour un élève; à plus forte raison pour un maître qui aura plus d'une fois à éclairer sa leçon ou à la souligner d'un passage de Guizot ou d'Augustin Thierry. Il faut donc avoir lu, mais avec sobriété et avec choix. Ce qu'il importe d'avoir puisé dans ces lectures, ce n'est pas une plus grande abondance de détails (qui trop embrasse!...); ce sont : chez les contemporains, ces considérations élevées, ces vues profondes qui éclairent les événements, les expliquent et qui constituent ce qu'on a appelé d'un mot qui ne doit pas nous effrayer, la « philosophie de l'histoire », — et chez nos vieux chroniqueurs, cet accent, cette couleur locale qui font revivre les temps sous les mots eux-mêmes.

## Géographie.

S'agit-il de la géographie historique? On sait qu'elle est inséparable de l'histoire elle-même, et nous n'aurions qu'à répéter ici des conseils parallèles à ceux qui précèdent. Nous pourrons négliger de suivre à la trace les soldats d'Alexandre à travers le monde, mais la vallée du Pô, celle du Rhin, l'Allemagne tout entière, inséparables de nos plus grands souvenirs nationaux, doivent être minutieusement étudiées et connues à fond, car on sait que le moindre affluent y prend parfois une importance extrême!

S'agit-il de la géographie actuelle? Ici encore n'accablons pas notre intelligence sous le poids d'une interminable et aride nomenclature de noms. Si nous avons une carte à tracer (à moins que ce ne soit la carte de France), et surtout s'il s'agit d'un pays éloigné, soyons sûr qu'on nous fera grâce des multiples détails, baies ou promontoires, que peut présenter le dessin de côtes capricieusement déchiquetées, ainsi que des cours d'eau ou des pics d'importance trop secondaire. Nous pourrions citer un candidat à qui échut à l'oral la correction d'un devoir sur l'empire chinois. Mis, sans aucun moyen de contrôle, en présence d'une profusion de noms (et quels noms!) que l'élève auteur du devoir avait tout simplement copiés sur son atlas, pris par conséquent au dépourvu par cette facile érudition, notre candidat, loin d'essayer de dissimuler son ignorance relative, en fit, de prime abord et avec une confiante assurance, la déclaration sincère et complète au jury d'examen, bornant ses critiques à des points moins spéciaux... Et le verdict de la commission ratifia le procédé.

Il en serait autrement en ce qui concerne notre pays, dont nous devons pouvoir dire avec le vieux Térence que rien de ce qui le touche ne nous est étranger.

Ce qu'il ne faut pas, par exemple, négliger d'étudier, même en dehors de nos frontières, c'est la géographie commerciale, industrielle, agricole des divers Etats, non plus que les voies de communication (par chemins de fer ou canaux dans l'intérieur de la France et entre les capitales de l'Europe; par mer entre les différents pays). — Les mœurs et les races sont aussi à connaître et peuvent fournir d'intéressants sujets de dissertations.

### Psychologie ou morale.

Terrain mouvant : ne nous y enfonçons pas trop, crainte d'y patauger. Evitons (pour parler sans métaphore) toutes les subtilités, dans lesquelles il serait si aisé de tomber, par exemple à propos de l'origine des idées, de l'identité ou de la non-identité du vrai, du beau et du bien, — et de beaucoup d'autres points éternellement discutés. C'est affaire aux philosophes. Quant à nous, il nous suffira de parcourir une liste de sujets déjà donnés pour être fixés et rassurés.

Ce sont tantôt de simples questions qui ne demandent qu'un bon sens éclairé, aidé d'un peu d'intelligence et de l'habitude de lire en soi-même : *Je n'ai jamais eu de peine qu'une heure de lecture n'ait dissipée. — C'est la résistance, c'est l'effort qui donne à l'individu la volonté,* etc.; tantôt de ces questions de cours pour lesquelles les arguments que nous avons trouvés dans les livres ont été aussitôt compris et ratifiés par notre raison, et auraient même pu, à peu de chose près, nous être suggérés par elle seule : *L'intention vaut le fait.* — *Conditions et limites de la responsabilité morale*, etc. Il n'est pas besoin d'avoir commenté Kant pour traiter de tels points avec les lumières exigées pour l'examen du professorat. On a dit du droit que c'était « la raison écrite »; je crois que cette formule pourrait aussi s'appliquer à la philosophie... des écoles normales (je n'oserais supprimer ce complément restrictif).

Un jugement sain, appuyé sur des notions simples mais claires et précises et bien coordonnées, ayant en même temps à son service un style correct, lucide — et élégant s'il se peut, — voilà tout ce qu'on attend de nous.

### Pédagogie.

J'en pourrais dire à peu près autant de la pédagogie, qui a, d'ailleurs, de si nombreux points communs avec la morale. La pédagogie ne s'apprend guère dans les livres : elle s'apprend surtout dans l'école. Les livres pourront éclairer et compléter notre expérience personnelle, mais ne sauraient en aucun cas la remplacer. Le Conseil supérieur l'a affirmé une fois de plus par les programmes de 1884, en refusant de l'introduire dans l'examen du brevet élémentaire, en la bornant, pour le brevet supérieur, à quelques « questions sur la morale et sur l'éducation », et en la réservant véritablement pour l'examen du certificat d'aptitude pédagogique, auquel ne se présentent que des candidats ayant déjà fait leur apprentissage d'éducateurs.

Examinons encore ici quelques sujets donnés : *Il est bon que le maître fasse trotter l'élève devant lui pour juger de son train et voir à quel point il se doit ravaller pour s'accommoder à sa force.* — *Il faut aux enfants des exemples et des choses et non des règles abstraites.* — *Émile n'apprendra rien par cœur, pas même des fables*, etc. Où prendre la solution de ces questions à meilleure source que dans notre expérience personnelle, et encore une fois — encore et toujours ! — dans notre jugement ?

Lisons néanmoins, pour nous pénétrer plus sûrement de la part de science qui entre dans l'art d'enseigner;

pour nous mieux identifier avec les questions de cet ordre ; pour connaître enfin les opinions d'autrui et rectifier au besoin les nôtres propres sans nous croire. obligés de régler aveuglément celles-ci sur celles-là ; mais n'espérons pas au jour de l'examen trouver le sujet tout traité dans les souvenirs de nos lectures. — La meilleure préparation serait même de noter au jour le jour ses remarques et ses impressions de professeur comme d'autres écrivent leurs mémoires.

Quant au côté en quelque sorte matériel de la pédagogie (mobilier et bâtiments, hygiène scolaire, etc.), c'est aux candidats à l'inspection qu'il appartient de s'en préoccuper.

2° NOS FACULTÉS

Après nous être rendu un compte éclairé de notre situation par rapport au but à atteindre, chacun de nous peut désormais, connaissant mieux la voie, mesurer du regard le chemin qu'il devra parcourir. Il nous reste maintenant à considérer comment nous sommes respectivement équipés pour ce voyage, — je veux dire de quelles ressources intellectuelles la nature nous a plus particulièrement pourvus.

Et d'abord, quel petit nombre d'esprits véritablement littéraires parmi tant de candidats à un examen de lettres !

Ceci n'est point une fiction oratoire. L'extrême rareté des esprits littéraires est un fait normal, conforme à l'ordre même des choses, et qu'on pourrait constater jusque dans les classes de rhétorique de nos lycées. Mais, surtout dans nos écoles d'ordre primaire de tous les degrés (en y comprenant les maîtres, bien entendu), combien de jeunes gens intelligents et laborieux, placés en présence d'une difficulté scientifique, mettront à la résoudre autant d'ardeur qu'ils y trouveront d'intérêt, faisant preuve en même temps des plus précieuses qualités de l'esprit : justesse, clarté, pénétration, qui, si on les exerce sur un sujet de lettres, s'y sentiront comme dépaysés et paraîtront destitués des mêmes dons naturels ? Ici la recherche sera pour eux incertaine, pénible, fastidieuse, et leur travail ne présentera qu'idées confuses et flottantes, défaut d'ordre et de logique. Quant aux qualités purement littéraires : style, mouvement, couleur, finesse, quelle indigence! enfin, quelle absence de goût et de sens critique!

Que les candidats médiocrement partagés sous ce rapport ne se découragent pas, cependant; les diverses parties du programme de notre examen comportent des qualités intellectuelles de différents ordres, et il peut bien se faire, après tout, que la valeur des unes compense l'insuffisance des autres.

Ainsi l'histoire et la géographie ne demandent guère que de la mémoire et du jugement. — Il en est de même pour la grammaire, bien qu'ici la part faite au jugement soit plus grande et son rôle plus délicat. — En psychologie ou en morale, ainsi que pour les questions de pédagogie qui y confinent, la difficulté s'accroît : il faut avoir quelque habitude de l'observation psychologique, savoir distinguer nettement entre eux, sous quelque forme qu'ils se présentent, des faits que le langage de la conversation confond si aisément (sensation, impression, perception; — désir, volonté, etc.), et, d'une manière générale, savoir interroger notre « sens intime »; enfin pouvoir au besoin rappeler ou inventer à l'appui de notre thèse des exemples caractéristiques et probants. — En ce qui concerne la pédagogie pratique, il nous faudra faire preuve de ce *sens pédagogique* que donne ou développe une expérience éclairée, et qu'ont au plus haut degré tous les maîtres marqués du sceau de la vocation.

Quant à la littérature proprement dite, c'est ici que nous ne pourrons nous passer d'un certain *esprit littéraire* dont ne sauraient nous tenir lieu ni les qualités énumérées ci-dessus ni les aptitudes qui y correspondent.

Mais cet esprit littéraire comporte un triple degré. Nous pouvons être en effet :

1° Capables de produire nous-mêmes des œuvres *originales* de quelque valeur. — On ne nous en demande pas tant. Tout professeur de lettres est tenu d'être, en quelque mesure, doublé d'un critique, non d'un écrivain.

2° Incapables de produire une œuvre *originale*, mais capables de juger sainement *par nous-mêmes* des qualités littéraires d'une œuvre soumise à notre examen. — Voilà qui est suffisant.

3°. Incapables d'apprécier *par nous-mêmes* un morceau littéraire, mais capables d'en comprendre *sincèrement* les beautés après coup, *si on nous les montre*. — C'est bien peu, mais à l'extrême rigueur, grâce à beaucoup de travail et de mémoire, on peut encore, même dans ces conditions, se préparer avec succès.

Quant aux esprits inaccessibles à toute esthétique (il faut tout prévoir!), qui n'admirent rien que de confiance, et auxquels s'applique l'épigramme chansonnière :

> Quand c'est du Mozart
> Que l'on m'avertisse,

ceux-là n'ont qu'à renoncer à des études pour lesquelles ils ne sont point faits.

Enfin, à ces qualités de fond, il faut en ajouter d'autres que j'appellerai « de forme » et qui sont relatives au style : correction, clarté, élégance, etc.

On s'étonnera que dans cette rapide revue je n'aie encore parlé qu'implicitement et sans la nommer, de l'imagination. Ce n'est point un oubli. Je lui aurais réservé, comme étant de noble race, la place d'honneur, si je n'avais ici qu'à donner des conseils généraux en vue d'une culture littéraire indépendante et désintéressée. Mais la folle du logis est aussi trompeuse que séduisante. Pour peu que nous soyons enclins à céder à ses fantaisies, elle s'offrira à nous, dans l'ardeur de notre travail, entre deux bonnes filles d'idées sans prétentions, qu'elle éclipsera par ses dehors brillants, et la fée traîtresse qu'elle est nous entraînera sur la pente glissante d'une digression qui détruira toute l'unité de notre plan; ou bien elle nous suggérera une hardiesse que notre esprit échauffé sera tenté de prendre pour un trait de génie, mais qu'un correcteur de sens rassis qualifiera — plus modestement — d' « emphatique platitude ».

Je n'ai garde toutefois de faire à mes lecteurs, qui ont déjà atteint, d'ailleurs, l'âge où le goût devient plus sûr, l'injure de ne pas les supposer capables d'une inspiration véritablement heureuse : mais il s'agit d'un examen, ne l'oublions pas! un essai pourrait coûter bien cher! Le plus certain sera donc, — qu'on nous pardonne cette timidité peut-être excessive, du moins pour quelques-uns, — de ne demander à notre faculté créatrice, comme aussi de n'accepter d'elle que des idées claires, assez simples et menant directement au but.

En résumé, voici un tableau présentant, sous une forme qui pourra paraître un peu rigoureuse, les principales qualités dont nous avons à faire preuve *à l'examen écrit :*

**Qualités générales communes à *toutes les épreuves.***

ESSENTIELLES : Intelligence et connaissance du sujet. — Jugement, mémoire, imagination (cette dernière renfermée dans les plus sévères limites). — *Style :* correction, ordre, clarté, précision.

SIMPLEMENT UTILES : Les autres qualités du style. — Accent sincère et personnel (surtout en morale ou psychologie, littérature ou pédagogie).

**Qualités plus spéciales à chaque ordre d'épreuves.**

*Littérature.*

ESSENTIELLES : Esprit littéraire (sens esthétique et critique) à un certain degré.

SIMPLEMENT UTILES : Qualités du style spécialement appropriées au sujet.

*Grammaire.*

ESSENTIELLES : Sobriété, concision, dialectique.

*Histoire et Géographie.*

ESSENTIELLES : Sobriété, simplicité (pas d'emphase!).

SIMPLEMENT UTILES : Qualités du style spécialement appropriées au sujet. — Talent descriptif. — Couleur locale.

*Psychologie ou morale.*

ESSENTIELLES : Sens psychologique, esprit d'observation, sentiment des nuances de la pensée et de l'exacte propriété des termes.

SIMPLEMENT UTILES : *Suivant le sujet :* délicatesse, élévation, chaleur, sensibilité, etc. — Connaissance du cœur humain, profondeur.

*Pédagogie.*

ESSENTIELLES : Expérience de l'enseignement. — Sens pédagogique.

A l'*examen oral*, d'autres qualités sont encore nécessaires : une parole claire et assez facile, un langage toujours correct, même dans l'improvisation, sont des avantages absolument exigés. Mais c'est ici surtout que nous aurons à montrer un esprit lucide et ferme, capable d'étreindre un sujet pour « conduire » avec sûreté la leçon que nous aurons à faire, sans nous égarer ou piétiner sur place.

Pour la correction du devoir, il ne suffira pas de dire « c'est bon » ou « c'est mauvais », ni même de remplacer une expression défectueuse par une expression meilleure; il faudra savoir discuter et justifier nos critiques. Nous devons nous attendre à ce qu'elles soient contestées et donnent lieu à des objections imprévues. C'est alors un dialogue à soutenir, où l'on appréciera la vivacité de notre intelligence, et, à l'occasion même, notre présence d'esprit.

Enfin, dans la lecture, on attend de nous certaines qualités — sobres — d'expression et d'accent, qui, sans nous faire tomber dans la déclamation, doivent laisser percer le sens littéraire du lecteur.

Est-ce tout ? — Pas encore. Nos gestes, notre attitude, notre tenue, seront observés et notés. Je pourrais donc dire : ne soyons ni exubérants, ni guindés; soyons ceci, soyons cela..., mais un air d'emprunt se trahit toujours. A tout prendre, mieux vaut encore demeurer nous-mêmes, autant qu'il nous sera possible d'être naturels, ce qui n'est pas toujours facile en certaines circonstances.

Et maintenant, j'ai essayé de donner un miroir. Que chacun veuille bien s'y regarder et tâche de s'y reconnaître.


### 3° NOS FORCES

Il serait difficile de nous substituer ici aux candidats eux-mêmes. Chacun peut juger d'après ce qui précède des efforts qu'il devra faire, et voir s'il est déterminé à les tenter. Il tiendra compte nécessairement de son ardeur, de ses goûts, des moyens d'étude dont il dispose, des loisirs qui lui sont laissés. Qu'il sache bien qu'il ne suffit pas d'un coup de collier à donner, mais d'un labeur prolongé, patient, réglé et assidu. Du moins, quelle que soit la tâche, il ne sera point rebuté s'il sait y trouver les satisfactions intimes que donne tout travail intellectuel et que les études littéraires font particulièrement goûter à ceux qui sont naturellement attirés vers elles.

# CHAPITRE II

## A quelle discipline il faut nous astreindre.

Pour préparer maintenant l'assaut de notre examen, il faut d'abord nous astreindre à une discipline sévère. Cette nécessité, qui s'impose à quiconque poursuit la recherche d'un diplôme, est bien plus impérieuse pour des candidats déjà chargés de fonctions absorbantes qu'il ne leur est point permis de négliger et qui ne leur laissent que de rares loisirs.

Je leur dirai donc à tous : établissons chacun avec grand soin, pour régler d'avance nos travaux, un *emploi du temps* qui réponde, à tous les points de vue, aux convenances diverses de notre situation respective. Ce travail préparatoire une fois fait, conformons-nous à ce programme avec une exactitude poussée, dirai-je presque, au delà du scrupule, jusqu'à la servilité. Pas de faiblesse, pas de capitulation, ou tout est perdu ! Sauf le cas d'impossibilité matérielle, que la tâche journalière s'accomplisse régulièrement, en dépit de nos dispositions passagères, même si nous éprouvons (la périphrase nous permettra d'exprimer l'hypothèse) cet état d'esprit qui semble nous condamner au désœuvrement, et que la langue populaire appelle d'un nom qui n'a pas encore reçu droit de cité dans le Dictionnaire de l'Académie.

— Cette discipline écolière, dira-t-on, n'est-elle pas, dans sa rigueur, excessive et puérile pour des hommes faits ?

— Je n'en crois rien : il y a des faiblesses qui sont de tous les âges.

— Mais tenir si peu de compte de nos dispositions d'esprit, n'est-ce pas nous condamner à faire parfois de bien mauvaise besogne, et l'effort de notre volonté ne pourrait-il pas, en pareil cas, n'avoir pour principal effet que de nous inspirer un certain dégoût pour notre étude?

— Mon Dieu! j'accorderai volontiers que Corneille n'a pas dû se soumettre à un pareil régime pour écrire *le Cid!* Je conviendrai sans plus de difficulté que ce joug peut être parfois pénible, et que Montaigne, ce lettré voluptueux, se gardait sans doute, en écrivant les *Essais*, de faire ainsi violence à son humeur. Mais nous autres, candidats que nous sommes, il ne nous est point permis de suivre notre « fantasie »; le labeur qui nous incombe est une tâche pressante à laquelle, l'ayant acceptée et réglée, nous ne pouvons sans danger nous dérober un seul instant.

Ai-je besoin de rappeler, d'ailleurs, qu'il ne s'agit point pour nous d'un ouvrage à composer, mais de simples lectures coupées d'exercices divers; qu'on n'a point par suite à demander à l'esprit cet essor extraordinaire qu'il ne prend qu'à ses heures, mais seulement à exercer des facultés qui ne sommeillent jamais complètement.

Je n'entends pas dire toutefois que, même pour nos modestes travaux, l'éveil spontané de l'intelligence nous soit dans tous les cas d'un secours également fidèle, mais c'est là précisément un inconvénient qu'il faut combattre. Vienne le jour de l'examen, nous devrons tous affronter ensemble, à la même heure, des épreuves communes pour lesquelles on nous rendra responsables de toute défaillance : tâchons donc d'être toujours prêts.

Or, ce résultat est moins difficile à atteindre qu'il ne paraît. Nos fonctions physiologiques elles-mêmes se plient, sous l'influence du régime, aux exigences que notre volonté leur impose : il en est de même de nos facultés, que nous rendrons également dociles par l'habitude, ainsi qu'en peut témoigner l'exemple des rédacteurs de nos journaux quotidiens.

Quant à l'effort à faire pour triompher d'un état d'esprit passager, ce n'est point une telle contrainte qui pourra nuire à l'attrait de nos études. C'est le contraire qui est vrai! C'est la continuité qui soutient et parfois engendre l'intérêt de nos travaux. Si, parmi un certain nombre de candidats se préparant à un examen quelconque, il en est plusieurs (est-ce la minorité?) qui, quoique pris d'un beau zèle au début, renoncent un jour ou l'autre à la tâche commencée, nous verrons presque toujours cet abandon se produire dans des circonstances identiques. On a eu trop de faiblesse ou de complaisance pour soi-même ; on a, un jour, pour une raison quelconque, remis au lendemain l'étude quotidienne ; une autre fois on laissera passer deux jours, trois jours, une semaine... Désormais, il faudra pour « s'y remettre » un effort nouveau, dont on se sent de moins en moins capable. Alors, sous prétexte de se recueillir et de rassembler ses forces, on prend une grande résolution... on s'ajourne au premier du mois suivant ! Et comme, le jour venu de cette échéance, — désormais redoutable, — on se trouve moins dispos que jamais, et que le calendrier implacable ne permet plus un nouvel atermoiement, on fait tout doucement, en soupirant un peu, et non sans regret et sans honte, son deuil des projets caressés et de l'avenir entrevu !

Veut-on une confidence personnelle ? Il ne m'est jamais arrivé d'interrompre seulement trois jours de suite des travaux entrepris librement et par surcroît, sans que, paralysé par une force invincible, l'interruption ne se prolongeât trois semaines, un mois, deux mois, ou davantage, jusqu'à l'intervention providentielle de quelque événement particulier ou de je ne sais quel bon génie qui secouait mes esprits et les rendait à leur étude. Hélas ! Providence ou bon génie ne sont pas toujours venus à mon secours, et j'ai des cahiers et des livres qui depuis des années restent ouverts aux mêmes pages...

Non, pas de compromission ! Songeons que le moindre arrêt risque de devenir définitif et constitue en tout cas un recul. Il y a, dans la suite de nos exercices intellectuels une sorte d'entraînement, de *force acquise* dont tout ralentissement volontaire nous fait perdre le bénéfice. Après chaque interruption, c'est une chaîne à renouer, un élan à retrouver, heureux si nous parvenons, oserai-je dire, à nous replacer dans l'axe du courant qui nous emportait.

Grâce à la discipline à laquelle il faut nous astreindre, chaque jour au contraire marquera un pas en avant, et notre marche sera toujours assez rapide pourvu qu'elle soit seulement continue. Ce point est si important, qu'il serait peut-être imprudent, irai-je jusqu'à dire, non pas seulement de faire une halte en se promettant de doubler plus tard les étapes, mais même d'enfreindre en sens contraire la règle qu'on s'est imposée. Cet excès de zèle nous amènerait infailliblement un moment ou l'autre à entrer en composition avec nous-mêmes, nous croyant autorisés dorénavant à appliquer à l'occasion, dans l'ordre inverse, un système de compensation devenu dès lors dangereux.

Examinons maintenant la situation de nos candidats. La plupart d'entre eux se plaignent sans doute de disposer de trop peu de temps. C'est là un inconvénient réel, mais dont il ne faut pas qu'ils s'exagèrent l'importance.

Et d'abord qu'ils sachent bien qu'à tout prendre, leur préparation est peut-être, dans ces conditions, plus facile et plus sûre, nous ne craignons pas de le dire, que s'ils disposaient d'un loisir complet. Ceci n'est point un paradoxe. Il nous faudrait une nature bien vigoureusement trempée pour nous imposer volontairement, pendant des journées qui nous appartiendraient toutes pleines, qu'aucune occupation ne viendrait morceler, un travail méthodique, suivi, auquel rien ne nous obligerait absolument et qui devant se continuer pendant des mois et des années finirait à la longue par nous lasser. Oui, bien que la chose paraisse déraisonnable, à moins d'y être entraînés par une vocation extraordinaire, nous nous livrons plus volontiers à des études personnelles, si le temps que nous pouvons leur consacrer se trouve limité : ce temps nous paraît dès lors plus précieux et nous nous empressons davantage d'en profiter, en étant plus jaloux. Que l'on cherche autour de soi des exemples à l'appui de cette proposition, qu'on descende en soi-même... et qu'on nous réponde !

Quant aux maîtres adjoints d'école normale, ceux-là jouissent en particulier d'un avantage inappréciable. Je veux parler de l'influence du milieu dans lequel ils vivent. Ce n'est point seulement une atmosphère d'*étude* qu'ils respirent, c'est celle de leurs *propres études!* Il y a là une force énorme dont leurs concurrents, à qui elle fait défaut, sentent toute l'importance et tout le prix. Leurs fonctions mêmes les obligent à s'occuper de ce qu'ils doivent connaître. En travaillant pour leurs élèves, ils travaillent aussi pour eux, et de la façon la plus heureuse : devoirs à corriger, leçons à faire et à préparer : est-il une école plus sûre, une gymnastique plus profitable ?

Il est vrai qu'une objection se présente naturellement : un maître adjoint n'est jamais chargé d'enseigner qu'une partie des matières que comprend l'examen du professorat. En effet, — et sans cela nous nous demanderions s'il existe aucun maître en exercice depuis seulement un ou deux ans qui ne puisse faire preuve, pour la partie qu'il professe, des connaissances requises. Il faut donc qu'on sorte d'un sillon connu. Or, bien qu'en somme les diverses études qui composent le programme des lettres (aussi bien que celui des sciences) présentent toujours un ensemble correspondant à des aptitudes analogues, il arrive, je crois, trop souvent, qu'on ne se préoccupe pas assez de diriger ses travaux du côté où l'on aurait le plus besoin de se fortifier. On est plus disposé par nature à s'avancer plus profondément dans un champ déjà exploré, qu'à risquer quelques pas pénibles et hésitants dans un nouveau domaine dont on ne mesure pas l'horizon. Eh bien ! c'est là une tendance contre laquelle il est nécessaire de réagir; combattons cet exclusivisme, et, puisque le but auquel nous tendons ne nous permet point de nous spécialiser, mettons-nous en mesure de satisfaire à toutes les exigences de notre examen.

Au surplus, la tâche n'est point si malaisée. Nous trouverons, sans sortir de l'école normale même, presque toutes les ressources bibliographiques dont nous aurons besoin pour combler les lacunes qu'a laissées subsister dans notre instruction l'enseignement où nous sommes cantonnés. — Dans l'école normale encore, nous pourrons trouver un autre secours, plus précieux peut-être en un sens que le premier. Etablissons avec notre collègue de l'enseignement littéraire, surtout s'il est candidat comme nous, un échange d'idées régulier et suivi ; servons-nous de répétiteur l'un à l'autre, nous complétant ainsi mutuellement ; faisons, par une réciprocité cordiale aussi conforme à la bonne amitié qu'aux intérêts de nos études respectives, une nouvelle application de l'apologue bien connu de Florian, dont la mise en action, loin de présenter les mêmes tristesses, rendra notre ardeur plus vaillante et plus joyeuse.

Mais les maîtres adjoints d'école normale sont les plus favorisés des candidats. Bien plus grandes sont les difficultés pratiques qu'ont à surmonter leurs concurrents, inspecteurs primaires ou instituteurs !

Les instituteurs cependant sont encore placés dans des conditions où il leur est généralement possible sinon facile de se préparer avec fruit.

En ce qui les concerne, on ne peut pas dire, il est vrai, que rien qu'en exerçant leurs fonctions ils travaillent véritablement pour eux-mêmes ; mais l'atmosphère où ils vivent, pour n'être pas celle de leur examen, n'en est pas moins une atmosphère d'étude, et il y a encore de nombreux points communs entre le champ d'idées où se meut leur enseignement et celui qu'ils ont à parcourir pour leur compte personnel.

De plus, bien que leur tâche soit lourde, elle leur laisse un temps qui leur appartient — ou peut leur appartenir — pleinement.

Ah ! c'est qu'il importe, quand il faut concilier les réalités du présent avec les projets de l'avenir, de faire deux parts bien tranchées de son existence quotidienne, et de pouvoir être tour à tour tout à l'une et tout à l'autre suivant l'ordre qu'on a soi-même établi d'avance ainsi que nous l'avons recommandé !

Or c'est là un conseil, je ne l'ignore pas, qui n'est pas

toujours facile à suivre, et en particulier pour les instituteurs titulaires. La responsabilité qui leur incombe, surtout s'ils sont chargés d'une école importante, peut leur
donner des préoccupations de tous les instants. Ils appartiennent toujours plus ou moins aux familles, et souvent,
peu ou prou, dans les villages, à la population tout entière.
Le secrétariat de la mairie, s'ils l'ont assumé, peut leur
jeter inopinément sur les bras une besogne urgente qui
rompra l'harmonie de leurs travaux... Que sais-je?

Ce n'est pas tout : il est d'autres circonstances d'un
ordre plus intime, dont on me pardonnera de m'occuper
ici, mais qu'il est impossible de passer sous silence dans
des conseils qui veulent être surtout pratiques. Notre
instituteur est marié ; sa femme, sans se douter du tort
qu'elle lui cause, ne respecte pas assez le recueillement de
ses études ; ou bien elle trouve qu' « il travaille trop », et
se fait par tendresse, dans cette pensée, le perfide adver-
saire de son énergie et de ses efforts. — C'est bien autre
chose encore s'il est père de famille ! Quelle liberté d'esprit
lui laisseront les fréquentes angoisses de la paternité ou la
turbulence bruyante d'enfants trop dispos?

Voilà bien des difficultés et des misères. Voyons si l'on
ne peut en triompher ou tout au moins les diminuer dans
une certaine mesure.

D'abord, quant aux préoccupations professionnelles,
dont la persistance et l'intensité dépendent surtout du
tempérament, la volonté n'est pas impuissante à circonscrire leur influence. Loin de moi la pensée de recommander ici une indifférence insouciante, un désintéressement de nos fonctions qui constituerait à lui seul une faute
et une faute grave ; mais autre chose est méditer d'un
esprit réfléchi sur un objet certain à des moments déter-
minés, autre chose est se laisser assiéger par des idées
flottantes, qui viennent incessamment obséder notre pensée
et l'obscurcir. Dans le premier cas, il y a force ; dans le
second, faiblesse intellectuelle. Or la transformation n'est
qu'affaire de gymnastique psychologique.

Et le temps ravi, souvent avec si peu de discrétion,

tantôt par l'un, tantôt par l'autre, pour un renseignement, un conseil, un service? — Nous n'irons pas sur ce point jusqu'à conseiller à l'instituteur, — bien qu'il en eût évidemment le droit, — de consigner brutalement sa porte. Cette attitude ne pourrait qu'exciter contre lui la malveillance et les rancunes. Du moins ne peut-il pas prier les personnes dans le commerce desquelles il vit le plus habituellement de ne venir le trouver qu'à certaines heures non consacrées à ses travaux? Un tel désir une fois exprimé sous la forme d'une prière amicale serait promptement connu dans le village et certainement respecté par tous.

La question du secrétariat municipal n'est pas moins délicate. C'est là une lourde charge qui, jointe à celle de ses fonctions principales, laisse bien peu de loisir à l'instituteur. D'autre part, refuser ou résigner cet emploi c'est (sans aborder les considérations pécuniaires) risquer parfois de rendre son maintien impossible dans la commune. — Il n'y a donc ici qu'à s'inspirer des circonstances.

Enfin est-il une femme au monde, qui, quelque regret qu'elle ait des heures que son mari passe à l'écart, dans un isolement studieux, si elle a un peu de raison ou mieux encore d'amour pour lui, ne cède pas aux considérations qu'il saura tendrement invoquer : une ambition légitime, qu'elle-même doit partager et encourager, leur avenir à tous deux et celui des enfants qu'ils élèvent?... Elle devra même être persuadée qu'elle peut, par mille petits soins matériels, lui faciliter la tâche et se mettre ainsi de moitié dans la glorieuse entreprise ! Dès lors, pénétrée de son rôle, c'est elle qui se chargera d'inspirer aux enfants un respect silencieux pour l'étude de leur père, et celui-ci n'entendra plus parfois, à travers la cloison, que la voix de l'aîné gourmandant gravement les plus jeunes : « Pas si fort ! papa travaille ! »

. Quoi qu'il en soit, bien plus favorable évidemment est la situation des instituteurs adjoints. D'abord, en thèse générale, ceux-ci sont plus jeunes, et s'il peut leur manquer un peu de maturité d'esprit, une certaine expérience des choses de l'enseignement, du moins ils ont dû conserver tout vibrant le souvenir de leurs premières études, et le poids des plus lourds devoirs de la vie ne comprime point en eux l'essor de facultés toutes prêtes à se donner carrière.

Mais, titulaires ou adjoints, les conditions de la préparation varient encore pour les instituteurs suivant qu'ils sont attachés à une école rurale ou à une école urbaine. Dans le premier cas, ils auront à réagir contre l'influence d'un milieu qui n'offrira que peu d'aliment à l'activité de leur intelligence et où ils ne trouveront ni conseils ni ressources. Dans le second, plus favorisés à ce point de vue, il leur faudra résister à la tentation incessante de mille distractions plus ou moins légitimes et à l'entraînement de l'exemple.

Une bonne fortune serait d'avoir un compagnon d'études, surtout si c'est un candidat au même examen. On travaille mieux à deux quand on est sérieux, on échappe à la torpeur de l'isolement intellectuel, on se conseille, on s'encourage mutuellement et l'on se sent plus fort pour persévérer, en dépit de toutes les influences étrangères qui viendraient nous assaillir, privées désormais de leur puissant et secret complice : l'ennui de la solitude.

En somme, les aspirants les plus mal partagés, et de beaucoup, sont assurément les inspecteurs primaires, — vrais Maîtres Jacques nomades de l'Université. Ils ont pour eux, il est vrai, des connaissances déjà étendues, il faut le supposer, et aussi un esprit plus sûr (c'est là une qualité que leurs fonctions ont dû particulièrement développer). Ajoutons encore que leur compétence pédagogique leur sera un guide précieux. Mais que valent ces conditions favorables au prix des difficultés de toute sorte qui résultent des exigences matérielles de leur situation?

Partagés entre des courses à peine interrompues et des travaux de cabinet délicats ou fastidieux, à quel moment pourront-ils s'occuper d'études littéraires ? Sera-ce au retour d'une tournée d'où ils arriveront harassés et la tête pleine encore des réclamations entendues, des conflits à apaiser, des menées secrètes à déjouer? Sera-ce après avoir débrouillé le chaos d'un dossier de maison d'école ou exposé par le menu avec une fermeté circonspecte les faits douteux d'une enquête? Sera-ce après avoir confectionné et mis sous bande plus de cent lettres de convocation, ou collationné et totalisé d'interminables colonnes de chiffres? — Notons que la besogne leur arrivant par flots inégaux et que les affaires prenant naissance et se présentant à eux sous toutes les formes et le plus souvent à l'improviste, ils ne peuvent rien prévoir ni régler leur temps d'avance.

D'ailleurs, quels loisirs leur laissent tant de travaux si divers? Leurs journées commencent tôt, finissent tard, et il ne peut y avoir pour eux ni jeudis ni dimanches...

Dans ces circonstances, quels conseils donner, quelle règle proposer, là où toute règle est impossible? Nous nous voyons contraints ici à un décourageant et triste aveu : ceux-là seuls parmi les inspecteurs primaires en exercice peuvent, croyons-nous, songer à se préparer, qui, grâce à leurs études antérieures, possèdent déjà, ou peu s'en faut, l'acquis nécessaire, et auxquels il ne manque, pour être en mesure de se présenter, qu'un dernier et court travail de coordination et de synthèse.

Aussi dirons-nous aux membres de l'enseignement qui voudraient profiter, pendant qu'il en est temps encore, des dispositions de l'art. 186 du décret du 18 janvier 1887 [1], et remettraient leur candidature au professorat après l'obtention du diplôme d'inspecteur et leur nomination en cette qualité, qu'ils ne sauraient faire un plus imprudent calcul; qu'à mettre ainsi, comme on dit, la charrue devant les bœufs, ils s'enlèveraient à peu près toute chance d'obtenir jamais le titre de professeur; et que, dès lors, confinés dans l'inspection, ils risqueraient fort de n'y occuper que les postes les moins avantageux, étant distancés dans leur carrière par leurs collègues munis des deux certificats.

---

1. Voy. page 12, en note.

# CHAPITRE III

## Étude des diverses matières du programme.

Abordons maintenant nos travaux.

Ces travaux doivent comprendre : 1° *l'étude stricte des diverses matières du programme ;* — 2° *l'étude des textes spécialement prescrits par l'arrêté du 4 décembre 1885 ;* — 3° *des lectures générales* (histoire, géographie, morale, critique littéraire, etc., sans oublier surtout les textes classiques) ; — 4° *des devoirs écrits.*

Ces divers points feront l'objet d'autant de chapitres distincts.

En ce qui concerne l'étude des matières du programme, la première chose à faire est de circonscrire par avance le cadre dans lequel on se renfermera. Il faudra donc, pour éviter les tâtonnements où l'esprit s'égare et use ses forces sans profit, s'entourer d'un nombre déterminé de traités ou précis correspondant aux diverses matières à étudier.

Nous ne saurions, on le comprendra, donner ici une liste d'ouvrages de ce genre dont il soit absolument nécessaire de faire usage à l'exclusion de tous autres. — Il serait absurde de professer sur ce point autre chose qu'un sage éclectisme[1].

---

[1]. Signalons cependant, à titre de simple indication, parmi les publications de la maison Belin : Leclair, *Grammaire française complète ;* Marius Michel, *Notions élémentaires de grammaire historique ;* Aubertin, *Histoire de la langue et de la littérature françaises ; Origines et formation de la langue et de la métrique françaises ;* Henry, *Cours critique et historique de la littérature ;* Drioux, *Histoire de la littérature française ;* Gazier, *Traité d'explication française ;* Blanchet et Pinard, *Histoire de France* (cours supérieur); Blanchet, *Précis d'histoire moderne ;* Brissaud, *Histoire contemporaine ;* Pigeonneau, *Géographie de la France et des cinq parties du monde ; Géographie commerciale des cinq parties du monde ; Géographie commerciale de la France et de ses colonies;* etc., etc.

Mais ce que nous recommanderons dans le choix qu'on en devra faire, ce sera d'éviter avec soin, quant à l'abondance ou à la profondeur de leurs matières, le double écueil du *trop* ou du *trop peu*.

Parmi nos candidats, il n'en est guère, nous l'espérons, qui, aveuglés par une sotte présomption, compagne ordinaire de l'ignorance, s'exagèrent trop aisément leurs lumières et leurs forces et considèrent volontiers tout but à atteindre comme au-dessous de celles-ci. D'ailleurs leurs examens antérieurs et leur expérience de l'enseignement doivent suffire à les mettre en garde contre une erreur en ce sens, c'est-à-dire *a minima*.

Il est bien plus ordinaire que, par un sentiment fort louable de modeste appréhension, on soit naturellement disposé à redouter l'insuffisance de ses connaissances, et que, dès lors, dans la crainte de rester en deçà, on surmène son pauvre cerveau en l'accablant sous un lourd bagage qui nuit à son essor et qui ralentit, par conséquent, et rend plus pénible une préparation déjà assez longue et assez difficile.

Encore une fois, ce qu'on attend de nous, c'est une culture générale et solide servie par d'heureuses qualités intellectuelles, — bien plus qu'un savoir profond, mais étroit et technique. C'est là un point que l'étendue de notre programme suffirait à prouver.

Au surplus, quant à la somme des connaissances requises, nos candidats n'ont qu'à s'en rapporter à l'idée qu'ils peuvent tous se faire très aisément de ce que peut et doit être l'enseignement dans une bonne école normale, — et quant à la difficulté des épreuves, ils trouveront un critérium certain dans le *Recueil* de sujets et dans les *Modèles* de devoirs et de leçons, qui forment la troisième et la quatrième partie de cet ouvrage. Encore faudra-t-il avoir soin de distinguer les sujets d'examen des sujets de devoirs. Ces derniers nécessitent assez souvent des recherches bibliographiques spéciales que ne saurait comporter un travail à produire sans aucun secours extérieur.

Ce qui doit nous faire redouter, pour cette partie de

notre préparation, les livres trop volumineux ou trop savants, c'est qu'il faut que nous puissions nous les assimiler complètement.

Car nous devons arriver à les posséder d'une manière certaine, à en tenir en quelque sorte la substance dans le creux de la main. Nous devons en extraire pour ainsi dire un noyau d'idées, de connaissances, compact, solide, résistant, inattaquable. Autour, comme une pulpe plus ou moins abondante, nous ne laisserons pas de grouper le plus que nous pourrons de données accessoires ou complémentaires, — sans être jamais sûrs de n'en pas omettre d'utiles ou de retenir fidèlement toutes celles que nous aurons recueillies, courant par conséquent le risque de n'être, le cas échéant, ni très profonds ni très complets. Il y a là une part d'aléa inévitable. Mais du moins, si nous sommes d'ailleurs suffisamment doués pour les questions qui demanderaient surtout de l'intelligence ou du jugement, nous serons certains, pour la part d'acquis qui pourrait encore y entrer, comme pour les questions purement dites *de cours,* que nous ne serons jamais pris au dépourvu.

Et quand on connaît son sujet, qu'il apparaît à l'esprit exactement et nettement, est-il si difficile de le développer dans une leçon ou dans un devoir, avec justesse, clarté et correction? Si après cela on encourt le reproche d'être demeuré un peu superficiel,... on pourra quand même, croyons-nous, faire grand fond sur l'indulgence du jury d'examen.

Pour atteindre ce but, le meilleur moyen, le plus sûr, le seul peut-être est de *résumer.*

Surtout qu'on ne croie pas pouvoir s'en tenir à des résumés tout faits! Le résumé doit fixer la pensée et contraindre la mémoire, — et pour cela il faut que chacun des mots qu'il renferme éveille et fasse revivre en nous tout un ensemble d'idées. Or cette condition ne sera remplie que s'il nous fait revenir pas à pas et comme à la trace sur notre première étude, ce qui n'arrivera que si nous l'avons conçu nous-mêmes et rédigé de notre main.

Dès lors, notre esprit, suivant le propre sentier qu'il s'est frayé, se reconnaîtra sûrement et sans effort, et la mémoire prêtera à l'intelligence un facile concours. C'est pourquoi, quelque imperfection qu'il puisse présenter, un tel travail ne nous sera véritablement utile que s'il est notre œuvre personnelle.

Nos candidats savent tous comment on doit *résumer* : on lit d'abord tout un chapitre avec la plus grande attention et en l'éclairant de toutes les recherches nécessaires ; les dictionnaires de tout genre et les atlas doivent être sur ce point d'un incessant secours[1]. — Puis, quand on en a bien saisi l'ensemble, et sans s'astreindre, comme pour un devoir d'écolier, à fermer son livre, on en reproduit sous la forme la plus concise et la plus saisissante les principales idées.

« Les principales idées ! » Le point délicat est de les reconnaître, d'en suivre l'enchaînement et de les mettre en lumière en les dégageant des autres. Or, force nous est bien d'avouer ici que nous ne pouvons donner à cet égard de formule précise : tout dépendra de l'intelligence du candidat ; c'est à lui de comprendre, et de savoir s'il a compris. Recommandons simplement d'éviter toute hâte et de ne procéder qu'avec la plus grande réflexion.

Ce n'est pas tout : ce résumé doit *parler aux yeux*. Pour cela (qu'on nous pardonne ces détails un peu puérils) :

Tous les noms à retenir seront écrits en gros caractères et soulignés ;

On laissera une grande marge pour y inscrire en manchettes les indications qui pourraient servir de points de repère, et aussi en vue des additions ou corrections qui seraient ultérieurement jugées opportunes ;

Les alinéas seront fort courts : le texte devient ainsi plus clair et plus agréable à lire ;

---

1. Signalons ici, tant pour l'étude de l'histoire que pour celle de la géographie, l'*Atlas universel et classique* si connu de MM. Drioux et Leroy. — Belin, éditeur.

On procédera le plus possible par énumération en catâloguant les idées.

Tels doivent être le plan et la forme des résumés que comporte l'étude des diverses matières de notre programme. Nous ferons cependant une exception en ce qui concerne la grammaire et la géographie.

Quant à la grammaire, comme il faut supposer que nos candidats en ont tous une idée d'ensemble suffisante, ils pourront se borner à la revoir en n'étudiant spécialement que les points sur lesquels il leur paraîtrait nécessaire de fixer leur opinion.

D'autre part, un résumé de géographie ainsi entendu risquerait fort de n'être qu'une nomenclature de noms propres qui n'offrirait rien de personnel, — ni d'utile par conséquent.

Le vrai résumé de géographie, c'est la carte à faire. — Et quand je dis « la carte », je veux dire « les cartes », des multitudes de cartes : physiques, politiques, agricoles, industrielles, des chemins de fer, des canaux, des lignes de navigation, etc., etc. Voilà qui serait bien long s'il était ici question de grandes cartes criblées de noms et calligraphiées avec soin, mais il ne s'agit que de rapides croquis ayant la dimension d'une feuille d'album de poche et dont tout le mérite sera d'être surtout *bien nets*.

Pour cela, il faudra les tracer d'une main ferme et en traits assez pleins en sacrifiant hardiment les minutieuses déchiquetures des côtes (sauf peut-être pour la carte de France) et les méandres trop capricieux de certains cours d'eau. Il sera utile aussi (encore un détail puéril!) que les noms soient d'une écriture trapue et sobres de boucles et de déliés. Mais surtout chaque carte devra être *très peu chargée*, qualité essentielle pour que l'œil s'y reconnaisse promptement et sans effort.

Il devient dès lors nécessaire, on le voit, de multiplier autant qu'on pourra le nombre de ces cartes, en en restreignant le cadre au double point de vue de l'étendue de pays et de l'ensemble des données qu'elles embrasseront. Nous aurons soin, d'ailleurs, de ne charger notre papier que de ce dont notre mémoire pourrait porter le fardeau.

En marge, nous inscrirons, dans un commentaire court et substantiel destiné à le compléter, les chiffres ou les indications qui, par leur nature, n'auraient pu figurer dans le tracé graphique.

C'est surtout pour l'histoire que la nécessité de résumer est absolue : il y a tant à retenir !

Notons qu'on ne retrouve point ici comme en morale, en grammaire et dans les sciences de démonstration, cet enchaînement logique grâce auquel, l'idée principale étant sue et comprise, les idées accessoires en découlent d'elles-mêmes. Sans doute la « philosophie de l'histoire » peut, dans une certaine mesure, éclairer les faits et les expliquer, mais sa trame incertaine ne saurait suffire à nous guider dans l'inextricable réseau des événements.

Aussi bien le résumé lui-même a-t-il besoin d'être éclairé et démêlé par des cartes et des tableaux synoptiques, qui devront être comme lui et pour les mêmes raisons l'œuvre personnelle des candidats.

Quant aux cartes, nous répéterons ici en y insistant davantage encore ce que nous en avons dit pour l'étude de la géographie : beaucoup, beaucoup de cartes, et très peu chargées.

Ainsi l'atlas Drioux, par exemple, qui est un des atlas classiques les plus répandus et les plus complets, nous offre une carte unique pour l'histoire de toute l'Europe de 1556 à 1648. Eh bien, pour la seule étude de la guerre de Trente ans (1618-48), il faudrait faire au moins six cartes : une pour chaque période (palatine, danoise, suédoise, française), une carte d'ensemble et une autre pour l'intelligence du traité de Westphalie.

Nous saurons d'ailleurs avoir recours à certaines indications spéciales propres à éclairer l'esprit et à aider la mémoire.

La marche d'Alexandre, les invasions des barbares, les expéditions des croisés, les voyages des navigateurs illustres se trouvent figurés sur la plupart des atlas historiques. Inspirons-nous de ces procédés. Nos cartes étant assez nombreuses pour qu'aucune ne soit trop touffue, nous pourrons sans confusion pour l'œil y introduire bien des données utiles à l'intelligence de la leçon. Exemple :

Si j'avais à débrouiller le chaos d'une de ces guerres modernes qui ont la moitié de l'Europe pour théâtre, — de la guerre de la succession d'Espagne, je suppose, — armé de crayons de différentes couleurs, je circonscrirais d'abord le champ d'opérations dans lequel se meut chaque armée. L'ayant de la sorte isolée dans cette sorte de département stratégique, j'indiquerais sa marche par un trait conventionnel. Ensuite, par un autre trait, je marquerais la trace des généraux qui passent d'un corps à un autre. Ainsi l'on suivrait aisément Catinat, d'abord en Italie, puis sur le Rhin; Vendôme, dans la vallée du Pô, puis aux Pays-Bas, puis en Espagne; Villeroi, et Villars, et Marsin, et les autres promenant la victoire ou la défaite du nord au sud de nos frontières.

Voilà l'écheveau démêlé, voilà la leçon rendue 1° plus lucide, et par cela même 2° plus intéressante à étudier, 3° plus facile à retenir !

Je pourrais dire encore : Inscrivons les noms de lieux en rouge, en noir, en bleu, suivant qu'ils rappellent un succès, un revers ou un traité de paix : mais il ne faut pas abuser des hiéroglyphes, et puis enfin le résumé est là, dont la carte ne peut ni ne doit tenir lieu.

S'agit-il maintenant d'étudier les conquêtes des Arabes? Enfermons chacune de leurs extensions successives dans un rectangle imaginaire (une délimitation plus rigoureuse pouvant paraître bien difficile), et inscrivons dans chaque rectangle un numéro d'ordre *très apparent*. Notre carte ainsi établie révélera au premier examen :

Qu'aux trois premiers mouvements d'expansion conquérante correspond la soumission des trois pays limitrophes de l'Arabie : 1° Syrie; 2° Perse; 3° Egypte;

Qu'après les guerres civiles qui arrêtent là pour un temps les conquêtes, l'invasion continue à s'étendre, d'abord à l'est jusqu'à la limite actuelle des pays musulmans; puis constamment à l'ouest et par étapes successives en

1° Nubie, 2° Tripolitaine, 3° Algérie et Maroc, 4° Espagne, 5° France jusqu'à Poitiers.

De même pour la formation du royaume de Prusse, qui s'agrège petit à petit, par lambeaux épars aux quatre coins de l'Allemagne. Vite, une bonne carte avec les fleuves pour jalons et des numéros d'ordre :

Voici le Brandebourg : n° 1. Suivons les acquisitions successives : sur le Niémen ; — le Rhin, le Weser, l'Elbe, l'Oder ; — la Vistule ; — la Meuse ; — le lac de Neufchâtel ; — la Baltique.

Il y a sans doute quelque rigueur à cataloguer ainsi les faits, mais tout classement synthétique, sauf peut-être dans les sciences exactes, implique l'omission forcée de certaines quantités négligeables dont la somme dépendra de la profondeur des connaissances que l'on entend embrasser. Question de mesure.

Quant aux tableaux, on trouvera dans tous les précis des tableaux généalogiques, des tableaux indiquant la succession des souverains ou l'extension progressive du domaine royal en France. Est-ce assez? Mille fois non.

Il nous faut des tableaux synoptiques pour les croisades, les guerres d'Italie, les guerres de religion, les guerres de Louis XIV et de Louis XV, de la République et de l'Empire, et bien d'autres! Chacune de ces périodes belliqueuses demande un tableau d'ensemble subdivisé en autant de tableaux de détail qu'il sera nécessaire. Il y a, en commençant aux guerres médiques, de quoi en former tout un album. Le cadre varierait d'une page à l'autre suivant les exigences de son objet.

Et les traités de paix? comment les retenir avec leurs clauses si multiples et si diverses, si on ne les groupe intelligemment en des colonnes où l'œil suivra aisément les acquisitions et les pertes de territoires des différents États?

Les évolutions morales ou intellectuelles des peuples, telles que la Réforme, la Renaissance, l'ensemble des institutions pris à certaines époques intéressantes, l'œuvre sociale de la Constituante et de la Convention sont également susceptibles d'être représentées sous cette forme précise et en quelque sorte intuitive.

J'ai vu, — je cite le cas à titre de curiosité, car la question en elle-même ne méritait peut-être pas tant de peine et d'efforts, — j'ai vu, dis-je, dans les cartons d'un candidat, un tableau d'une ingéniosité singulière, dont la description prendrait trop de place ici, et où il avait trouvé moyen de figurer sous une forme étonnamment claire et saisissante les événements confus des temps mérovingiens. L'œil assistait en quelque sorte et sans aucun trouble aux règnes simultanés des successeurs de Clovis, à leurs partages bizarres, à l'accroissement subit qu'un fratricide donnait à leurs États, au long et capricieux entre-croisement de sceptres que le crime ou l'intrigue faisaient passer de main en main...

Mais voilà un exposé qui pourra paraître bien effrayant à nos candidats, et leur donner peut-être la tentation de prendre tout faits des tableaux analogues dans certains ouvrages spéciaux où ils pourront les trouver. Encore une fois, qu'ils s'en gardent bien! C'est comme si, voulant étudier la botanique, nous nous bornions à feuilleter un herbier formé de toutes pièces au lieu de courir les champs pour y butiner, et de classer ensuite nous-mêmes les plantes une *Flore* à la main. Il faut, pour bien comprendre et surtout pour bien retenir, avoir cherché, tâtonné, peiné à la tâche. Tout au plus les tableaux tout faits pourront-ils nous servir à rectifier plus aisément *après coup* les erreurs matérielles qui auraient pu se glisser dans notre propre travail.

Ce serait, au surplus, une erreur de croire qu'un tel labeur, — considérable à coup sûr, — doive ralentir notre préparation. Il ne s'agit pas seulement, qu'on y songe bien, de dévorer des volumes; il faut s'en assimiler la substance, et voilà pourquoi nous recommandons, si l'on peut ainsi parler, de la distiller et de la pétrir.

Or cette opération n'est pas simplement préalable : l'assimilation s'effectue au fur et à mesure et dans le même temps. — La revision devient ensuite extrêmement facile.

et prompte, et c'est bien ici que l'on peut dire sans paradoxe que le plus long est encore le plus court.

Passons à la littérature. Deux éléments distincts sont à considérer : 1° l'histoire littéraire, 2° la littérature proprement dite, la « rhétorique » comme on disait autrefois, ou, pour parler plus simplement, la composition et le style.

L'histoire littéraire fera l'objet d'un résumé rédigé dans la forme ordinaire et très sobre. Le programme des écoles normales indique assez dans quelle limite restreinte on peut se tenir. Ce résumé ne dispensera pas, bien entendu, de l'étude des textes mêmes, ni de la lecture d'au moins quelques extraits des grands critiques contemporains. Nous reviendrons d'ailleurs sur ce point en abordant, conformément à notre plan, les « Lectures et connaissances générales ».

Quant au style et à la composition, n'eussions-nous jamais ouvert un traité spécial, c'est là une matière à laquelle nous ne saurions être tout à fait étrangers. Aurons-nous besoin de nous appuyer sur des principes laborieusement appris pour relever un défaut d'harmonie dans le vers de Voltaire :

Non, il n'est rien que Nanine n'honore,

ou une métaphore incohérente dans le mot célèbre de M. Prudhomme : « Ce sabre est le plus beau jour de ma vie »? Notre sens littéraire, si peu cultivé qu'il soit, sera nécessairement ici notre premier guide, comme l'est en morale pour le jeune enfant la conscience instinctive du bien et du mal.

Guide incertain cependant, et qu'il s'agit d'éclairer. Lisons donc attentivement notre traité[1]. Nous pourrons, je l'espère, en tourner rapidement bien des pages, disant :

---

1. Signalons parmi les ouvrages de ce genre le *Cours pratique et raisonné de composition et de style*, de M. A. Henry. — Belin, éditeur.

« Je savais déjà cela, — je ne m'y serais pas trompé, — voilà qui va de soi. » Nous y rencontrerons peut-être certains détails sentant encore la scolastique et justement négligés aujourd'hui, et dans lesquels nous n'aurons garde de nous égarer; par exemple, l'énumération des nombreuses figures définies et classées par les anciens auteurs de « rhétoriques », telles que l'hypotypose, la synecdoque, la prosographie, l'étopée... Il suffira de s'en tenir aux plus ordinaires : l'ellipse, l'inversion, le pléonasme, la métaphore, l'ironie, l'hyperbole, la périphrase, l'antithèse, dont les noms sont passés dans le langage de la conversation courante.

Les chapitres à recommander sont surtout ceux où il est traité de la *Composition*. Les candidats y trouveront touchant l'exposition et l'ordre des idées, l'invention et le et le choix des arguments, des règles qui, sur ces points importants, viendront fort utilement au secours de leurs incertitudes.

D'ailleurs, en aucun cas, les épreuves écrites ne sauraient se réduire à une application machinale de principes de cet ordre. Aussi est-ce surtout à l'occasion des diverses épreuves de l'examen oral que l'on pourra avoir à montrer ce que l'on sait de ce que j'appellerai la « théorie littéraire ».

Quant à la psychologie et à la morale, on se rappelle ce que nous en avons dit précédemment : évitons ce qui est trop profond, curieux ou subtil. Tenons-nous-en aux grandes lignes, aux vérités auxquelles une raison moyenne peut s'élever sans effort.

Mais surtout rien d'indécis, de flottant : méfions-nous de la moindre ambiguïté; n'acceptons rien sans contrôle et comme un dogme; que tout soit bien compris et parfaitement digéré. C'est assez dire que notre résumé devra être court mais clair, et rédigé avec soin et circonspection.

Reste la pédagogie, qui, dans sa partie théorique, se

confond assez avec la psychologie et la morale, et qui, pour la partie pratique, demande avant tout une certaine expérience personnelle.

Mais cette expérience ne saurait suffire. Un bon traité nous découvrira, suivant un *cliché* banal, « des horizons nouveaux », mettra de l'ordre et de la lumière dans l'incohérence confuse de nos vues personnelles, et nous inspirera une opinion judicieuse en plus d'un point douteux. Voilà ce que nous aurons à demander à notre précis ; voilà à quoi devront répondre les préceptes qu'il nous en faudra retenir, non sans les avoir au préalable examinés de près et reconnus pour bons et pour vrais.

Il nous reste à parler maintenant des langues vivantes, que l'arrêté du 18 janvier 1887 a introduites dans le programme à titre *facultatif* jusqu'au 1er janvier 1888, à titre *obligatoire* à partir de cette date.

Il est toujours assez difficile d'étudier les langues sans maître, mais il n'y a pas là un obstacle absolu. Il faut d'ailleurs songer qu'il existe un examen et un diplôme spécial pour les langues vivantes, lesquelles ne peuvent dès lors avoir dans les épreuves du professorat qu'une importance relative.

Quant au choix de la langue à apprendre, bien que l'étude de l'allemand semble se recommander plus particulièrement presque comme un devoir patriotique, il ne faut pas que les candidats ignorent cependant que cet idiome est beaucoup plus difficile que l'anglais. La grammaire anglaise est d'un bout à l'autre d'une simplicité et d'une logique qui la rendent singulièrement facile. La prononciation seule est pleine d'exceptions, de particularités qui empêchent qu'on la possède jamais d'une manière satisfaisante, si l'on n'a séjourné un certain temps en Angleterre.

Mais quelque langue dont on entreprenne l'étude, il faut d'abord nécessairement s'astreindre à en apprendre d'une manière rigoureuse les rudiments : règles, déclinaisons, conjugaisons, etc. Qu'on prenne ensuite un cours de thèmes et de versions gradués. Faire ces premiers devoirs par écrit pour commencer, patiemment, laborieusement (c'est du temps gagné!); en relever ensuite les fautes à l'aide du *corrigé* que doit comprendre le cours adopté, et en cherchant toujours à s'expliquer le pourquoi des corrections.

Un peu plus tard, comme nos candidats ont l'esprit plus puissant et plus mûr que des enfants, ils pourront, pour aller plus vite, procéder, pour les mêmes petits exercices, oralement ou mentalement, en consultant toujours à mesure le *corrigé*, mais jamais rien qu'*après coup*.

Devenus plus forts, ils prendront en main un auteur facile, essayant d'abord de l'expliquer littéralement, grammaticalement, puis ils s'exerceront à rendre sa pensée en français — et par écrit cette fois — d'une manière correcte et conforme au génie de notre langue, et tout en serrant cependant le texte d'aussi près que possible. Une bonne traduction pourra leur servir de modèle [1].

Continuer ainsi avec des auteurs de plus en plus difficiles jusqu'à ce que... jusqu'à ce qu'on se sente prêt et que le jour de l'examen arrive.

Ce ne sont là, d'ailleurs, que des conseils généraux que nous compléterons plus loin (ch. VI et VII).

---

1. En ce qui concerne les livres à adopter pour cette préparation, voy. les ouvrages indiqués pour les candidats à Saint-Cloud et à Fontenay, p. 41 et 42.

# CHAPITRE IV

## Etude des textes spécialement proscrits[1].— Comment on peut soi-même se former à la critique littéraire.

Pour lire et commenter avec fruit un ouvrage qu'on veut bien connaître, il est d'abord nécessaire de savoir quelle place il tient dans la littérature, à quelle évolution de la langue et de l'esprit national il correspond, dans quelles circonstances il a été composé, quel homme était l'auteur, que comprend et que vaut son œuvre, quel rang y occupe ledit ouvrage, etc.

D'ailleurs, ces points ont en eux-mêmes un intérêt propre, et l'indication officielle d'un texte à étudier impose en même temps et au même degré l'étude de toutes les questions qui peuvent s'y rattacher.

Or, une teinture générale de l'histoire littéraire ne pourrait suffire ici. Il faudra d'abord recourir aux notices ou avertissements que donnent la plupart des éditions scolaires de nos grands classiques, et où nous trouverons des détails plus précis et plus complets.

C'est encore matière à résumé, — de simples notes, bien claires et bien ordonnées :

1° La biographie de l'écrivain (quelques dates, et des jalons correspondant aux diverses phases de sa vie et de son œuvre);

2° Puis un coup d'œil sur l'ensemble de cette œuvre. Notre auteur n'a-t-il pas changé « sa manière »? Dans quelles circonstances, sous quelles influences?

---

1. En voir la liste, p. 23.

3° Comment et quand l'ouvrage a-t-il été écrit? à quelle occasion? pour quel dessein? Quel accueil a-t-il reçu?

Ces questions, qu'on doit d'ailleurs se poser à l'occasion de tout ce qui porte un nom saillant, — homme ou livre, — dans l'histoire de notre littérature, doivent être plus particulièrement approfondies en ce qui concerne les textes prescrits pour l'examen.

Pour nous en instruire, il ne manquera pas de livres à consulter. Mais ne commençons pas par nous jeter tête baissée dans les considérations souvent trop profondes, les controverses souvent trop savantes de la critique contemporaine, nous réservant seulement de leur faire, dans nos lectures générales, une part soigneusement mesurée suivant notre temps et nos forces. Je n'aurais qu'à répéter ici ce que j'ai dit précédemment à propos des précis. En admettant qu'en matière d'études et surtout d'examens il n'y ait rien de superflu, il faut toujours savoir faire une part distincte de ce qui est nécessaire et de ce qui est simplement utile, et ne s'occuper de l'un qu'après avoir bien et solidement assuré l'autre.

Après ce premier travail, on pourrait encore utilement, croyons-nous, avant d'entreprendre la lecture de l'ouvrage, en parcourir une courte analyse. Ce serait pour nous comme l'exposé narratif que venait faire au public romain l'acteur *Prologue* avant le commencement d'une représentation théâtrale, et grâce auquel la pièce était mieux comprise et partant mieux goûtée. Pour nous, il est vrai, esprits moins lourds, nous trouverions au spectacle cette précaution aussi inutile qu'importune, mais nous suffirait-il de ne puiser dans nos livres, comme il arrive pour les plaisirs de la scène, que des impressions plus ou moins vagues et fugitives? Il nous faut ici tout comprendre et tout juger. Or cette lumière préalable nous permettra, j'imagine, de suivre plus aisément, par exemple, les intrigues du quatuor amoureux et farouche qui s'agite dans *Andromaque,* ou de mieux saisir sous la plume abondante de Fénelon son ondoyante pensée.

A nos auteurs, maintenant.

J'ai souvent regretté qu'il n'existât pas de nos classiques des éditions particulières qu'on aurait pu appeler *éditions d'examens :* format grand in-octavo, bon papier, texte largement interligné et imprimé dans la moitié intérieure de la page seulement...

— Pourquoi ce luxe?

— Eh! n'avez-vous donc pas à signaler à chaque instant un terme incorrect, ou vieilli, ou pris dans un sens spécial; une expression heureuse, une image frappante, une pensée contestable, un rapprochement intéressant, une allusion délicate? Le commentateur ne s'est pas mis en peine d'écrire spécialement à votre usage ses annotations, — toujours fort incomplètes pour un candidat; et puis, c'est à vous à faire ces découvertes! Et pour peu que l'on ait d'aptitude pour les études littéraires, elles se présenteront en foule et l'on se complaira dans cet exercice.

Mais du haut en bas de l'échelle universitaire, ce sont dans toutes les classes les mêmes livres aux caractères compacts, aux marges étroites, où la place n'est pas laissée pour inscrire aux endroits voulus la plus simple observation. Il faut donc bien en prendre notre parti, nous bornant dès lors à souligner çà et là la pensée de l'écrivain, et à inscrire, en regard, des notes très brèves ou des renvois correspondant à d'autres notes plus complètes et plus détaillées que, ne pouvant les mettre en leur véritable lieu, nous aurons au besoin rédigées sur un cahier spécial.

L'étude littéraire de nos textes comporte nécessairement deux points : comprendre et juger. — Elle doit porter sur le fond (sens et valeur des pensées) et sur la forme (style et langue). — Soit le tableau suivant :

<pre>
Comprendre : Sens des pensées...  ⎧ Fond.
             ⎨ Valeur      —      ⎩
Juger.......⎨ Style............. ⎧ Forme.
             ⎩ Langue........... ⎩
</pre>

Quant au sens, il pourra parfois arriver que la phrase nous paraisse franchement obscure, comme celle-ci, je suppose :

La sentence pressee aux pieds nombreux de la poesie...

(Essais).

En ce cas, l'esprit mis forcément en éveil par un non-sens apparent, et obligé de le rejeter, ne sera satisfait qu'a-près éclaircissement.

Mais d'autres fois, lecteurs distraits, le fond d'une pensée exprimée finement pourrait bien se dérober à nous sans que nous y prissions garde :

Je le sais, Théobalde, vous êtes vieilli; mais voudriez-vous que je crusse que vous êtes baissé?... Votre air libre et présomp-tueux me rassure... Vous êtes donc aujourd'hui tout ce que vous fûtes jamais...

(Caractères.)

De même pour les mots. Certains nous commanderont d'eux-mêmes de recourir au dictionnaire :

Toutefois à la cour les turlupins restèrent.

(Art poétique.)

D'autres pourraient nous faire tomber dans un contre-sens :

Ah! ne souhaitez pas le destin de Pyrrhus!

(Andromaque.)

On peut encore avoir compris les mots et les phrases sans avoir, — ce qui est plus grave, — bien saisi l'ensemble d'un chapitre, d'un passage, d'un alinéa. La Bruyère, dont les pensées sont presque autant d'aphorismes pouvant servir de sujets de dissertation; Pascal, qui nous promène dans les sentiers tortueux de la casuistique tout hérissés de termes théologiques oubliés ou mal connus; Montaigne, à la langue vieillie et bariolée, et le métapho-rique Boileau, et Voltaire, et les autres, demandent à être lus lentement, attentivement et comme à la loupe.

La pensée comprise, on doit s'attacher aussitôt à en apprécier la justesse.

Faut-il admettre avec l'auteur des *Provinciales* que l'ignorance *du fait* seule, et non celle *du droit*, puisse être une excuse à nos fautes? avec Fénelon, que l'historien ne doit être ni d'aucun temps ni d'aucun pays? avec Boileau, qu'un sonnet sans défaut vaut un long poème? — Nous trouverons à chaque pas, sous la plume de Voltaire, de La Bruyère, de M^me de Sévigné, de M^me de Maintenon, des jugements dont nous aurons à vérifier l'exactitude et à sonder la profondeur.

Sans doute, il serait difficile et téméraire de vouloir se faire tout seul sur tant de points, souvent délicats, une opinion improvisée, mais c'est déjà quelque chose que d'avoir entrevu soi-même au passage la possibilité d'une controverse, et c'est par là qu'il faut commencer. Les commentateurs et les critiques viendront ensuite au secours de notre initiative personnelle en achevant de nous éclairer.

Après la pensée, le style.

« Exprimer une opinion sur l'ensemble d'un morceau,
» dit M. Gazier[1], et faire connaître en deux mots l'im-
» pression que ce morceau produit est chose assurément
» fort aisée... Mais combien de gens demeurent interdits
» si l'on a l'indiscrétion de leur demander pourquoi ils
» en jugent ainsi! Les plus avisés se contentent d'ordi-
» naire, quand ils veulent critiquer, de poser, comme
» Alceste, des points d'interrogation qu'ils ont grand soin
» de laisser sans réponse, et de dire, par exemple :

» Qu'est-ce que : *nous berce un temps notre ennui?* etc.

» S'agit-il d'admirer, les points d'interrogation se
» changent en points d'exclamation, et l'on a, comme
» dans *les Femmes savantes : prudence endormie! loger*
» *son ennemie!*...

» Mais un critique doit toujours être prêt à répondre et
» à justifier ses jugements. Il doit être en état de prendre,

_______

1. *Traité d'explication française.* — Belin, éditeur.

» les unes après les autres, toutes les expressions d'un
» passage quelconque et de les estimer à leur juste valeur.
» Non content d'exprimer vaguement son opinion et de
» dire que le style d'un auteur est élégant, ou ferme, ou
» lourd, ou incorrect, il est tenu de prouver ses asser-
» tions, de faire enfin, si l'on peut s'exprimer ainsi, l'a-
» natomie du morceau qu'il explique. »

C'est surtout pour cette partie de leur préparation, la
*critique littéraire,* que les candidats qui travaillent seuls
peuvent regretter d'être privés d'un maître qui les dirige.

Quelques indications pratiques sont possibles cependant.

Bien que le programme de notre examen nous mette en
présence d'un nombre de textes déterminé, il est évident
qu'il ne s'agit point pour nous de nous mettre d'avance et
servilement dans la tête, l'une après l'autre, les observations critiques auxquelles peut donner lieu l'étude de ces
textes. Ce serait à la fois trop et trop peu. Cette partie de
notre préparation demande moins d'efforts et plus d'intelligence.

En nous donnant à expliquer quelques chefs-d'œuvre,
les auteurs de notre programme ont voulu non pas seulement nous faire apprendre ce que les critiques en ont
dit, mais nous contraindre à devenir critiques nous-
mêmes. Et la matière qu'ils ont proposée à l'exercice de
notre sens littéraire est assez vaste pour que nous ne
puissions songer à retenir par cœur un à un les jugements
tout faits que nous pourrions trouver chez autrui.

Or, la critique littéraire s'apprend difficilement, surtout sans maître. A ceux de nos candidats qui se trouvent
placés dans ces conditions désavantageuses (c'est, j'imagine, presque la totalité si l'on en excepte les élèves de
Saint-Cloud et de Fontenay), je recommanderai comme
très simple et très pratique le *Traité d'explication française* de M. Gazier, auquel j'ai précédemment fait un
emprunt. On y trouvera d'excellents préceptes, très clairement ordonnés; et, dans la troisième partie, des exemples
qui serviront de guide précieux pour l'explication d'un
morceau.

Toutefois, l'étude d'un ouvrage tout entier, pris dans son ensemble, comporte d'autres aperçus que celle d'un morceau pris isolément. Nous avons dit qu'elle devait s'étendre à toutes les données d'intérêt littéraire se rattachant à l'œuvre à juger. Ces données et l'ouvrage lui-même étant connus, il faudra d'abord, par un retour attentif sur notre lecture, tâcher de saisir le plan de l'ouvrage.

Quelquefois, d'ailleurs, l'auteur a pris soin de nous l'indiquer lui-même comme dans l'*Oraison funèbre du prince de Condé :*

Mettons ensemble aujourd'hui, car nous le pouvons dans un si noble sujet, toutes les plus belles qualités d'une excellente nature ; et, à la gloire de la vérité, montrons dans un prince admiré de tout l'univers que ce qui fait les héros, ce qui porte la gloire du monde jusqu'au comble : valeur, magnanimité, bonté naturelle, *voilà pour le cœur ;* vivacité, pénétration, grandeur et sublimité de génie, *voilà pour l'esprit*, ne seraient qu'une illusion *si la piété ne s'y était jointe :* et enfin *que la piété est le tout de l'homme.* C'est, Messieurs, ce que vous verrez dans la vie éternellement mémorable du très haut et très puissant prince Louis de Bourbon, prince de Condé, premier prince du sang.

On voit par là tout le plan du discours : 1° qualités de cœur du prince de Condé ; 2° qualités de son esprit ; 3° piété du prince.

Il est également facile de suivre et de noter l'enchaînement des idées et des scènes dans les pièces de théâtre ; l'*Art poétique* est aussi clairement ordonné ; la *Lettre à l'Académie* est divisée en chapitres qui forment un plan à eux seuls, et dans *les Provinciales* la dialectique est si serrée que l'esprit ne peut ni s'y égarer ni flotter un instant.

Quant aux textes, qui par leur nature même se prêtent moins à l'analyse, il est nécessaire que nous en ayons au moins une idée d'ensemble, que nous ayons conservé d'eux une impression synthétique éclairée du souvenir presque littéral de quelques passages.

*L'ensemble !* Voilà ce que dans l'examen, soit d'un ouvrage, soit d'un morceau isolé, nous ne devons jamais

perdre de vue. « Le censeur médiocre, dit Fénelon, s'oc-
» cupe bien plutôt d'un mot déplacé ou d'une expression
» négligée, il ne voit qu'à demi la beauté du plan général,
» l'ordre et la force qui règnent partout. J'aimerais au-
» tant le voir occupé de l'orthographe, des points inter-
» rogants et des virgules. »

Que penser, par exemple, d'un candidat qui ne serait
ni ému ni frappé de la sérénité grave et douce que notre
grand fabuliste a su répandre avec tant de grâce et de
naturel dans *le Vieillard et les trois jeunes hommes*, et
dont la principale critique, après la lecture de ce touchant
et délicieux apologue, serait que *pleurés du vieillard, il
grava* — est incorrect !

Cependant, sans « chercher la petite bête », comme
disent les contemporains, il faut bien descendre aux détails
pour commenter un texte.

Si nous n'avions pour nous guider que des préceptes
généraux, il nous serait, dans bien des cas, à moins d'être
exceptionnellement doués, fort difficile d'établir avec
quelque certitude nos moindres jugements. C'est là un
exercice pour lequel notre aptitude naturelle a toujours
besoin d'être spécialement dirigée et développée.

De même que le peintre sait apercevoir dans le feuillage
d'un arbre, qu'un écolier représenterait en couleurs par
une teinte d'un vert uniforme, vingt nuances distinctes et
des plus diverses, de même, dans une page, un alinéa,
une phrase, le critique saura saisir mille points qui fixe-
ront son attention et provoqueront ses remarques. Or, à
considérer l'arbre de tout à l'heure, notre écolier pourrait
perdre les yeux sans profit pour son éducation artistique,
si l'on ne venait à son secours pour lui *apprendre à voir*.
— Et tel est précisément le rôle du professeur dans une
classe d'explication littéraire.

Voyons donc comment et dans quelle mesure nous
pourrons, avec les livres que nous possédons, nous passer
du maître qui nous manque.

Servons-nous d'abord d'éditions classiques enrichies de
notes aussi nombreuses que possible. Ces notes nous

tiendront lieu des leçons et observations qui ne peuvent nous être faites de vive voix; mais, pour que nous en retirions le même avantage, il sera bon que nous procédions en face de notre livre comme nous le ferions en face d'un maître.

Pour cela, couvrons d'un morceau de papier la partie inférieure de la page où sont les notes, de façon à ne voir que le texte seul. — Le petit chiffre qui annonce un renvoi nous avertira, — tout comme une question posée, — qu'il y a lieu à remarque. Cette remarque, nous tâcherons d'abord de la faire nous-mêmes, et, consultant ensuite le commentateur, nous suppléerons ainsi à l'indigence de nos lumières ou redresserons notre erreur le cas échéant, — mais en n'acceptant, comme toujours, le jugement du commentateur lui-même que quand notre raison l'aura compris et ratifié.

J'ouvre, par exemple, une édition du *Misanthrope*, l'édition Aulard[1] :

> Lorsqu'un homme vous vient embrasser avec joie,
> Il faut bien le payer de la même monnoie,
> Répondre, comme on peut, à ses empressements
> Et rendre offre pour offre et serments pour serments.

Une note. — Pourquoi cette note? La réponse de Philinte n'est-elle pas naturelle et ne convient-elle pas à mon caractère? Voyons : « La réponse de Philinte n'est pas » sérieuse et ne peut l'être. Il a trop d'esprit pour ne pas » sentir que son ami a raison. Il espère irriter Alceste, le » provoquer, pour ainsi dire, à l'exagération, afin de lui » répliquer avec plus d'avantage. »

Est-ce bien cela? Raisonnons. Que Philinte ait trop d'esprit pour donner comme décisive une réponse à laquelle il serait si facile de répliquer, j'y souscris, en effet. — Mais se propose-t-il bien d'irriter Alceste? le ton légèrement railleur, mais non blessant, qu'il a déjà pris quelques vers avant ce passage, nous autorise-t-il à lui

---

1. Librairie E. Belin.

prêter cette attitude provocatrice? Moraliste facile, ne veut-il pas plutôt, sans entendre opposer à Alceste un argument péremptoire, alléguer simplement, comme Jean Lapin, « la coutume et l'usage »? ne semble-il pas invoquer implicitement cette excuse, que ces démonstrations ne tirent pas à conséquence, tout le monde sachant bien au fond ce qu'elles valent et ce qu'il en faut croire, — le tout dit sur un ton enjoué qu'il ne quitte plus loin qu'en présence de la mauvaise humeur persistante d'Alceste?

— Bon! dira-t-on, nous voilà dans le doute! Pourquoi ne pas accepter l'interprétation d'un critique qui peut faire autorité, et oser soumettre ses vues au contrôle de nos trop modestes lumières? Nous n'y gagnons qu'hésitation et incertitudes.

— Si ce sont des dogmes que vous cherchez, des vérités simples et tout d'une pièce, abandonnez la critique littéraire pour l'étude du carré de l'hypoténuse. Mais sachez qu'ici il ne peut y avoir de vrai pour chacun que ce que chacun reconnaît pour tel. De plus, ce n'est qu'en procédant de la sorte que nous pourrons rendre notre esprit assez attentif à des observations qui, lues sans plus de réflexion, nous échapperaient aussitôt; et ce n'est encore qu'ainsi que nous travaillerons à notre éducation de critiques littéraires.

Poursuivons :

> ... Mon esprit n'est pas plus offensé
> De voir un homme fourbe, injuste, intéressé,
> Que de voir des vautours affamés de carnage,
> Des singes malfaisants et des loups pleins de rage.

Une note. — C'est sans doute que cette tranquillité d'âme est excessive et même coupable. Voyons : « Admi-
» rable indifférence! il ne faut ni s'étonner des crimes du
» vice ni essayer de les flétrir! »

Bravo! j'avais vu juste. Je suis content de moi, et, ainsi encouragé, je poursuis mon étude avec plus d'intérêt.

D'autres remarques ont trait au style, à l'expression :

« Font combat, » « rendre des dehors, » « rompre en visière. » — Je procéderais toujours de la même façon : c'est la seule bonne.

Mais si nombreuses que soient ces notes, elles ne suffiront jamais. Le commentateur ne peut jamais tout dire, parce qu'il ne peut savoir tout ce que chacun aurait besoin qu'on lui dît. En sorte qu'il en est de ces remarques comme d'un dictionnaire où l'auteur n'aurait mis que ce qu'il suppose, au juger, ignoré de son lecteur. On voit de reste quelles lacunes présenterait un tel ouvrage. Or, il n'en peut être autrement pour les annotations d'un texte. C'est à nous de suppléer de notre mieux à cette insuffisance.

Nous saurons bien apercevoir, sans qu'on nous les signale toutes l'une après l'autre, les exagérations que l'humeur d'Alceste répand dans ses discours :

> Vous chargez la fureur de vos embrassements.

Plus loin, « ces grands faiseurs, » « ces affables donneurs, » « ces obligeants diseurs » qui riment ensemble au milieu du vers, avertiront notre oreille choquée qu'ils expriment à quel point Alceste les tient pour insupportables ; et il ne sera pas besoin, pour nous faire sourire, de souligner d'un renvoi explicatif le *plaisir* que se promet notre homme s'il vient à perdre son procès.

Mais s'il nous suffit, pour apprécier les pensées et le style, d'un peu de raison et de sens littéraire, il faut quelque chose de plus en ce qui concerne la *langue*.

Ce sont tantôt des latinismes, mots ou tournures :

> Ces mêmes *lieux* (sujets) que j'ay entrepris de traiter...
>
> Et *disoit Apollodorus* que... (Apollodorus disait).
> (Essais.)
>
> Du *conseil* (décision) qu'il doit prendre, il sera mieux in-
> [struit.
>
> Faut-il tant de fois vaincre avant que *triompher* (avant de
> [voir couronner sa victoire).
> (Polyeucte.)

Tantôt des acceptions particulières aujourd'hui perdues ou altérées :

Fascheuse *suffisance* (science) qu'une suffisance pure livresque.
(*Essais*.)

Je le trouve *honnéte homme*... (instruit, bien élevé).

Nos plus *honnétes* gens... (*Id.*)

J'en veux voir le *succès* (issue).
(*Misanthrope*.)

Les personnes les plus *polies* (cultivées) ont de la peine à se corriger sur certaines façons de parler.
(*Lettre à l'Académie*.)

Tu vois mon désespoir et tu m'as vu depuis
Traîner de mer en mer ma chaîne et mes *ennuis* (tour-
[ments).
(*Andromaque*.)

Ailleurs ce sont des remarques sur la grammaire ou l'orthographe. Je n'entends point parler ici des vulgaires infractions aux règles, que tous les candidats sauraient relever ; et, quant à l'orthographe, on sait qu'elle n'était point aussi rigoureuse au dix-huitième siècle qu'elle l'est devenue depuis. Mais touchant l'histoire de la langue, dont nous devons connaître au moins les rudiments, nous aurons de ci de là l'occasion de faire quelques observations intéressantes.

Par exemple : qu'écrire *je doi*, *je voi*, etc. (sans *s*) était autrefois de règle, et que c'est au contraire l's finale, repoussée par l'étymologie, qui n'était d'abord admise qu'à titre de licence poétique ; — que, de même, le *b* de *debvoir* (dans Montaigne, par exemple) est une erreur ou plutôt un pléonasme étymologique ; — et que le même Montaigne écrit au masculin « un debvoir *publique* » (au lieu de *public*) avec autant de raison que nous disons aujourd'hui un instituteur *laïque* (au lieu de *laïc*).

Peu de chose en somme, cependant. N'ayant point étudié les langues anciennes, on ne saurait, dans cet ordre d'idées, nous demander de posséder que des notions très élémentaires.

Mais, quoi qu'il en soit, ce sont là des points sur lesquels nous devons avoir quelques connaissances positives, que les dons naturels de l'esprit ne sauraient en aucun cas remplacer.

J'ai insisté bien longuement sur l'étude des textes prescrits. — Et je conseille aux candidats de mettre à cette partie de leur préparation le plus grand soin et les plus attentifs efforts. Non pas que la connaissance plus particulière de ces quelques ouvrages tienne dans notre examen une place excessive, mais parce qu'en les étudiant minutieusement, en apprenant à les comprendre, à les expliquer, à les discuter, nous apprendrons du même coup l'art de porter de tels jugements sur tous les autres ouvrages qui nous seraient soumis.

C'est là, je crois, le point faible de la plupart des candidats; qu'ils ne craignent donc pas de se fortifier dans cet exercice. — Et quelle puissante semence pour notre esprit que la masse d'idées qu'il a à remuer et à fouiller dans ces quelques centaines de pages où nos plus illustres écrivains, — de Montaigne à Voltaire, — ont répandu la moisson de leur génie!

Qu'un écrit quelconque vienne maintenant en nos mains, oh! comme les qualités et les défauts en apparaîtront bien mieux à nos yeux devenus clairvoyants : nous n'en garderons plus seulement une impression vague et incertaine que nous serions impuissants à préciser et à analyser, nous saurons embrasser et apprécier, dans l'ensemble, l'harmonie de ses grandes lignes, et, dans le détail, distinguer les véritables beautés des « brillants » de mauvais aloi. — Si nous avons à justifier notre jugement, nous saurons sous quel jour il faut présenter l'œuvre et comment on l'épluche. Mis en présence d'un auteur, nous n'accepterons pas indistinctement l'or et le clinquant avec une indifférence ignorante : nous voilà devenus ses juges, — oui, ses juges, s'appelât-il Corneille ou Victor Hugo! — mais des juges qui ne sont pas tenus à l'impassibilité : il nous sera permis d'être émus, charmés, égayés, attendris — et même de le laisser voir au besoin, en plaignant ceux qui seraient tentés de rire de nous. Désormais pensées hautes, fortes images, traits fins, touche délicate, rien ne nous échappera, nous serons accessibles à toutes les beautés et tout disposés à en jouir.

Car ce n'est pas seulement en nous le *candidat* qui aura profité de cet apprentissage, c'est l'*homme* qui en recueillera les meilleurs et les plus excellents fruits. Nous voilà doués d'un sens nouveau auquel nous devrons plus d'une fois les satisfactions intimes les plus saines et les plus vives.

Qu'on me permette, — à titre de digression si l'on veut, — un souvenir personnel. Dans les toutes premières années de mes débuts, ayant eu l'occasion de faire pour la première fois le voyage de Paris, j'assistai, à la Comédie-Française, à une représentation du *Philosophe sans le savoir*. J'avais déjà lu cette comédie de Sedaine, qui n'est pas, d'ailleurs, un chef-d'œuvre, et j'en avais gardé la froide impression d'une pièce assez plate. Mais là-bas ce fut bien autre chose! Comme cela me paraissait intéressant, délicat, touchant, plein d'une émotion discrète qui me pénétrait... qui me pénétrait si bien, qu'à deux ou trois reprises je tirai mon mouchoir, dont mon nez n'avait que faire, affrontant les dédains ironiques de je ne sais quels béotiens placés à côté de moi.

De retour de Paris, je rouvris aussitôt mon Sedaine et retrouvai les passages qui m'avaient si délicieusement remué. J'en voulus faire un sujet d'expérience. Je lus, le soir, avec quelques coupures, la pièce à mes élèves : des élèves d'école primaire, s'il vous plaît, de douze à quatorze ans. Comme il me semblait toujours entendre sous les mots les accents dont vibraient encore mes oreilles et grâce auxquels tout avait pris pour moi couleur et vie, je pus les reproduire à peu près sans trop d'effort. Et j'eus la joie exquise de voir à certains moments dans les rangs de mon jeune auditoire trois ou quatre paires de joues empourprées d'une manière anormale et autant d'yeux humides et tuméfiés par les efforts d'une main inconsciente qui tentait sans cesse et vainement de les essuyer...

Non ! ces enfants ne sauront jamais tout le plaisir qu'ils m'ont causé !

On se moque avec raison des exclamations ridicules des *Femmes savantes* au sujet d'un sonnet plus ridicule encore. « Quoi qu'on die » est en effet très plat et très banal, et cette « *ingrate* de fièvre » est absurde. Mais sachions cependant savourer à l'occasion telle strophe, tel vers, telle image.

Vous avez dû certainement connaître de vieux mélomanes nourris de leurs classiques musicaux, pour qui un air, une phrase, un accord, une dissonance d'Haydn ou de Mozart était sans prix, et que le souvenir de la modulation favorite venait, aux heures de rêverie ou de sereine quiétude, rajeunir et charmer en les effleurant de son aile. — Et vous, vous demanderai-je, n'avez-vous point quelque remembrance de vos lectures, qui, aux mêmes heures, vient chanter dans votre esprit, se mêlant parfois à des faits de la vie réelle qu'elle transfigure et poétise? Si vous n'en êtes pas là, ce n'est pas quand vous aurez des cheveux gris que votre âme pourra s'ouvrir à cette espèce de mysticisme littéraire; mais, si vous avez déjà noué commerce avec la bonne fée, elle ne vous abandonnera plus... Et il est si bon, dans la vie, de pouvoir mettre de temps en temps la tête à la fenêtre de l'idéal !

Nous voici bien loin des conseils pratiques dans lesquels je m'étais promis de me renfermer ici.

Ces dernières pages, après tout, sont-elles bien un hors-d'œuvre tout à fait inutile? Il faut, dans la culture des lettres, même pour nous, simples candidats que nous sommes, qui n'avons que l'ambition de bien comprendre et de juger sainement, il faut, pour que notre étude soit féconde, que la flamme qui rayonne dans tant d'immortelles pages nous pénètre et nous élève. — J'ai donc essayé de souffler sur le feu.

# CHAPITRE V

## Lectures et connaissances générales.

On a dû trouver dans le *précis* des analyses plus ou moins sommaires des principaux ouvrages classiques. Or, comme le précis doit être possédé à fond, je suppose que l'on a déjà une idée d'ensemble des ouvrages qui seront énumérés ci-après.

Il ne sera donc pas nécessaire de nous astreindre ici à rédiger des résumés, mais nous ferons bien de noter au passage nos remarques et nos impressions, et tout ce qui pourrait concourir à éclairer notre lecture et à en fortifier le souvenir.

Quelques ouvrages devront être lus en entier; pour d'autres, il suffira d'en parcourir quelques fragments. En ce cas, il faudra toujours, si l'œuvre offre une trame suivie, rechercher à quel endroit se place le passage en question.

En outre, ces fragments, je ne crois pas qu'on puisse toujours se contenter de les prendre dans des « Recueils ». Sans doute, s'il s'agit d'un auteur de poésies fugitives, il pourra suffire de connaître quelques-unes de ses pièces; de même que quelques lettres bien choisies pourront permettre d'apprécier toute une correspondance; mais certains écrits forment un tout dont de simples et courts extraits ne pourraient donner une idée assez complète.

M^me de Sévigné raconte quelque part qu'Arlequin ayant mis sa maison en vente, en colportait partout une pierre pour la montrer comme spécimen : beaucoup de morceaux, ainsi détachés, me font l'effet du moellon d'Arlequin.

Pour les pièces de théâtre, par exemple, une scène, une tirade ne peuvent offrir un véritable intérêt si l'on n'a pas lu l'œuvre tout entière.

Je sais bien qu'on ne peut pas tout lire et qu'il y a des livres bien gros. Eh bien! qu'on lise au moins d'assez longs passages, un ou plusieurs chapitres, plutôt que des alinéas épars pris çà et là.

Quant à l'édition, qui n'est pas indifférente, sans avoir les scrupules des bibliophiles ou des érudits, je recommanderai tout simplement de choisir celle dont le texte est le moins compact (on lit alors plus volontiers) et où il y a le plus de notes.

Jetant maintenant un coup d'œil sur notre littérature, je vais essayer d'indiquer en de simples traits quel doit être le minimum des lectures à faire parmi nos classiques.

**Moyen âge.** — La *Chanson de Roland*. — Lire quelques extraits en comparant, au point de vue de la langue, le texte à la traduction. Par exemple, le Cor (dispute d'Olivier et de Roland) et la mort de Roland.

VILLEHARDOUIN, JOINVILLE, FROISSART, COMMINES. — Procéder de même.

La *Farce de l'avocat Pathelin*. — Au moins quelques scènes, rapprochées de l'adaptation qu'en ont faite Brueys et Palaprat à la scène du dix-septième siècle.

VILLON. — *Ballade des dames du temps jadis*.

Quelques *fabliaux, lais, tensons, sirventes*, etc.

**Renaissance.** — RABELAIS. — La *Vie de Gargantua et de Pantagruel* étant, dit La Bruyère, « un monstrueux assemblage d'une morale fine et ingénieuse et d'une sale corruption », les Recueils n'en donnent que de courts et timides extraits. L'éducation de Gargantua et l'histoire des moutons de Panurge sont les morceaux les plus souvent cités.

MONTAIGNE[1]. — *Lettre sur la mort de La Boétie* (arrêté du 4 déc. 1885). Si l'on n'a pas le temps de lire en entier les *Essais*, dont le charme et le naturel entraînent pourtant si aisément le lecteur d'une page à l'autre, quelques passages sur la mort (I, XIX), sur les paysans (III, XII), sur l'amitié de Montaigne et de La Boétie (I, XXVII) complèteront la connaissance que nous avons

----

1. *Extraits* avec notes, par M. Réaume. (Lib. E. Belin.)

déjà de l'ouvrage par le chapitre xxv spécialement étudié (arrêté du 4 déc. 1885).

*Satire Ménippée.* — Harangue pour le tiers état; la procession de la Ligue.

CLÉMENT MAROT. — *Le Lion et le Rat; Requeste au roy pour avoir esté desrobé* et autres poésies fugitives.

RONSARD. — On sait par cœur l'odelette *à Cassandre :* « Mignonne, allons voir si la rose... » et le sonnet *à Hélène :* « Quand vous serez bien vieille... » *L'amour mouillé*, ses vers *à Charles IX* et quelques autres pièces méritent encore notre attention. (Y faire notamment des remarques touchant sa tentative pour réformer la langue.)

D'AUBIGNÉ. — Quelques beaux vers dans *les Tragiques.*

RÉGNIER. — Quelques *Satires*, ne fût-ce que pour pouvoir le comparer avec Boileau.

MALHERBE. — A lire en entier à cause du peu d'étendue de son œuvre et de son importance dans l'histoire de notre littérature. (« Enfin, Malherbe vint... »)

**Dix-septième siècle.** — BALZAC, VOITURE. — Quelques *Lettres* comme exemples du goût de l'époque.

CHAPELAIN. — Quelques beaux vers de *la Pucelle* permettant d'accuser Boileau d'une sévérité parfois un peu aveugle.

SCARRON. — Comme aperçu du genre burlesque, justement abandonné aujourd'hui, lire quelques passages curieux de l'*Énéide travestie.*

RACAN. — Les stances : « Tircis, il faut penser à faire la retraite. »

THÉOPHILE VIAUD. — Quelques pièces d'un réel mérite et d'autres d'une valeur plus contestable, modèles de *gongorisme* qui permettront d'apprécier le vers connu de la Satire IX :

> A Malherbe, à Racan, préférer Théophile.

ROTROU. — *Venceslas.*

CORNEILLE. — *Polyeucte, Rodogune, le Menteur* (arrêté du 4 décembre 1885), et tout son théâtre; à l'exception, si l'on veut, des dernières pièces qui marquent la décadence de son génie. — Prendre une édition donnant les *Commentaires* de Voltaire.

DESCARTES. — *Le Discours de la méthode*[1].

PASCAL. — *Les Provinciales*[2], 1, IV et XIII (arrêté du 4 décembre 1885), et d'importants fragments bien choisis, notamment des *Pensées.*

---

1. *Œuvres choisies* avec notes, par M. Fouillée. (Lib. E. Belin.)
2. Édition avec notes, par M. H. Michel. (Lib. E. Belin.)

M<sup>me</sup> DE SÉVIGNÉ. — *Lettres*[1] (arrêté du 4 déc. 1885).

M<sup>me</sup> DE MAINTENON. — *Lettres, dialogues et entretiens* (arrêté du 4 décembre 1885).

RACINE. — *Andromaque, Britannicus, les Plaideurs* (arrêté du 4 décembre 1885), et tout son théâtre.

MOLIÈRE. — *Les Précieuses ridicules, le Misanthrope, les Femmes savantes* (arrêté du 4 décembre 1885), et tout son théâtre.

BOILEAU. — *Satires, Épîtres, Art poétique* (arrêté du 4 décembre 1885), *Lutrin, Odes et Épigrammes*[2].

LA FONTAINE. — Les *Fables*, particulièrement les livres X et XI (arrêté du 4 décembre 1885).

REGNARD. — *Le Joueur, le Légataire universel*.

BOSSUET. — *Oraisons funèbres*, particulièrement celles de Henriette de France, de Henriette d'Angleterre et du prince de Condé (arrêté du 4 décembre 1885), et des fragments plus ou moins importants de ses autres œuvres[3]. *Sermon sur la mort* (arrêté du 4 décembre 1885).

FÉNELON. — *Lettre à l'Académie; Dialogues sur l'éloquence* (arrêté du 4 déc. 1885); *Télémaque; l'Éducation des filles;* et quelques extraits de ses autres œuvres[4].

BOURDALOUE. — *Sermon sur la Passion*. — FLÉCHIER : *Oraison funèbre de Turenne*. — MASSILLON : *Sermon sur le petit nombre des élus* et extraits du *Petit Carême*.

LA ROCHEFOUCAULD. — Quelques pages des *Maximes*.

LA BRUYÈRE. — *Les Caractères*, particulièrement les chapitres i et v : *Des Ouvrages de l'esprit*, et *De la Société et de la Conversation* (arrêté du 4 décembre 1885)[5].


**Dix-huitième siècle.** — VOLTAIRE[6]. — Choix de *Lettres* (arrêté du 4 déc. 1885); théâtre : *Œdipe, Mérope, Zaïre;* l'*Histoire de Charles XII*, d'une lecture si attachante, ou tout au moins d'importants fragments : la constitution de la Pologne, la retraite de Schulenbourg, la fuite de Charles XII. — Dans le *Siècle de Louis XIV*, les chapitres xxxii (arrêté du 4 déc. 1885) et xxxiii; deux ou trois passages célèbres de *la Henriade* (famine de Paris, mort de Coligny) et quelques pages du *Dictionnaire philosophique*.

SAINT-SIMON. — Passages célèbres de ses *Mémoires :* portraits de Fénelon et du cardinal Dubois; aspect de la cour à la mort du Dauphin.

---

1. Edition avec notes, par M. J. Labbé. (Lib. E. Belin.)
2. Edition Aubertin. (Librairie E. Belin.)
3. Edition Jacquinet.    —
4. Edition Mazure.    —
5. Edition Labbé.    —
6. Edition Aubertin.

J.-B. Rousseau. — *Aveuglement des hommes; la Convalescence d'Ézéchias;* et le Franc de Pompignan : *Mort de J.-B. Rousseau.*

Sedaine. — *Le Philosophe sans le savoir;* Gresset : *le Méchant;* Marivaux : *le Legs;* Collin d'Harleville : *les Châteaux en Espagne,* — pour se faire une idée de l'évolution de l'art dramatique depuis Molière et Regnard.

J.-J. Rousseau. — *Émile* (tout au moins le livre II)[1]. — Dans *la Nouvelle Héloïse* les courtes pages sur le duel et le suicide; enfin quelques passages des *Confessions* où se reflète le mieux l'état de cette âme tourmentée.

Montesquieu. — Après quelques extraits de *Grandeur et décadence des Romains* et de *l'Esprit des lois,* quelques-unes des *Lettres persanes* feront connaître quel homme d'esprit se cachait sous le philosophe et le politique[2].

Buffon[3]. — *Discours sur le style* (arrêté du 4 déc. 1885). — Les portraits d'animaux les plus célèbres : *le Cheval, le Chien, l'Écureuil, l'Oiseau-mouche.*

Bernardin de Saint-Pierre. — Tout le monde a lu *Paul et Virginie.* Quelques tableaux pris dans les *Études de la nature* (le fraisier, le lis et la rose) ou dans les *Harmonies de la nature* (le vol des insectes, les forêts agitées par le vent) sont encore à connaître.

Florian. — *Fables;* fragments d'*Estelle* comme spécimen du genre pastoral.

André Chénier. — *Le Malade, l'Aveugle, la Jeune Captive,* ont la couleur et la simplicité antiques qui caractérisent son talent.

Delille. — *Le Trictrac et les Échecs, le Café,* sont de curieux spécimens de l'ingéniosité de ses descriptions.

Gilbert. — *Le Poète mourant;* Lebrun : *Ode à Buffon;* Andrieux : *le Meunier Sans-Souci,* souvent proposés dans les écoles comme exercices de récitation.

Mirabeau. — Discours : sur la banqueroute; — pour le renvoi des troupes; — à ses accusateurs.

Beaumarchais. — *Le Barbier de Séville;* le *Mariage de Figaro* (monologue célèbre du V⁰ acte).


Nous clorons avec la fin du dix-huitième siècle la liste des auteurs français qu'on est convenu d'appeler *classiques.*

Mais en dehors de cette période, il ne nous est pas permis non plus d'ignorer certains auteurs modernes qui peuvent,

---

1. Édition Labbé. (Librairie E. Belin.)
2. Édition Grégoire. —
3. *Morceaux choisis,* Labbé. —

par l'élévation de leur génie et la gloire universelle attachée à leur nom, être encore considérés comme des classiques.

Il y a, du reste, actuellement, une tendance à faire dans l'étude des lettres une place plus large aux contemporains, et l'une des épreuves écrites données aux examens de juillet 1885 pour l'agrégation de l'enseignement secondaire spécial avait pour titre : « Victor Hugo, poète lyrique. »

D'ailleurs, l'histoire littéraire ne saurait, même dans le cadre relativement étroit de nos modestes programmes, se terminer au seuil du dix-neuvième siècle. Il nous faudra donc, par exemple, étudier dans d'importants fragments de *M<sup>me</sup> de Staël* et de *Chateaubriand* quelle influence ces écrivains ont exercée sur le mouvement littéraire de leur époque ; assister avec *Victor Hugo, de Vigny, Alfred de Musset,* à l'essor du romantisme, dont la préface de *Cromwell* fut l'éloquent manifeste ; rapprocher des drames du titan littéraire qui fut le chef de cette école les pièces d'envergure moyenne dues au talent correct de *Casimir Delavigne,* et comparer son inspiration si puissante et si riche à celle qui ne faisait vibrer chez *Lamartine* que des accords de harpe éolienne ; retrouver en *Paul-Louis Courier* et en *Béranger* les héritiers de cet esprit français que leur ont légué Rabelais, Montaigne, Molière et la Fontaine ; voir, avec le théâtre, se transformer le roman, où, dans des genres divers, *Dumas, Balzac* et *George Sand* suivent une voie si éloignée de celle des la Calprenède et des Scudéri.

Voilà quelques auteurs qu'on pourrait, en un sens, appeler aussi des *classiques,* et qu'il faut, croyons-nous, connaître suivant leur importance respective, au même titre que les vrais classiques des seizième, dix-septième et dix-huitième siècles, dont j'ai essayé de dresser une liste *minimum*[1].

---

1. Un abonné de *l'Instruction primaire,* où cette étude a d'abord été publiée, nous ayant demandé de dresser une liste analogue pour les auteurs du dix-neuvième siècle, nous avons donné en réponse, dans le journal, à titre de spécimens, les indications ci-après. *Ces indica-*

Pour les uns comme pour les autres, il ne saurait suffire d'une simple lecture trop fugitive. Il sera même bon de rédiger à leur sujet des notes, très succinctes si l'on veut, qui compléteront en l'éclairant notre « résumé » d'histoire littéraire. Tâchons surtout, si nous pouvons, d'avoir une impression personnelle et de nous faire une opinion raisonnée et sincère !

Enfin, cette partie de notre préparation serait encore incomplète si nous n'avions appris et retenu par cœur certains morceaux qu'il serait superflu d'indiquer, — depuis l'*Ode à Duperrier* jusqu'à l'*Espoir en Dieu*.

---

*tions n'ont, par conséquent, tant s'en faut, rien de limitatif et sont tout à fait arbitraires.* Nous en avons exclu tout ouvrage de trop longue haleine :

About : *le Roman d'un brave homme, le Roi des montagnes;*
Emile Augier : *Gabrielle, le Gendre de M. Poirier;*
Balzac : *Eugénie Grandet;*
Béranger : *les Souvenirs du peuple, le Vieux Sergent, les Enfants de la France,* etc.;
Chateaubriand : *Atala, le Dernier des Abencerages;*
Courier : *Pamphlet des pamphlets, Pétition pour les villageois qu'on empêche de danser, Lettre à Madame Pigalle* (l'aventure en Calabre);
Delavigne : *Louis XI;*
Ducis : *Hamlet* (après l'avoir lu dans Shakespeare, pour juger de l'adaptation);
Al. Dumas père : *Mademoiselle de Belle-Isle;*
Al. Dumas fils : *le Demi-monde;*
Octave Feuillet : *le Roman d'un jeune homme pauvre;*
V. Hugo : *Hernani, Ruy-Blas,* etc., drames (ne pas oublier la préface de *Cromwell*). Quelques pièces dans *Odes et ballades, Orientales, Feuilles d'automne,* etc. (voy. les recueils). Je recommande particulièrement les poésies sur les enfants, on les a réunies en volume sous le titre de *Livre des mères* (Hetzel). — Pour connaître V. Vugo prosateur, comme *Notre-Dame de Paris, les Misérables* et ses romans les plus célèbres doivent être omis ici à cause de leur longueur, signalons *Bug-Jargal* ou (plus court encore) dans ses *Lettres sur le Rhin, la Légende du beau Pécopin et de la belle Bauldour;*
Lamartine : quelques pièces des *Méditations* et *Nouvelles Méditations* (voy. les recueils);
X. de Maistre : *Voyage autour de ma chambre;*
A. de Musset : *l'Espoir en Dieu; les Nuits; le Chandelier;*
George Sand : *François le Champi;*
Sardou : *Nos Intimes;*
Augustin Thierry : les premières *Lettres sur l'histoire de France*
Topffer : *la Bibliothèque de mon oncle; l'Héritage;*
A. de Vigny : *Cinq-Mars.*

Je n'ai parlé jusqu'ici que des écrivains français. Le programme des écoles normales ne comprend, en effet, que la littérature française ; mais, de même qu'il n'est pas possible d'étudier l'histoire de France sans entrer quelque peu dans le détail, je suppose, de l'histoire d'Italie, à l'occasion des guerres de Charles VIII ou de Louis XII, ou de celle de l'Europe septentrionale à l'occasion de la guerre de Trente ans, de même nous ne saurions nous désintéresser des grands chefs-d'œuvre étrangers. C'est ainsi, pour ne donner qu'un exemple, que l'art dramatique dans l'antiquité grecque ou romaine, comme aussi chez les Anglais ou les Allemands (Shakespeare ou Schiller) présente avec notre manière d'entendre notre théâtre, des différences qu'il serait honteux d'ignorer et qui pourraient fournir matière à plus d'un parallèle intéressant.

C'est à ce titre, c'est-à-dire en tant que devant servir à compléter l'étude de notre littérature nationale, qu'il nous faudra faire encore connaissance, — au moins par d'importants fragments, — avec les monuments principaux des littératures étrangères.

Encore quelques noms, par conséquent, à ajouter à notre liste de *classiques*.

Vous trouvez la liste longue ? Ah ! Monsieur, quelle indigence, si vous n'aviez lu que cela !

— Mais à quelles bornes s'arrêter alors ?

— Des bornes ? Il n'y en a pas ! Outre les textes dont on peut nous demander compte, il faut s'être repu de lectures de toutes sortes. Oui, de toutes sortes. Si les livres considérés comme futiles (je n'ai pas à parler des malfaisants) ne nous procurent aucun avantage moral, l'esprit du moins a toujours quelque profit à en tirer. C'est ce que j'ai exposé et développé dans une de mes *Causeries pédagogiques*[1] à laquelle je pourrais renvoyer mon lecteur. Et j'ajoutais en manière de conclusion : « Les hygiénistes » assurent que la meilleure alimentation est celle qui » consiste à se nourrir de substances aussi variées que

---

1. Librairie E. Belin.

» possible... Ce principe s'applique on ne peut mieux à
» ma thèse. »

Je ne veux pas dire évidemment que toutes les lectures
soient également profitables à une saine assimilation intellectuelle, mais ici encore, comme en physiologie, la loi
du régime doit être : abondance et variété.

Outre les connaissances que nous pourrons acquérir de
la sorte sans y penser, c'est à un grand fonds de lectures
que nous devrons :

1° L'extension de notre horizon intellectuel ;

2° La conception d'idées plus fortes et plus générales,
de sentiments plus délicats et plus élevés que la vie ordinaire ne pourrait probablement nous en inspirer ;

3° La connaissance plus parfaite de notre langue ainsi
que l'usage habile et judicieux des ressources qu'elle présente (images, variété des tours, nuances de l'expression, etc.).

On voit par là que c'est surtout de la somme des lectures que dépendra la valeur des pensées et du style, c'est-
à-dire précisément les deux points qui font le principal
objet de tout examen littéraire.

Mais il va sans dire qu'un tel trésor ne peut être amassé
hâtivement. Ce n'est point un an ni deux ni trois avant votre
examen que vous devez songer à le constituer, et vous ne
pourrez guère être jamais assez riche sous ce rapport que
si depuis le jour, — fort lointain, — où vous avez dévoré
les *Contes de Perrault*, *Robinson Crusoé*, et les *Voyages
de Gulliver*, vous avez, étant encore adolescent, trouvé à
lire et lu avec ardeur de ci de là, chez votre père, chez des
voisins, à la bibliothèque de votre école tous les livres à
votre portée, et que vous n'ayez pas cessé, devenu homme,
de suivre cet heureux penchant.

Tels seront donc les premiers éléments de notre bagage
littéraire : connaissance approfondie des textes prescrits
par l'arrêté du 4 décembre 1885, et connaissance, — moins
minutieuse, — de quelques autres grands classiques anciens ou modernes, français ou étrangers, avec un certain

fonds de lectures aussi étendu et aussi varié que possible.
Voilà pour les textes proprement dits.

Mais ce n'est encore là qu'une semence qui a besoin d'être fécondée. Et c'est maintenant qu'il faudra faire appel à nos grands critiques, dont j'ai jusqu'ici omis à dessein de parler.

S'il s'agissait d'un examen d'un ordre plus élevé que le nôtre, ce nouveau champ serait immense à parcourir; mais, quand je considère la mission et le rôle du professeur d'école normale, je crois pouvoir sans scrupule conseiller à nos candidats de se restreindre à des limites encore assez modestes.

Je ne dresserai point ici une sorte de nomenclature bibliographique comme j'ai essayé de le faire pour les ouvrages originaux. Ceux-ci, nous devons les connaître et les apprécier en eux-mêmes. Au contraire, dans des études qui ne sont point d'érudition pure, nous n'avons pas à justifier nécessairement de la connaissance de nos critiques et il nous suffira de nous inspirer d'eux.

On ne saurait, d'ailleurs, monter dans la plus humble chaire de littérature sans connaître un peu mieux que par ouï-dire Sainte-Beuve, Nisard, Saint-Marc Girardin, Géruzez, Lenient, Paul Albert... Mais ce que nous aurons à leur demander, à puiser dans leurs écrits, ce sera bien moins leurs opinions propres que cette hauteur de vues d'où ils envisagent les questions, leurs aperçus profonds, si nouveaux pour nous, et ces traits larges et sûrs dont ils savent empreindre l'expression de leurs jugements.

Quant à ces jugements mêmes, nous n'aurons point à en garder dans notre mémoire le servile dépôt; nous pourrions même, en procédant de la sorte, paraître, le cas échéant, dépourvus d'individualité et nous attirer, dans la correction de nos devoirs, une note semblable à celle-ci que je trouve inscrite de la main quelque peu grincheuse d'un professeur de faculté en regard d'une citation des célèbres *Lundis :* « Ce n'est pas l'opinion de Sainte-
» Beuve que je vous demande, mais la vôtre ! »

Si donc nous avons à faire chez nos célèbres critiques un précieux butin, ce ne pourra être qu'à la manière dont l'entend Montaigne : « Les abeilles pillotent deçà delà les » fleurs, mais elles en font aprez le miel qui est tout leur ; » ce n'est plus thym ni marjolaine. »

Il me reste maintenant à parler des « lectures générales » à faire encore, touchant les autres parties du programme : histoire, géographie, grammaire, pédagogie, psychologie et morale. Mais ici le champ est singulièrement plus restreint.

On conçoit, en effet, que, si pour la littérature proprement dite nous avons dû parcourir un grand nombre d'ouvrages, il n'en va pas de même en ce qui concerne les autres parties de notre programme.

Pour savoir ce qu'ont écrit nos grands auteurs, il faut bien faire connaissance avec chacune de leurs principales œuvres, si longue que la liste en ait pu paraître. Mais, quant aux autres matières, il y a le *précis*, où elles se trouvent toutes condensées, et nous le possédons déjà!

Toutefois un précis est par nature plus ou moins sec et banal. Il ne nous laisse pas toujours soupçonner tout l'intérêt que certaines questions peuvent présenter, à quelles controverses elles peuvent donner lieu, sous quels rapports originaux, à quels points de vue particuliers on peut les considérer.

En histoire, par exemple, il est curieux de lire dans les *Lettres sur l'histoire de France*, d'Augustin Thierry, ce qu'étaient au juste les prétendus partages des royaumes mérovingiens. De même nous aurions une idée bien fausse de ce qu'est la science morale ou psychologique, si, en dehors des doctrines orthodoxes d'un traité ou manuel par trop élémentaire, nous n'avions pas entrevu les systèmes parfois bizarres, mais souvent ingénieux et profonds où se sont égarés d'illustres rêveurs.

Cette partie de notre préparation exige donc encore quelques « lectures générales ».

Pour guider ici le choix des aspirants, je ne dresserai

pas un catalogue bibliographique. Il me paraît bien plus rationnel de leur indiquer sur quels points ils feront bien de chercher, dans la bibliothèque dont ils disposent, un complément de lumières.

Mais procédons par ordre :

## Histoire.

Trois éléments à distinguer : les faits, les mœurs, les nstitutions.

1° *Les faits.* — Lire dans les grands historiens le récit des événements les plus frappants, de ceux qui présentent particulièrement un intérêt narratif ou descriptif : épisodes de la première croisade, Marignan, réunion des états généraux de 1789, etc.

2° *Les mœurs.* — La famille, l'influence religieuse, le patriotisme, les aspirations populaires aux grandes étapes historiques; les métiers, les armes, le costume.

3° *Les institutions.* — L'esclavage antique (esclaves, affranchis, ingénus); la féodalité (serfs, vassaux, droits seigneuriaux); l'Église (sa puissance, ses rapports avec la royauté); les armées (mercenaires, malandrins, grandes compagnies, armées permanentes, formes diverses du recrutement); l'impôt (aides, taille, gabelle, pays d'élection et pays d'états, etc.); la justice (juristes, parlements, lits de justice), etc.

Mais à quelle page ouvrir les énormes volumes des Henri Martin, Michelet, Guizot ou Thiers? — La question est moins embarrassante qu'elle ne le paraît d'abord.

Voyons, n'avez-vous pas, dans votre précis, reconnu au passage tel endroit qui eût comporté de plus amples développements; n'avez-vous pas parfois regretté la sécheresse de votre livre? — C'est alors qu'il faut recourir à des ouvrages plus complets.

Au surplus, votre précis lui-même vous avertira souvent, soit par un renvoi, soit par un extrait, — toujours trop court, — placé entre guillemets.

Surtout ne négligez pas les historiens ou chroniqueurs

contemporains de l'époque que vous étudiez. Si incomplets, si erronés souvent que soient leurs récits, c'est de leur style et de leurs pensées que se dégage l'impression la plus fidèle et la plus profonde du temps où ils ont vécu.

Il existe d'ailleurs des recueils spéciaux de lectures historiques, celui de Raffy, par exemple (où l'on est cependant surpris de ne pas trouver un seul fragment de Michelet), ainsi que d'autres ouvrages faits tout exprès pour les recherches, comme le *Dictionnaire des institutions*, de Chéruel, aussi utile aux candidats en ce qui concerne son objet propre que les grands dictionnaires de Bouillet ou de Dezobry et Bachelet pour éclaircir un point de biographie.

## Géographie.

Descriptions de paysages et de villes, races, mœurs, et tout ce que les traités classiques, qui se bornent trop souvent à de sèches nomenclatures ou à d'arides données statistiques, laissent désirer connaître.

Les relations de voyages seraient le genre d'écrits qui comblerait le mieux cette lacune; mais ces relations sont souvent bien longues et il faut nous borner. Contentons-nous donc d'en lire quelques fragments pris soit dans les livres, soit dans les journaux spéciaux, soit dans les recueils tels que celui de M. Lanier[1].

## Grammaire.

L'utilité de lectures accessoires est moins manifeste ici. Cependant, comme il y a en grammaire bien des questions discutables et discutées, il faut, sans les approfondir toutes, qu'un professeur d'école normale soupçonne au moins la possibilité de ces controverses.

Je connais un candidat qui fut chicané par un examina-

---

1. *Lectures géographiques.* (Lib. Belin.) — *L'Afrique*, *l'Amérique* et *l'Europe* seules ont paru jusqu'à ce jour.

teur au sujet de l'antique définition du verbe : « un mot qui exprime l'affirmation. » Le candidat, — qui savait son métier, — se laissa convaincre d'erreur, non sans s'être défendu assez pour donner au professeur le mérite et la satisfaction de sa victoire. — Quelle pauvre idée on eût eue de lui si, sa définition une fois donnée comme un article de foi, il eût paru surpris qu'elle fût susceptible d'être contestée !

Les discussions grammaticales publiées dans ce journal même, ou les recherches faites, à l'occasion, dans Littré ou dans Larousse, sont à ce point de vue une excellente école.

Enfin la formation de la langue, les étymologies, forment un domaine que notre grammaire élémentaire ne nous a point fait assez connaître. Parcourons donc, sans nous astreindre à les étudier minutieusement, quelques traités assez simples, tels, par exemple, que les *Notions de grammaire historique* de M. Marius Michel[1].

Il y a, dans cet ordre d'idées, une série de lois extrêmement curieuses à découvrir, et l'ingéniosité et la nouveauté des aperçus auxquels donne lieu leur étude nous feront trouver à ces lectures autant d'intérêt que de profit.

### Psychologie et morale.

Si nous avions à nous spécialiser, c'est ici que nous aurions de gros et lourds volumes à nous assimiler. Mais ne perdons pas de vue ce que peut et doit être notre examen, et le niveau modeste des leçons que nous serons appelés à donner.

Ayons seulement, par exemple, sur le libre arbitre, sur la responsabilité, sur les divers systèmes de morale (plaisir, intérêt, sympathie, devoir), sur le mérite et sur le démérite et leurs sanctions, des vues assez simples mais justes et nettes... Je ne crois pas que nous ayons jamais

---

1. Librairie E. Belin.

à enseigner à des élèves d'école normale, des vérités d'un ordre supérieur à celles qu'un homme du monde, qui n'aurait pas trop oublié ses études classiques, pourrait considérer comme des lieux communs.

Si donc notre petit manuel nous a paru trop incomplet, laissons dormir dans leur docte poudre, Hégel et Kant : les ouvrages élémentaires de MM. Marion, Janet, Jules Simon, nous conviendront mieux et nous suffiront largement.

## Pédagogie.

Le meilleur livre de pédagogie, c'est la classe, et la meilleure préparation, l'expérience personnelle. Celle-ci se trouve, d'ailleurs, complétée et éclairée par l'étude de notre traité, qui nous a en outre pénétrés de la part de science comprise dans l'art de l'éducateur.

Mais il faut encore nous mettre à même de suivre au besoin les questions qui se poseraient en dehors des limites où nous étions enfermés.

C'est à quoi nous invitent les graves ouvrages qui s'étalent sur les rayons de la bibliothèque pédagogique de l'école normale ou du chef-lieu de canton.

Parcourons-en donc quelques extraits : nous trouverons, dans les analyses que contient toute histoire de la pédagogie, l'indication des passages à lire de préférence.

Mais le traité une fois connu et la pratique de l'enseignement suffisamment possédée, ce n'est pas le père Girard, ni même Herbert Spencer qui seront pour nous les plus utiles sources. Car les idées utiles qui sont émises dans leurs ouvrages sont acquises à la science pédagogique moderne et nous les retrouvons dans notre précis, et, quant à leurs paradoxes et à leurs erreurs, nous avons trop à faire pour nous en embarrasser. — C'est aux candidats à l'inspection qu'il appartient plus spécialement de les étudier en eux-mêmes.

En ce qui nous concerne, je déclare ne pas connaître de meilleur et de plus utile moyen de nous tenir au courant de l'évolution pédagogique que de lire au jour le jour, dans les journaux spéciaux, tout ce qui s'y publie sur les questions d'enseignement.

Rien n'est plus propre à nous faire replier sur nous-mêmes, à nous inciter à la réflexion (point essentiel ici), que ces articles fugitifs où sont traités isolément, l'un après l'autre, mille points de théorie ou de pratique, présentés sous une forme toujours simple, quelquefois piquante, en dehors de tout esprit de système, et où telle communication du lendemain contredit souvent celle de la veille, ce qui nous force à nous intéresser au débat et à y prendre parti.

Sans doute, si l'on s'en tenait là, on n'aurait que des données sans lien, sans enchaînement logique, et entre lesquelles subsisteraient forcément d'immenses lacunes, mais il y a toujours le précis, grâce auquel notre esprit peut rattacher à la trame du cours tous ces éléments divers et leur assigner à chacun leur véritable place.

Il y a surtout, je le répète, notre propre expérience, du haut de laquelle, comme d'un tribunal, nous pourrons souvent juger la valeur des méthodes et des théories.

Voilà ce que doivent être, à l'égard des différentes parties de notre programme, les lectures générales nécessaires pour fortifier et compléter nos études.

Qu'on songe bien qu'à nous en tenir simplement aux précis, nous nous condamnerions à une étroitesse de vues qui nous laisserait cois la plupart du temps, en présence d'une question ou d'un sujet de devoir.

Car ne comptez pas, soit à l'examen écrit, soit à l'examen oral, pouvoir vous tirer d'affaire avec le souvenir d'une page de votre livre. Quand vous aurez à parler, comme en juillet 1885, par exemple, des différences de la véracité et de la sincérité ou à faire une leçon sur « le procédé qui consiste à opposer deux caractères au théâtre », je me demande où vous aurez puisé le fonds d'idées nécessaires pour disserter proprement sur de telles questions, si ce n'est dans une certaine culture générale et dans l'habitude de la discussion de questions semblables. — Voilà en quoi ces incursions bibliographiques sont nécessaires; voilà les bienfaits que nous avons à attendre d'elles.

Cette partie de notre étude s'ajoutant donc, comme par surcroît, à notre préparation immédiate, je ne saurais lui assigner ici des limites précises.

Consultons notre temps et nos forces, mais ne perdons pas de vue que notre programme est bien vaste et que qui trop embrasse mal étreint; qu'un professeur d'école normale ne peut pas être un savant en *us*, et concluons par conséquent que nous pouvons de ce côté restreindre nos efforts à des limites encore assez modestes.

# CHAPITRE VI
## Devoirs écrits

1° DEVOIRS DE FRANÇAIS

Les sujets à traiter en devoirs peuvent, pour chaque faculté, se diviser en trois catégories :

1° Questions proprement dites *de cours ;*

2° Questions se rattachant au cours ;

3° Questions indépendantes du cours et ne demandant, avec une certaine culture générale, que du jugement ou un certain sens littéraire.

En voici d'ailleurs des exemples pris au hasard parmi les sujets donnés par l'administration :

DEVOIRS DE LA PREMIÈRE CATÉGORIE

De la responsabilité morale : ses conditions et ses limites. — *Examens de* 1882.

Faire l'histoire de la querelle qui s'est élevée à propos du *Cid* de Corneille. Dire les causes du mécontentement de Richelieu, la part qui lui revient dans la lutte et la réponse de l'Académie. — *Juin* 1884[1].

Qu'était le roi de France avant 1789? Qu'était-il après la Constitution de 1791?... — *Examens de* 1885.

Il me semble que, quant au fond, ces devoirs sont très faciles. Ceux qu'on donne tous les jours aux élèves-maîtres de nos écoles normales présentent autant de difficulté et supposent des connaissances aussi étendues.

Ce n'est pas qu'avec des recherches nous ne puissions à la rigueur nous y montrer très savants. Mais je ne crois

---

1. A l'époque où ce devoir fut donné, *le Cid* faisait partie des textes spécialement prescrits pour l'examen, et, à ce titre, tout ce qui se rapporte à cet ouvrage devait être particulièrement connu des candidats.

pas, pour ma part, que nous devions tant viser à l'érudition. Je suis persuadé qu'en traitant ces questions rien qu'avec les lumières que devrait avoir un bon élève de troisième année, mais avec ordre, clarté, sûreté, précision, dans un style un peu châtié (qui ne soit pas, par exemple, celui de la plupart des copies qu'on corrige au brevet supérieur!), nous aurons répondu à peu près à l'attente du correcteur.

En présence donc de sujets de cette sorte, n'allons pas nous embarquer dans des recherches profondes et curieuses. Appliquons-nous simplement, au contraire, à condenser en six ou huit pages ce que nous savons sur le sujet proposé, — ce que nous devons savoir de longue main, puisqu'il ne s'agit ici que de questions *de cours*.

J'irai par conséquent jusqu'à conseiller, si l'on possède à peu près son sujet, de le traiter au pied levé comme au jour de l'examen, et d'envoyer tel quel le devoir ainsi fait au comité de correction.

Mais on a peur de laisser voir la moindre ignorance. Et alors, que fait-on? On prend dans son livre et l'on reproduit, en altérant un peu les phrases, les passages qui répondent à la question. Après quoi, si dans ce travail, que les journalistes appelleraient dans leur argot un simple *démarquage*, on n'a pas laissé glisser trop de fautes, le devoir se trouve très favorablement apprécié par le correcteur; le candidat en est fier, il le montre à ses concurrents; bien qu'au fond il doive se dire que le mérite qui lui en revient n'est pas grand, il finit par être dupe lui-même de la satisfaction qu'il éprouve, et, sottement confiant dans un faux augure, il s'endort dans une trompeuse sécurité.

J'ai connu des candidats qui, pendant leur préparation, avaient obtenu dans leurs devoirs d'excellentes notes, et qui ont échoué piteusement, faute de pouvoir, à l'examen, recourir au procédé qui leur réussissait si bien.

Si, au contraire, l'on ne possède pas suffisamment la question, comme il serait absurde de soumettre à un correcteur une copie tenue d'avance pour très insuffisante et ne donnant pas, d'ailleurs, notre mesure, il faudra nécessairement étudier ou revoir le point à traiter.

Mais gardons-nous d'écrire avec notre livre ouvert devant nous. Il y a plus : laissons s'écouler quelques jours entre notre lecture et la production dont elle est la source. Laissons quelque temps en dépôt dans notre esprit les notions que nous venons d'acquérir. Il faut, avant de les utiliser, qu'il s'opère en nous un travail de tassement, de fermentation, de coordination, d'assimilation. Il pourra arriver qu'en ruminant quelque peu notre sujet, nous trouvions à y introduire, même quand il s'agira d'une simple question de cours, quelques-uns de ces aperçus, de ces traits personnels qui pèsent, — et à juste titre, — d'un si grand poids dans la balance des examens.

### DEVOIRS DE LA DEUXIÈME CATÉGORIE

Comparer, d'une part, la scène du sonnet d'Oronte avec celle de Trissotin, et, d'autre part, l'attitude et le langage d'Alceste et de Clitandre, vis-à-vis de ces deux personnages. — *Mai* 1884.

Comment et à la faveur de quels événements principaux s'est formé peu à peu, en France, le sentiment de la nationalité? — *Décembre* 1884.

On recommande l'enseignement par l'aspect, qui a nécessairement pour objet des choses individuelles et concrètes. Comment concilier cette recommandation pédagogique avec la maxime d'un grand philosophe de l'antiquité : « Il n'y a pas de science du particulier; la science a toujours pour objet le général. » — *Juin* 1885.

En présence de devoirs de cette seconde espèce, il arrivera souvent que, ne saisissant pas assez nettement le sujet à première vue, ou ne nous trouvant pas les lumières nécessaires pour le traiter congrûment, nous soyons amenés à faire des lectures préalables.

Mais, en recourant aux sources nécessaires, prenons garde à certains écueils.

Soyons sobres de ces recherches. Ne nous y égarons pas, de peur que notre esprit, hésitant, flottant, tâtonnant, ne sachant auquel entendre au milieu des textes dont nous

nous serons encombrés, ne s'en trouve en quelque sorte comme submergé et ne perde, dans cette noyade intellectuelle, les quelques idées, — pas très profondes peut-être, mais justes sans doute, — qui lui appartenaient en propre.

Que le désir de *trouver quelque chose* et d'en tirer parti quand même ne nous fasse pas prendre comme liées au sujet des considérations qui ne s'y rattachent pas suffisamment. Il n'en faut pas davantage pour *rater* complètement son devoir.

Ne perdons pas de vue les limites dans lesquelles nous devons nous tenir. Nous trouverions dans notre bibliothèque de quoi écrire sur telle question, non pas quelques courtes pages, mais une brochure. Il y a donc un choix à faire : que ce choix soit judicieux !

Sans doute nous devons lire, et beaucoup, — on a pu le voir par les articles précédents, — mais que ce soit, le moins possible, en vue d'un devoir déterminé à traiter immédiatement. Emmagasinons sans relâche les idées, travaillons incessamment à notre culture générale, afin qu'aucune des questions qu'on peut nous demander de traiter à un moment donné ne nous prenne complètement au dépourvu. Voilà à quoi il nous faut arriver, car telle est, en définitive, l'épreuve que nous devons subir.

En attendant d'en être là, si nous avons besoin de chercher autour de nous quelques lumières spéciales en vue d'un devoir que les lacunes d'une préparation encore incomplète ne nous permettraient pas d'aborder d'emblée, considérons-nous du moins comme suffisamment éclairés dès que la question nous apparaîtra nettement dans tout son jour. — Alors fermons nos livres, demeurons face à face avec notre sujet, méditons-le quelque temps afin de laisser s'opérer l'assimilation dont j'ai parlé plus haut, et ne prenons la plume que quand le phénomène nous paraîtra accompli.

Désormais, les idées que nous aurons empruntées d'autrui seront devenues nôtres, et paraîtront, grâce à un certain accent personnel, nous appartenir réellement. Les données puisées à droite et à gauche se présenteront d'elles-mêmes dans un ordre logique et dûment enchaînées entre elles, au lieu que nous nous livrions à un pénible travail de mosaïque, qui, en dépit du plus habile *démarquage*, trahirait toujours un artifice inavouable et dénoterait au correcteur le défaut le plus impardonnable que nous puissions laisser voir : l'indigence d'esprit.

### DEVOIRS DE LA TROISIÈME CATÉGORIE

Expliquer cette maxime de Fénelon : « Le grand point est de mettre une personne le plus tôt qu'on le peut dans l'application sensible des règles de la grammaire par un fréquent usage. » La rapprocher du mot de Herder : « Il faut apprendre la grammaire par la langue et non la langue par la grammaire. » — *Juin* 1882.

Apprécier cette pensée de la Bruyère : « Le plaisir de la critique nous ôte celui d'être vivement touchés de très belles choses. » — *Juillet* 1883.

Expliquer et apprécier ce mot de Condillac : « Nous supposons que les enfants ne raisonnent pas parce que nous ne savons pas raisonner avec eux. » — *Octobre* 1885.

En présence de pareils sujets, il n'y a pas à songer à des recherches bibliographiques. Il n'y a qu'à réfléchir à la question, essayer de la bien comprendre, de s'en pénétrer, d'en apercevoir nettement l'ensemble et les contours. Ce n'est que dans nos connaissances générales, notre raison, notre expérience ou notre sens littéraire, ou dans tout cela à la fois, que nous trouverons les lumières et les arguments dont nous avons besoin.

— Mais si nous ne les y trouvons pas ? me dira-t-on.

— Eh quoi ? Rien..., rien de rien ? — En ce cas, Monsieur, je n'ai qu'à vous présenter tous mes compliments de condoléance...

Voilà pour le fond. — Passons à la forme.

Les candidats ne se feront jamais une assez haute idée de l'importance de la forme dans un devoir littéraire.

C'est que la forme ne comprend pas seulement en effet le style, l'agencement des phrases, elle comprend aussi l'ordre et l'enchaînement logique des idées, la gradation judicieuse des arguments, la convenance du ton, la proportion des diverses parties, la délicatesse des nuances...

Il est bien évident que ces qualités n'empêchent pas qu'un devoir ne puisse être encore franchement mauvais. On peut avoir mal saisi la question, l'avoir considérée sous un faux point de vue, avoir omis les arguments les plus probants, etc.

Ah ! s'il s'agissait d'un concours académique dans lequel on couronne en quelque sorte l'ouvrage plutôt que l'auteur, celui-ci disparaissant derrière celui-là, le correcteur serait sans pitié. Mais ici, qui juge-t-on en somme, qu'est-ce qu'il importe, au fond, d'apprécier? C'est le candidat ! Si donc, en dépit des plus graves défauts, *quant au fond*, la copie laisse voir des qualités *de forme* qui dénotent une véritable valeur intellectuelle, comment n'hésiterait-on pas à rendre un verdict trop rigoureux?

C'est l'homme qu'on cherche, en définitive, c'est le futur professeur, et la forme (laquelle comprend le style, qui est « l'homme même », suivant Buffon) offre, pour le faire connaître, mille indices des plus précieux. N'est-il pas naturel dès lors qu'on en tienne grand compte?

Pour entrer maintenant dans le détail de la question, supposons-nous en présence du premier venu des sujets officiels proposés, celui-ci, par exemple, du mois de décembre 1885.:

*Définir et distinguer la comédie d'intrigue, la comédie de mœurs et la comédie de caractère. Prendre des exemples dans le dix-septième et dans le dix-neuvième siècle. (Traiter ce sujet sous forme d'une leçon orale aux élèves de 3° année.)*

Trois points doivent nous préoccuper :

1° Les idées fondamentales, c'est-à-dire les définitions et les distinctions dont il s'agit;
2° Les exemples à trouver ;
3° La forme particulière à donner au devoir,

**Premier point. — Les idées fondamentales.**

Comme il faut toujours, ou du moins en règle générale, suivre l'ordre du texte donné, et bien que les définitions et les distinctions demandées soient destinées à se compléter et à s'éclairer réciproquement, il convient d'établir d'abord les premières avant de passer aux secondes. Pas de confusion ! Ne mêlons rien, faisons toujours preuve de clarté et de méthode.

« Définir et distinguer... » Voilà qui exige des idées parfaitement nettes et arrêtées. Interrogeons-nous. — La comédie d'intrigue, évidemment nous ne la confondrons pas avec les deux autres ! Mais la comédie de mœurs et la comédie de caractère peuvent paraître moins aisées à différencier entre elles.

Cependant, si, au lieu de prendre chacun de ces deux mots : « mœurs, » « caractère » dans un sens qui les rapproche, nous les prenons, *puisqu'il s'agit ici de les opposer,* dans un sens qui les sépare, ne vous semble-t-il pas que « caractère » a quelque chose de particulier, d'individuel, et « mœurs » quelque chose de plus général, de collectif ? On dit : les mœurs d'un peuple et le caractère de M. Un Tel.

Il ne serait pas besoin, j'imagine, d'insister beaucoup, pour faire saillir l'un après l'autre, de ces premières considérations, les traits propres à chaque genre. J'en ai dit assez, je crois, pour que le simple jugement puisse suffire à les suggérer à ceux-là mêmes pour qui la question serait tout à fait nouvelle ou qui ne seraient pas arrivés à les soupçonner du premier coup par un effort spontané de leur esprit.

Mais voyons maintenant comment devraient s'y prendre des candidats privés de toute direction, et à qui ces réflexions, assez simples pourtant, ne seraient pas venues. Ils seraient amenés nécessairement à faire quelques recherches bibliographiques, comme pour un devoir de la deuxième catégorie. — Il n'est pas sans intérêt de les y suivre ou plutôt de les y diriger.

Si l'on ne sait d'avance à quelle source se référer, le meilleur, en présence de pareilles incertitudes, est de recourir à un dictionnaire spécial. Les dictionnaires ont cet avantage qu'on ne s'égare point à les feuilleter et que, si ce qu'on y cherche ne s'y rencontre pas, on sait tout de suite à quoi s'en tenir. Sans compter qu'on trouve souvent, à la fin de l'article, l'indication d'autres livres à consulter au besoin.

Or, voici ce que je lis dans un ouvrage que possèdent la plupart des bibliothèques d'écoles normales, le *Dictionnaire des littératures,* de M. Vapereau, au mot « Comédie ». (Les lignes suivantes ne font, on le verra, que confirmer, sans y ajouter rien, les idées qu'à défaut d'une connaissance antérieure du sujet, la réflexion et le jugement auraient pu, comme j'ai dit, suffire à nous inspirer) :

« On distingue dans la comédie trois genres principaux
» et comme trois degrés de dignité et de perfection : la co-
» médie d'intrigue, la comédie de mœurs et la comédie de
» caractère. La comédie d'intrigue présente un enchaîne-
» ment d'aventures bizarres, plaisantes... La comédie de
» mœurs est le tableau des usages, du genre de vie, des
» idées, des sentiments ordinaires de la société, d'une de
» ses classes ou d'une profession. La comédie de caractère
» résume en chacun de ses principaux personnages les
» traits épars en divers individus, et en fait le type géné-
» ral et vivant d'une classe entière.

» La comédie d'intrigue ne veut que de l'imagination et
» de la verve; celle de mœurs est l'ouvrage d'un esprit
» plus profond et plus réfléchi; celle de caractère, enfin,
» outre les qualités précédentes, suppose ce qui appartient
» au génie dans tous les arts : l'abstraction créatrice. »

En présence de ces données, qui s'appliquent exactement à notre sujet, ferons-nous encore d'autres recherches ? Peut-être pourrions-nous trouver ailleurs, sur la question, de nouvelles lumières... Mais voyons, il ne s'agit pas ici d'écrire un ouvrage d'érudition, une brochure plus ou moins savante. Il s'agit d'un simple devoir de quelques pages, dont le cadre étroit est très nettement délimité. Si nous sommes tentés d'y faire entrer trop de choses, je ne sais si nous arriverons à produire une étude plus complète et d'une plus haute valeur, mais il y a à parier cent contre un que nous n'aurons élaboré, après nous être donné un mal énorme, qu'un travail indigeste, où les idées essentielles disparaîtront comme submergées sous une abondance déplorable de considérations accessoires ou parasites, — en somme un mauvais devoir.

Je signale particulièrement cet écueil parce qu'il fait de nombreuses victimes.

Non, ne cédons pas à cette rage, commune à beaucoup d'aspirants, de vouloir quand même, dans tous les cas, prendre des idées toutes faites dans les livres. Tâchons plutôt d'en avoir nous-mêmes, et ne demandons à nos bouquins, en présence d'un sujet à traiter, que le secours strictement indispensable à l'indigence de nos lumières personnelles.

Or, il me semble que les idées fondamentales que nous avons maintenant sur la question doivent nous fournir, si nous savons les mettre en œuvre et en tirer parti, tous les éléments voulus.

Mais je veux insister encore, et m'adressant d'une manière générale aux candidats qui, en présence d'un sujet quelconque, ont, pour suppléer à l'insuffisance de leur propre fonds, puisé dans les livres les éclaircissements ou développements nécessaires, je leur dirai d'abord : Contrôlez-les avec soin. Demandez-vous : « Ai-je bien compris ? Ce jugement me paraît-il exact ? » (Dans la négative, comme il est probable que c'est vous qui serez dans l'erreur, éclairez-vous par tous les moyens, mais ne consentez jamais à soutenir comme vôtre une opinion que vous ne partageriez pas : cela ne serait pas honnête, et d'ailleurs vous laisseriez toujours percer un bout d'oreille compromettant.) — Et puis encore : « Est-ce bien ce qu'on me demande? toutes ces données se rattachent-elles au sujet, n'en a-t-on pas omis d'utiles? etc. »

En ce qui concerne le sujet ci-dessus, le résultat de nos recherches ou méditations permettra de noter les points suivants qui formeront comme le canevas et la charpente de notre devoir :

*Définir*. — Comédie d'intrigue : simple enchaînement de péripéties ;

Comédie de mœurs : peinture d'une société, d'une classe, d'une profession ;

Comédie de caractère : mise à la scène d'un type incarnant toute une catégorie d'individus.

*Distinguer*. — (a) Point de vue de l'auteur :

La comédie d'intrigue demande de l'imagination et de la verve ;

La comédie de mœurs, de l'observation et la connaissance parfaite du milieu qu'on veut peindre ;

La comédie de caractère, une observation plus profonde et plus philosophique, et des qualités d'analyse morale qui ne vont pas sans un grand talent.

(b) Point de vue du lecteur ou du spectateur :

La comédie d'intrigue ne vise qu'à intéresser en amusant. C'est celle que préfèrent les enfants, les esprits légers ou superficiels. Mais elle peut comporter beaucoup d'art, et notre appréciation ne doit avoir rien de dédaigneux.

La comédie de mœurs instruit (elle nous fait connaître un milieu, une époque). Elle demande, pour être goûtée, des esprits plus mûrs et plus cultivés.

La comédie de caractère nous fait surtout penser, en nous forçant à nous replier sur nous-mêmes. Elle s'adresse particulièrement aux esprits réfléchis et observateurs.

## Deuxième point. — Les exemples.

Ces principes posés, nous pourrons faire maintenant un choix judicieux d'exemples; mais encore, pour en trouver, faut-il que nous soyons en possession d'un certain bagage littéraire. Ce simple devoir demande donc, comme on voit, un fonds de « lectures générales » assez considérable.

On remarquera à ce propos, soit dit entre parenthèses, combien nous avions raison, puisqu'une partie dés citations demandées doit être prise dans le dix-neuvième siècle, de recommander plus haut qu'on ne négligeât pas les auteurs contemporains.

Il n'est pas nécessaire d'avoir dévoré des bibliothèques pour faire les citations suivantes, qui viendraient aux lèvres de quiconque possède cette culture et ces connaissances moyennes dites des « gens du monde » :

**Comédies d'intrigue.** — Dix-septième siècle : *le Dépit amoureux, le Médecin malgré lui, Georges Dandin,* etc. (Molière); *le Légataire universel, les Folies amoureuses* (Regnard).

Dix-neuvième siècle : *Bataille de dames* (Scribe et Legouvé); *Mademoiselle de Belle-Isle* (Al. Dumas); *les Pattes de mouche* (Sardou).

**Comédies de mœurs.** — Dix-septième siècle : *les Précieuses ridicules, les Femmes savantes* (Molière); *les Bourgeoises de qualité* (Dancourt).

Dix-neuvième siècle : *la Camaraderie* (Scribe); *la Bourse* (Ponsard); *les Effrontés* (Emile Augier); *les Danicheff,* mœurs russes (Pierre Newski).

**Comédies de caractère.** — Dix-septième siècle : *le Misanthrope, le Tartuffe, l'Avare* (Molière); *le Joueur, le Distrait* (Regnard).

Dix-neuvième siècle : *le Gendre de M. Poirier* (Augier); *Grandeur et décadence de M. Joseph Prudhomme* (H. Monnier); *Montjoye* (O. Feuillet); *le Voyage de M. Perrichon* (Labiche).

Et tant d'autres.

Bien entendu, il ne suffira pas de se borner à une simple énumération; il faudra montrer succinctement, à l'occasion de l'une au moins des pièces de chaque série, que c'est bien une comédie de tel genre et non pas de tel autre, *en s'appuyant sur les définitions déjà données et les distinctions déjà faites.*

En outre, comme il est probable que nos élèves ne connaissent guère ou même pas du tout les pièces citées comme exemples, ne nous contentons pas de quelques allusions obscures pour eux ; faisons-les-leur assez connaître, — au moins celles qui serviront plus particulièrement à nos observations, — afin qu'ils en retiennent mieux que le titre, et, au lieu de simples affirmations, mettons-les en présence d'arguments sérieux dont ils puissent apprécier la justesse et la portée.

Une réflexion rétrospective maintenant. Chacun de nous eût-il trouvé dans les souvenirs de ses lectures plus de cent pièces à citer, peut-être n'est-ce pas sans hésitation qu'il aurait pu arrêter son choix sur quelques-unes.

D'où viennent ces incertitudes ?

— Sans doute, direz-vous, parce que nous ne savons pas démêler...

Eh bien, je serai moins modeste que vous et ne m'accuserai pas aussi généreusement.

Quand je considère l'ensemble des œuvres dramatiques que je connais et qu'on m'invite à les cataloguer par voie de triage suivant les trois catégories ci-dessus, en présence des difficultés que je rencontre dans cette tâche, deux réflexions me viennent à l'esprit :

D'abord, il ne peut pas y avoir de comédie sans *intrigue,* non plus que sans *caractères ;* et un ensemble de personnages, qui agissent suivant leurs caractères respectifs dans un certain milieu, doit être nécessairement à quelque degré un tableau de *mœurs.* Ce sont là des traits communs à toutes les comédies du monde. Il y a donc entre les trois éléments qu'on veut faire distinguer une connexité étroite. Le tout est de savoir lequel de ces éléments domine, et celui auquel l'auteur s'est principalement attaché.

Or, il peut arriver que ce point n'apparaisse pas nettement et supporte la discussion. *Le Menteur* de Corneille est-il bien, en dépit de son titre, une comédie de caractère? Est-ce vraiment un *type* que ce Dorante, ou n'est-ce qu'un fantoche uniquement destiné à servir de prétexte à l'intrigue (d'autant que la mode était alors aux imbroglios inextricables), comme les Scapin et les Sganarelle de Molière? — Sont-ce les mœurs de toute l'engeance véreuse des brasseurs d'affaires dont le règne commençait à s'affirmer vers 185..., ou est-ce seulement le caractère du « faiseur » que Balzac a voulu mettre à la scène dans son *Mercadet?*

Si j'étais appelé à défendre librement mon opinion dans un prétoire littéraire, peut-être prendrais-je position. Mais comme, d'une part, je n'accompagne pas mon devoir auprès du correcteur et ne pourrais me faire son avocat ; et que, d'autre part, je ne saurais, sans sortir du cadre étroit qui m'est tracé et sans rompre l'harmonie de mon travail, aborder cet épineux débat, j'ai cru devoir, pour plus de sécurité, en vertu de l'adage : *dans le doute abstiens-toi*, ne choisir que des exemples hors de toute contestation.

En second lieu, je ne vois pas pourquoi un auteur dramatique se dirait nécessairement en prenant la plume : Je vais faire une comédie d'intrigue, — ou de mœurs, — ou de caractère. « Je voudrais bien savoir, dit un autre » Dorante, dans *la Critique de l'Ecole des femmes*, si la » grande règle de toutes les règles n'est pas de plaire, et » si une pièce de théâtre qui a attrapé son but n'a pas » suivi le bon chemin. » Aussi, j'imagine que, la plupart du temps, les auteurs ne se proposent pas autre chose, et que, pour beaucoup de leurs ouvrages, si nous demandions aux maîtres de notre théâtre, quel genre de comédie ils ont eu dessein d'écrire, ils nous riraient au nez, se moquant les premiers de ces classifications surannées qui ont comme un parfum de scolastique et dont la rigueur n'est admissible et possible qu'en histoire naturelle.

Ces importantes considérations ne doivent point être passées sous silence. Au contraire, très sobrement mais très fermement indiquées, elles nous fourniront une excellente *conclusion* que nous noterons en ces termes :

*Difficulté pour beaucoup de pièces de les classer avec certitude dans l'une ou l'autre des catégories données ; classification surannée, à peu près abandonnée de nos jours.*

Il nous reste maintenant à trouver une de ces considérations générales qui servent d'*entrée en matière*. Ce sera celle-ci par exemple :

*Le théâtre (et plus particulièrement la comédie) est l'école des mœurs. Il sert aussi à notre divertissement. De là, suivant l'objet que s'est proposé l'auteur, etc.*

On trouvera que je finis par le commencement. C'est que j'ai voulu me conformer, non pas à l'ordre logique du devoir, mais à la suite naturelle de l'évolution des idées chez le candidat appelé à traiter le sujet.

Voici au surplus, en résumé, la marche évidente du développement :

Entrée en matière. — Définir... — Distinguer... — Indication et discussion des exemples. — Remarque finale et conclusion.

### Troisième point. — La forme.

La nécessité de traiter la question sous forme de leçon orale ne change rien à l'ordre que nous adopterions pour la succession des idées, dans une étude destinée seulement à être lue. Dans un cas comme dans l'autre, nous aurions à les présenter suivant l'enchaînement logique que j'ai indiqué.

Mais c'est pour le style qu'il faudra s'inspirer de la condition imposée. Attachons-nous plus que jamais ici (si tant est que nous puissions parfois nous en départir) à la clarté, à la simplicité, à la sobriété. Ne recherchons point l'effet. Ne sacrifions point à l'élégance la précision et la solidité de la pensée. Évitons les phrases longues et procédons de préférence par propositions principales.

Au besoin, dans une leçon véritable, la lecture de tel ou

tel passage caractéristique pourrait éclairer la question en éveillant davantage l'attention et l'intérêt de nos jeunes auditeurs. — Dans le devoir, on pourrait se borner à indiquer ces passages sans s'astreindre à les transcrire.

Il serait encore utile, dans une classe, de terminer cet exposé par un résumé récapitulatif. Je ne crois pas que, pour le devoir qu'on nous demande, nous soyons obligés de pousser si loin la fiction.

Ce qu'on a voulu nous demander en nous invitant à traiter le sujet sous la forme d'une leçon orale à des élèves de 3° année, c'est tout simplement de montrer si nous saurions nous mettre à la portée d'un auditoire d'école normale : être clairs sans être puérils, simples sans être trop superficiels, complets sans être trop savants.

Voilà en somme, me semble-t-il, d'après quels principes devrait être traité notre sujet. Il n'est pas besoin pour les suivre, il n'était même pas besoin, je crois, pour les découvrir, de lumières exceptionnelles ni de facultés extraordinaires. Un esprit clair, méthodique, sensé : tel est le talisman modeste, et pas très commun pourtant, qui assure le succès dans la plupart des examens littéraires.

Mais après avoir fait ainsi connaître, à l'occasion d'un exemple déterminé, les traits généraux qui doivent guider le candidat dans une composition écrite, je ne veux pas terminer ce chapitre sans rappeler quelles qualités comporte plus spécialement, suivant le cas, tel ou tel sujet, renvoyant en cela mon lecteur à ce qui a été dit page 60.

Puis, au risque de me répéter, j'insisterai encore sur quelques préceptes essentiels :

*Méditation préalable.* — Se bien pénétrer du sujet, en peser mûrement les termes ; l'éclairer au besoin de quelques recherches, et ne prendre la plume que quand on est sûr de l'avoir bien compris et qu'on le possède pleinement. — Ne pas procéder autrement, même au jour de l'examen, malgré le temps restreint dont on dispose. C'est d'ailleurs la voie la plus courte en même temps que la plus sûre, car on échappe ainsi à une foule de tâtonnements, source de retards — et de périls. — Distinguer avec soin les points essentiels des points accessoires.

*Plan.* — Se tracer d'avance un plan *détaillé.* Circonscrire rigoureusement l'ensemble de notre cadre et le cadre particulier de chaque développement.

*Entrée en matière.* — Débuter le plus souvent par une considération générale, mais simple et naturelle, et *qui mène droit à la question.* Un début *ex abrupto* peut paraître plus piquant, mais il faut avoir le goût bien sûr pour se le permettre. L'effet ainsi cherché est facile, mais est-il toujours de bon aloi? Prenons garde : les correcteurs ne sont pas des naïfs. — Surtout, ne pas s'attarder au début à des considérations d'un intérêt secondaire : aller au fait le plus tôt qu'on peut. En procédant autrement, on risque d'arriver à la moitié de son devoir sans être encore entré dans le vif de la question, et, quand on l'aborde enfin, on se voit pressé par le temps et l'on abrège ce qu'il aurait fallu développer.

*Exposition.* — Simple et claire. Ne rien laisser préjuger de la conclusion ni des arguments qui vont suivre.

*Arguments.* — En scruter d'abord sévèrement la justesse et la portée exacte. En régler l'ordre suivant un enchaînement logique, sans les mêler ni les confondre. Les présenter méthodiquement, l'un après l'autre, en gardant les plus importants pour les derniers; soigner les transitions. — S'il s'agit, comme il arrive fort souvent, d'une opinion à combattre, complètement ou partiellement, commencer par les concessions, puis entamer le chapitre des restrictions. Etablissons comme une sorte de *Doit* et *Avoir* dont la *conclusion* devra présenter la *balance.*

*Exemples*. — Ils doivent avoir pour première qualité, ne l'oublions pas, d'être topiques, c'est-à-dire de bien s'appliquer au sujet, de servir exactement à la démonstration. — Les emprunter, de préférence, à l'histoire ou à la littérature classique.

*Proportion*. — Accorder à chaque point un développement proportionnel à son importance. Insister sur les points essentiels; glisser rapidement sur les points accessoires.

*Digressions*. — Parfois, quoique ne se rattachant pas directement au sujet, certaines considérations ingénieuses nous séduisent : nous voulons montrer à tout prix l'étendue de nos connaissances ou l'envergure de nôtre esprit. Mais le sujet! malheureux candidat, que devient son unité avec ce développement parasite? Si tu voulais l'y faire entrer à tout prix, il eût fallu donner une ampleur correspondante au reste du devoir : vingt pages au lieu de six ou huit, pour y maintenir l'harmonie et la proportion qui doivent en être les qualités primordiales !

*Lacunes*. — N'omettre rien de ce qui peut entrer dans les limites de notre cadre, — si restreint qu'il soit, d'ailleurs. On peut être complet sans être long et *vice versâ*.

*Contradictions*. — Les candidats qui ne se relisent pas assez attentivement, ou mieux, qui ne savent pas se relire, courent un risque : soit qu'ils n'aient pas d'idées bien arrêtées (et il faut toujours, nous l'avons vu, avoir des idées bien arrêtées avant de prendre la plume), soit que l'expression trahisse leur pensée, ils se contredisent ou semblent se contredire d'un endroit à l'autre de leur travail. Le défaut est grave : il faut y veiller avec soin.

*Conclusion*. — Vérité qui se dégage de la discussion ou qui la résume. Si, ayant une pensée à apprécier, nous ne l'avons — prudemment — ni adoptée ni repoussée complètement (*in medio veritas*), que notre conclusion ne soit pas moins précise pour cela ; elle doit, au contraire, rappeler avec toute la netteté possible les limites de notre approbation et de nos réserves.

Ces conclusions sont souvent banales. Faut-il essayer de les relever par quelque trait pathétique ou imprévu? Hum ! Cela vaudrait mieux sans doute, mais l'emphase et le mauvais goût sont deux écueils bien redoutables !

*Style.* — J'ai parlé d'emphase et de mauvais goût : je ne saurais trop recommander d'éviter l'un et l'autre. Ce sont particulièrement péchés littéraires de jeunesse. On se croit volontiers, à vingt ans, capable de la pompe de Bossuet ou de l'ironie de Voltaire. Essayez vos ailes, si vous voulez, dans les devoirs que vous enverrez au comité de correction. J'ai eu moi-même, dans le temps, — en connaissance de cause et de sens rassis, — la curiosité de faire une expérience à cet égard : mon correcteur ne se doutait pas que je tentais une épreuve. L'image était juste et forte cependant, mais d'une hardiesse et d'un ton qui devaient surprendre sinon choquer. Elle fut impitoyablement biffée. J'étais fixé. — Dont acte pour le jour de l'examen.

Mais avant tout, je ne saurais assez le répéter, veillons à la correction, à la clarté, à la précision. Tous les aspirants sont, j'imagine, à l'abri des barbarismes et des solécismes, mais les impropriétés font encore beaucoup de victimes. Et puis il y a les *lapsus :* il arrive souvent, par exemple, qu'on corrige une expression sans s'apercevoir que la rédaction nouvelle n'est plus grammaticalement compatible avec un membre de phrase antérieur... — Quant à la clarté, on croit trop aisément qu'on sera compris, et l'on est souvent, sans s'en douter, obscur ou ambigu. Supposons-nous en présence d'un critique grincheux, peu disposé à faire effort pour nous comprendre, toujours prêt au contraire à prendre, à la faveur d'une expression peu rigoureuse, le contre-pied de notre pensée véritable, et veillons à ne donner jamais prise à sa paresse d'esprit volontaire ou à ses malignes chicanes. — Enfin, foin de ces phrases vides qui ont l'air de signifier quelque chose et qui au fond ne veulent rien dire, aussi bien que de ces expressions vagues qui peuvent s'appliquer à tout ce qu'on veut! Si certaines formes de style ne servent parfois qu'à couvrir l'indigence de la pensée, croyez bien que les correcteurs ne seront pas dupes de cet artifice.

En résumé, lecteur, à moins que vous ne soyez un homme de génie, — et encore vous engagerais-je à vous méfier! — attachez-vous de préférence aux qualités moyennes. Evitez, avec cela, la lourdeur, en fuyant les « qui », les « que » et l'emploi toujours difficile des périodes, et en variant vos tournures. Poussez jusqu'au fanatisme le culte de la correction et de la propriété des termes. Ne donnez pas trop dans le point d'exclamation, mais, pour en relever la fadeur, terminez à l'occasion vos alinéas sur un point d'interrogation discret.

Avec tout cela vous serez terne probablement — et je vous conseille d'en prendre votre parti. On s'y attend, d'ailleurs, et l'on ne vous en fera pas un reproche. Ainsi le veulent les traditions académiques. Est-ce à nous d'en vouloir secouer le joug, quand, jusque sous la coupole des quarante immortels, un nouveau récipiendaire leur sacrifiait, il n'y a pas bien longtemps, dans une harangue selon la formule, sa verve si puissante et si fine et sa fantaisie étincelante?

## 2° DEVOIRS DE LANGUES VIVANTES

Les épreuves écrites de langues vivantes comportent un thème et une version, pour lesquels l'usage des dictionnaires est permis.

Mais il faut conclure du silence des textes sur ce point que les candidats ne pourront se servir de grammaires à l'examen.

Cette condition indique qu'ils doivent arriver à posséder une connaissance assez complète des règles de la langue.

**I. Le thème.** — La première qualité d'un thème est nécessairement la *correction*.

On sait que les fautes contre la correction sont les suivantes par ordre d'importance :

1° *Les non-sens.* Si nous sommes incapables d'en commettre dans notre langue maternelle, il en va autrement pour un idiome étranger. Il arrive souvent qu'on croit avoir écrit quelque chose de très raisonnable et que, par suite d'un emploi vicieux de mots mal connus, on se trouve n'avoir énoncé qu'une absurdité.

2° *Les barbarismes.* Une simple étourderie, une faute d'orthographe peut être comptée pour un barbarisme. Cela paraît sévère. Mais peut-on être indulgent pour des fautes comme *colidor*, *cacaphonie?* et quelle idée font-elles concevoir de la culture littéraire de celui qui les laisse échapper?

3° *Les solécismes.* Fautes de règles : *J'aime de lire; je vais promener; je ne m'en rappelle pas*[1].

4° *Les impropriétés.* Rien de plus fréquent dans l'emploi d'une langue étrangère : le *château* du roi, pour le *palais* du roi.

Il faut joindre à cette liste les fautes ou taches de style : obscurités, amphibologies, lourdeur, etc.

Eviter ces divers écueils, c'est déjà énorme. Ce n'est pourtant pas tout encore.

Il faut en outre, pour faire un bon thème, être plus ou moins familiarisé avec ce qu'on appelle le *génie de la langue* : tournures particulières ou idiotismes que la grammaire et le dictionnaire n'ont pu suffire à nous apprendre.

---

1. En présence de deux langues étrangères, nous avons cru devoir emprunter nos exemples au français. C'était, d'ailleurs, le seul moyen d'être compris de ceux de nos lecteurs qui n'ont encore commencé l'étude ni de l'anglais ni de l'allemand.

On dit en français : *il y a des hommes* et non pas : *des hommes sont*. On dit : *un habit noir* et non pas : *un noir habit*, tandis qu'on dira au contraire : *une grande maison* au lieu de : *une maison grande*. — *Belle marquise, vos beaux yeux me font mourir d'amour* est infiniment préférable à *d'amour, belle marquise, mourir vos beaux yeux me font*, que nous n'aurons garde de prendre pour une inversion élégante... Comment s'initier au secret de ces nuances qui nous paraissent grossières dans notre langue maternelle, mais qui déroutent dans l'étude d'une langue étrangère?

L'usage est ici l'unique maître possible.

Voilà pourquoi on dit avec raison que le meilleur moyen (d'aucuns disent le seul) d'apprendre une langue vivante est de séjourner quelque temps dans le pays où on la parle. Une étude toujours plus ou moins incertaine et pénible se trouve de la sorte remplacée ou tout au moins fortifiée et complétée par une espèce d'assimilation inconsciente et sûre.

A défaut d'un voyage à l'étranger, on peut recommander encore de fréquentes conversations ou l'entretien d'une correspondance dans la langue qu'on veut apprendre avec des personnes parlant couramment et correctement cette langue.

Mais de tels moyens ne sont pas à la portée de tout le monde.

Or, pour y suppléer quand on est livré à ses seules forces, il n'y a que les livres, que le commerce fréquent et la lecture attentive des bons auteurs.

Notons au passage, — en sondant avec soin leur valeur et leur portée, — les tours spéciaux et les expressions particulières qui nous paraîtront dignes d'être retenus. — Faisons mieux encore : prenons quelques pages d'un texte correct et facile, et, *après les avoir minutieusement expliquées de façon à nous rendre un compte exact des moindres détails du style au double point de vue de la grammaire et du sens*, apprenons-les par cœur. On ne saurait croire de quel secours nous sera ce petit bagage :

: les expressions viendront d'elles-mêmes sous notre plume devenue à la fois : 1° plus prompte à écrire; 2° plus élégante; 3° plus sûrement correcte.

L'idéal serait d'arriver (et la chose serait tout à fait nécessaire si, au lieu d'un thème, il s'agissait d'un exercice de composition) à *penser* dans la langue même qu'on étudie.

**II. La version.** — Les fautes propres à la version sont les suivantes :

1° *Les non-sens.* Il n'y a qu'un cas, j'imagine, où nous soyons capables d'en commettre dans une version. C'est quand, en dépit de tous nos efforts, le texte refuse à se laisser pénétrer et demeure obstinément obscur. Il vient alors un moment où l'on finit par se dire, de guerre lasse : « Cela ne veut rien dire, mais qui sait, le correcteur » comprendra peut-être... et puis d'ailleurs (argument » suprême!) je n'ai pas autre chose à mettre... »

2° *Les contre-sens.* Le défaut de pénétration que semble accuser un contre-sens ne provient souvent que d'un simple défaut d'attention.

Tantôt on n'a pas songé à telle acception spéciale que tel mot peut prendre parfois :

Je me rappelle avoir entendu dans une explication de cette phrase du *Rat qui s'est retiré du monde,*

> . . . . . . . . Il eut au fond de l'ermitage
> Le vivre et le couvert

donner au mot *couvert* le sens de « cuiller et four- » chette, » — « c'est-à-dire, ajoutait l'étrange commen- » tateur, celles que les rats tiennent de la nature : » leurs pattes! »

Tantôt, faute d'avoir examiné d'assez près la phrase, on ne s'aperçoit pas que l'interprétation adoptée supposerait (hypothèse inadmissible) un solécisme dans le texte donné; — ou bien, on ne remarque pas que l'enchaînement des idées se trouverait rompu :

Un commentateur ignorant qui expliquerait le vers :

> Rome, à qui vient ton bras d'immoler mon amant,

par :

> Rome, [toi] dont le bras (Horace) vient d'immoler mon
> [amant[1].

montrerait par là qu'il n'a pas pris garde : 1° à l'incorrection du tour « à qui ton bras » pour « dont le bras »; 2° que, d'après l'enchaînement des idées, Camille ne peut brusquement cesser de s'adresser à Horace pour invectiver Rome; 3° que les vers suivants indiquent assez clairement que le mot *Rome* est ici purement exclamatif et non pas mis en apostrophe.

3° *Les faux sens.* Moins graves que les contre-sens, d'une nuance plus délicate à saisir; des précautions analogues serviront à les éviter.

C'est ainsi qu'en y réfléchissant, on reconnaîtra que dans la phrase de Fénelon :

> Un savant grammairien court risque de composer une grammaire trop curieuse et trop remplie de préceptes,

*curieuse* ne peut pas signifier *digne de curiosité :* 1° parce que le reproche implicitement contenu dans la phrase ne se comprendrait pas; 2° parce que cette idée offrirait avec la suivante « remplie de préceptes » une trop grande disparate pour que la conjonction *et* pût suffire à les unir.

Enfin, comme pour le thème, la correction n'est pas tout dans la version. Il faut encore, d'une part, que le style ne se ressente pas de l'effort de la traduction, c'est-à-dire qu'il soit facile (et élégant s'il se peut) — et conforme en tout cas au génie de la langue française, et, d'autre part,

---

1. Cette explication peut paraître, pour nous, Français, presque monstrueuse; mais, quand on s'exerce sur une langue étrangère, on est exposé à commettre bien d'autres erreurs !

que le texte proposé soit rendu avec la plus grande fidélité possible.

Il ne suffit donc pas de donner le sens général, il faut s'attacher à rendre les nuances, à conserver les figures, etc. Ainsi l'on devra, par exemple, suivre autant que possible l'ordre du texte. Ce serait, suivant le proverbe italien *traduttore, traditore*, trahir Bossuet que de faire disparaître dans une traduction son inversion si fameuse :

Restait cette redoutable infanterie de l'armée d'Espagne...

L'écueil de la version, c'est que ces deux préceptes sont souvent difficiles à concilier. En cas de conflit, lequel faut-il faire fléchir? Question de tact littéraire.

On le voit, la version n'est pas une épreuve aussi facile qu'elle peut le paraître. Il ne suffit pas de rendre *grosso modo* la pensée de l'auteur à la manière d'un truchement d'hôtel. Outre une connaissance suffisante de la langue, elle demande encore les mêmes qualités de finesse et de sens littéraire dont on doit faire preuve dans les autres épreuves de l'examen.

# CHAPITRE VII

## Les épreuves orales et pratiques

Il est temps de passer aux épreuves orales et pratiques. Ces épreuves comprennent [1] :

1° Une leçon à faire ;

2° Un devoir à corriger (pour le professorat seulement) ;

3° La lecture expliquée d'un passage pris dans un auteur classique français ;

4° L'explication à livre ouvert d'un texte allemand ou anglais, suivie d'interrogations sur la grammaire correspondante.

5° Enfin, à partir de 1889, des épreuves de travail manuel seront exigées des aspirants et des aspirantes à Saint-Cloud et à Fontenay, savoir : pour les premiers, l'exécution d'un modelage ou d'un travail sur le fer ou le bois ; pour les secondes, une épreuve de travail à l'aiguille.

### 1° LA LEÇON

Le sujet est tiré au sort et l'on a trois heures pour la préparation.

L'arrêté du 20 juillet 1883 portait que le candidat ne pourrait recourir à aucun secours étranger. Ces prescriptions rigoureuses n'ont pas été maintenues. Il résulte de l'article 152 de l'arrêté du 18 janvier 1887 que la Commission mettra à la disposition des candidats les dictionnaires, livres ou atlas nécessaires [2].

Grâce à un pareil secours, aucune surprise n'est plus à craindre, et l'on pourra, s'il y a lieu, éclairer sa leçon des citations ou lectures qu'on ferait aux élèves si l'on était véritablement professeur.

---

1. Voy. art. 172, 122, 123 et 124 de l'arrêté du 18 janvier 1887, page 39.

2. Nous pensons qu'on lira avec intérêt, au sujet de cette réforme,

Les préceptes donnés à l'occasion du devoir pris pour exemple dans le précédent chapitre peuvent parfaite-

---

les lignes suivantes empruntées au *Rapport* de M. Vapereau, président du jury, sur les examens des aspirantes au professorat pour la session de juillet 1886 :

« L'épreuve plus solennelle et plus redoutée de la leçon a perdu cette
» année une partie de sa difficulté, de ses périls et de l'incertitude des
» chances qu'elle offrait dans les précédents concours. Jusqu'ici le can-
» didat, après avoir tiré au sort son sujet de leçon, était enfermé dans
» une chambre de travail, seul avec lui-même, n'ayant, pour se pré-
» parer, d'autres ressources que sa mémoire et sa réflexion. Ce système
» avait de graves inconvénients. D'abord il créait, au gré du hasard,
» une inégalité frappante, en rendant suivant la nature du sujet le bé-
» néfice de la préparation efficace ou illusoire. Sur les questions dogma-
» tiques de philosophie, de morale, de pédagogie, de théorie littéraire,
» on apporte avec soi ses idées, on n'a pas à les rechercher dans les
» livres, on n'a qu'à se recueillir pour les retrouver toutes, choisir entre
» elles, les classer, tracer un plan, arrêter les grandes lignes sinon les
» détails de l'exposition. Il n'en est pas de même des questions de
» faits, qu'il s'agisse de l'histoire proprement dite et de la géogra-
» phie ou de l'histoire littéraire : il y a ici des dates, des noms
» d'hommes ou de lieux, des titres d'ouvrages, une foule de détails
» indispensables sur lesquels il faut des renseignements exacts et précis
» que toute la réflexion du monde ne retrouvera pas, s'ils ne sont pas
» fournis par la mémoire, qui ne peut être universelle. Sur de telles
» questions, le temps donné pour préparer une leçon sans livres est
» presque une ironie, un leurre.

» Puis, quels que soient les sujets, que doivent prouver les épreuves
» de nos concours? L'aptitude des candidats à faire leur tâche de pro-
» fesseurs, non pas dans des conditions exceptionnelles et chimériques,
» mais dans la réalité même de la situation où ils seront placés. Or,
» si le professeur ne doit jamais faire une leçon sans la préparer, il
» ne la préparera pas sans un certain contingent de secours et d'instru-
» ments de travail; il a ses livres usuels et préférés; il a à sa disposi-
» tion une bibliothèque dont il doit avoir appris à se servir. Il peut
» abuser sans doute de ces ressources; il peut, par paresse d'esprit ou
» par défiance de lui-même, faire aux livres de trop larges emprunts,
» transcrire et apprendre par cœur des pages entières, et, les récitant
» tant bien que mal ou les lisant à la dérobée, les donner comme
» siennes. Un juge exercé ne s'y trompera pas; il reconnaîtra la réci-
» tation ou la lecture frauduleuse au ton et à l'accent, les citations
» inavouées, les emprunts clandestins aux contrastes du style. Il ap-
» partient au juge de discerner l'abus du livre de son usage légitime
» et, en appréciant, pour le fond et la forme, la valeur de la leçon faite
» devant lui, de tenir compte de l'intelligence avec laquelle on a tiré
» parti des ressources dont il serait présomptueux de vouloir se passer.
» Les rares erreurs, où il pourrait être induit par l'habileté de quelques
» maîtres plagiaires, ne peuvent être mises en balance avec l'injustice
» et les dangers qu'il y avait à imposer aux candidats des tours de
» force d'improvisation qu'on ne demanderait pas, qu'on interdirait
» aux professeurs. »

GUIDE DES ASPIR.                                          7

ment servir à nous guider dans l'épreuve actuelle. Je n'ai donc pas à y revenir.

Il conviendrait seulement, pour la leçon orale, de commencer par en lire un court sommaire, semblable à celui que nous dicterions en classe et de la terminer par un résumé clair et méthodique.

J'ajouterai encore, en ce qui concerne la méditation du sujet, qu'il faut d'autant plus nous y appliquer, qu'à l'inverse de ce qui a lieu pour un devoir écrit, nous n'avons pas ici le secours des corrections, des suppressions, des additions faites après coup et permises jusqu'au dernier moment, jusqu'à la remise de la copie. Une fois l'épreuve commencée, il nous sera bien difficile, quand même nous nous en apercevrions avant la fin, de revenir sur nos erreurs, nos digressions, nos lacunes. En tout cas, l'effet de ces rectifications serait déplorable. Eussions-nous, en fin de compte, dans ces conditions, réussi à fixer la leçon dans ses traits véritables, on dira toujours que nous avons *pataugé*. Et quel plus grave défaut pour un professeur?

Ne laissons donc au hasard de l'improvisation que le choix des mots. Et pour cela élaborons un plan très détaillé, — plus détaillé encore, s'il le faut, que pour le devoir, — et destiné à être tenu discrètement sous nos yeux.

Gardons-nous toutefois à cet égard d'un excès qu'on me signale. Certains candidats croient habile et sûr de rédiger tout au long leur leçon par écrit afin de n'avoir qu'à lire pendant l'épreuve. Or, comme une leçon ne peut cependant pas être une simple lecture, ils sont obligés, pour dissimuler leur artifice, de lire à la dérobée. On peut se figurer ce que deviennent dans ces conditions leur tenue et leur débit! D'ailleurs, si un pareil procédé ne se révélait lui-même en dépit de toute l'habileté déployée, il pourrait être considéré presque comme une supercherie : on attend de nous une improvisation, nous n'avons pas le droit d'altérer le caractère de l'épreuve.

Non, ce qu'il faut, c'est un plan, aussi complet que possible, mais rien qu'un plan. Et la préoccupation que nous aurons de le suivre ne devra guère nous troubler, car l'ayant médité pendant trois heures, nous devons le posséder complètement. Si donc j'ai recommandé de le tenir sous nos yeux, c'est pour nous mettre plus sûrement à l'abri de certaines omissions, de certaines défaillances de notre esprit, dans lesquelles la surexcitation un peu fébrile qu'on éprouve toujours plus ou moins, quand on subit un examen, pourrait nous faire tomber. Au contraire, la pensée que nous avons sous la main des notes qui viendraient au besoin à notre secours doit nous donner une utile assurance.

Pas de rabâchage! Dévidons méthodiquement notre petit écheveau. Ne soyons pas trop touffus. Mais que chaque idée soit pleinement, complètement, abondamment développée. Pour qui sait tirer parti d'un sujet une demi-heure est bientôt passée à le traiter, et il suffit d'une très petite somme d'idées à mettre en lumière pour remplir le temps qui nous est accordé.

Il y a pourtant des candidats, qui, en cinq minutes, sont arrivés au bout de leur rouleau. Ce qui eût besoin d'être démontré, ils se contentent de l'affirmer en une simple proposition; ce qui eût besoin d'être amené, ils l'énoncent brusquement; ils ne soupçonnent pas les développements auxquels pourraient donner lieu les considérations qu'ils examinent..., et, s'ils veulent prolonger un peu le temps de leur épreuve, ils n'ont d'autre ressource que de se répéter : remède pire que le mal. C'est de l'indigence d'esprit : grave défaut qui ne peut se corriger qu'à la longue par la lecture, l'exercice, et, quand on le peut, l'audition de bons orateurs.

Si nous avons quelque passage à citer, arrêtons d'avance les limites de cette lecture et marquons la page où nous devrons ouvrir le volume qui la renferme. Des hésitations, des recherches de ce genre causeraient des interruptions pénibles, et, de plus, il arriverait que, par une dangereuse réciprocité, les tâtonnements du candidat, aggravés par son trouble naturel, aggraveraient à leur tour ce même trouble. — Ajoutons que ces lectures devront être généralement assez courtes. Il suffit au jury qui vous écoute de voir à quel passage vous avez songé à vous référer. Une citation trop longue ferait languir la leçon, et, si vous n'avez voulu chercher par là qu'à gagner du temps pour faire durer votre épreuve, c'est un mauvais système dont personne ne sera dupe — excepté vous.

Parlons lentement (sans excès). Quelques gestes — sobres. Soulignons à propos les idées principales. Sachons, si nous pouvons, animer — sans pétulance — notre sujet et le rendre intéressant. Surveillons notre tenue, qui sera sévèrement observée, — et que nos dons naturels : parole claire et facile, manières aisées, physionomie même, fassent le reste !

### 2° CORRECTION DU DEVOIR

Je ne saurais mieux faire que de reproduire ici les conseils donnés à ce sujet dans la *Revue pédagogique*, par l'éminent et regretté président de la commission d'examen, M. Anthoine, — conseils que j'avais, antérieurement à leur publication, eu la bonne fortune d'entendre de sa bouche dans une causerie pleine de cette finesse aimable et de ce charme bienveillant qui se retrouvent encore sous sa plume :

« Parmi les épreuves de l'examen au professorat des
» écoles normales, il en est une dont les candidats ne se
» méfient pas toujours assez. « Corriger un devoir d'élève,
» qu'est-ce que cela ? Je le fais tous les jours. » Il arrive
» cependant qu'à l'heure décisive l'assurance diminue ; les
» difficultés qu'on n'avait pas prévues apparaissent ; elles
» surprennent faute d'y avoir réfléchi, et déconcertent.

» Il faut dire que les conditions ordinaires sont modi-
» fiées. En classe, le maître a devant lui l'élève dont il
» corrige le devoir ; il lui parle ; déjà, d'ailleurs, il le con-
» naît ; il sait si habituellement il fait mieux ou plus mal,
» ce qu'il peut ou ce qu'il ne peut pas ; il le note, il le
» conseille en conséquence : tout cela lui donne le ton,

» l'aide et le soutient ; tout cela au jour de l'épreuve lui
» fait défaut. Il en est toujours ainsi : transporté dans un
» examen, l'exercice le plus fréquent de la vie scolaire,
» quelque soin qu'on prenne de le tenir aussi rapproché
» que possible de la réalité, prend un air un peu nouveau.

» Je note ces différences pour qu'on en soit bien averti
» et point dérouté : au fond, la correction d'un devoir,
» qu'elle se fasse en classe ou à l'examen, est la même,
» présente les mêmes difficultés très réelles et très redou-
» tables, exige les mêmes qualités, des connaissances (car
» comment être prêt sur des sujets très divers sans des
» connaissances acquises de longue main, sans un fonds
» d'instruction générale déjà suffisamment large ?), de la
» netteté et de la décision d'esprit, un discernement sûr,
» des habitudes d'ordre et de méthode, une certaine sou-
» plesse de langage, l'art de rester dans la mesure, de
» n'outrer ni l'éloge ni le blâme, de louer sans enor-
» gueillir, de critiquer sans humilier ou décourager, de
» tout dire enfin et de faire accepter tout ce qu'on dit,
» parce qu'on a su montrer qu'on n'est guidé que par le
» seul intérêt de celui à qui l'on s'adresse. — Ces dernières
» qualités étant non moins morales qu'intellectuelles.

» Mais, sans nous attarder davantage, entrons dans le
» détail, et suivons le candidat du commencement à la
» fin de l'épreuve.

» Un devoir d'élève lui est remis, et il est en même
» temps prévenu qu'il a une demi-heure[1] à lui avant
» d'être appelé devant ses juges. Son premier soin sera
» évidemment de lire ce devoir : mais dans cette lecture
» s'arrêtera-t-il dès le début à l'énoncé du sujet, recher-
» chant comment ce sujet doit être compris et traité ?
» Quelques-uns le voudraient : Qu'est-ce que corriger un
» devoir, disent-ils, sinon le comparer à une sorte de type
» que nous avons conçu et arrêté dans notre esprit ? Je me

---

1. Trois quarts d'heure d'après l'arrêté du 18 janvier 1887 (art. 172).

» rangerais volontiers à cet avis, si le candidat disposait de
» plus de temps ; mais combien il est pressé ! A sa place, je
» lirais d'abord tout le devoir, lentement, doucement,
» mais à la suite, d'un bout à l'autre, marquant seulement
» d'un léger trait de crayon les passages sur lesquels je sens
» que j'aurai à revenir, afin de pouvoir les retrouver plus
» facilement : ce serait une première connaissance d'en-
» semble. Alors viendrait cette méditation sur le sujet
» dont nous parlions tout à l'heure ; j'y aurais été préparé,
» ce me semble, par la copie elle-même ; cette copie, si
» faible qu'on la suppose, a dû toucher le sujet, au moins
» par certains côtés ; ce qui s'y trouve est déjà autant de
» trouvé pour moi, ce qui ne s'y trouve pas me met sur
» la trace de ce que je devrai moi-même trouver ; car il est
» impossible que certaines omissions, les plus graves, ne
» me frappent pas, et sur-le-champ je suis conduit à les
» réparer. Ainsi cette lecture m'a été un profit, elle m'a
» fait gagner du temps, elle a fourni à ma pensée des
» aliments, un point de départ, elle a donné à mon esprit
» comme un premier branle, elle l'a mis en mouvement ;
» les idées appelées les unes par les autres se sont présen-
» tées ; je n'ai eu qu'à les ordonner. Voici donc mon sujet
» vu et compris.

» Je puis maintenant revenir à ma copie et la considérer.
» Y a-t-il un plan ? lequel ? Est-il complet ? — (je répon-
» drai à cette question et à celles qui vont suivre grâce à
» la méditation qui a précédé) — est-il logique ? S'il n'est
» pas complet, que faut-il y ajouter ? S'il n'est pas
» logique, comment convient-il de le disposer ? Toutes les
» parties en ont-elles été bien mises en lumière ? Toutes
» ont-elles reçu un développement qui réponde à leur
» importance ? L'expression a-t-elle toujours bien traduit
» la pensée ? n'a-t-elle pas été parfois au delà, c'est-à-dire
» est-elle ambitieuse, gonflée, déclamatoire, de mauvais
» goût ? N'est-elle pas parfois restée en deçà, c'est-à-dire,
» est-elle faible, plate, commune, vulgaire ? Que vaut la
» langue ? est-elle au moins correcte ? J'avoue que je ne
» m'arrêterais pas trop dans cette préparation aux défail-

» lances de la forme; j'en soulignerais quelques-unes à
» titre d'exemples s'il était nécessaire, et je m'en remet-
» trais à l'habitude que je puis avoir de l'enseignement
» pour expliquer au jury en quoi consiste chacune d'elles.
» Mais je me réserverais du temps, les différents défauts
» étant notés, pour rechercher celui qui est le plus grave,
» le plus marquant, celui qui paraît caractériser la copie;
» c'est à celui-là que s'attacherait surtout ma correction,
» et elle en prendrait clarté, unité, force. Ce défaut tient-
» il au fond ou à la forme? L'élève n'a-t-il pas assez réfléchi
» à son sujet, n'en a-t-il pas su trouver les idées princi-
» pales? Ou, les ayant trouvées, ne s'est-il pas donné la
» peine de les exprimer? Quelles qualités lui manquent?
» Quels gros défauts trahit-il? Et partant, quel conseil
» capital à lui donner? Enfin je ne voudrais pas risquer
» d'arriver au terme de ma demi-heure [1] sans avoir formulé
» et écrit à tête reposée, en termes brefs mais précis, mon
» appréciation, et même sans l'avoir traduite en son
» expression, la plus brève et la plus rigoureusement pré-
» cise, le chiffre. Le reste du temps, si j'en avais de reste,
» je l'emploierais à éclaircir avec moi-même quelques
» points, les principaux, sur lesquels j'insisterais d'autant
» plus volontiers devant le jury que je m'y sentirais plus
» à l'aise, y ayant réfléchi plus à loisir.

» Avant d'aller plus loin, je tiens à prémunir nos can-
» didats contre certaines impressions du premier moment,
» de la première lecture, qui pourraient avoir pour eux
» des conséquences fâcheuses; ces impressions viennent
» d'idées préconçues dès longtemps caressées. — « Moi,
» dit l'un, je voudrais une copie faible; elle laisse plus à
» faire à celui qui est chargé d'en rendre compte; elle lui
» permet mieux de démontrer ce qu'il sait. — Et moi, dit
» l'autre, je ne voudrais que d'une bonne copie; elle porte
» le correcteur; de rien on ne peut rien tirer; avant tout
» il faut une matière qui prête. » Décider entre ces opi-

---

1. Trois quarts d'heure (arrêté du 18 janvier 1887).

» nions ayant chacune sa part de vérité me paraît difficile ;
» à coup sûr fort oiseux. Le sort ne nous consulte guère ;
» il nous sert souvent contre nos préférences. Quoi donc !
» Irons-nous bouder contre lui à nos dépens ! Ou simple-
» ment éprouverons-nous un mouvement de contrariété
» et de trouble qui pour un instant (ce serait encore trop)
» paralyserait nos efforts ? L'examen, ainsi que la vie, a
» de ces surprises qui ne sont pas toujours agréables ; il
» faut savoir les accepter, ou mieux encore, il faut savoir
» n'en être pas surpris. Celui-là a eu tort de se mettre
» sur les rangs qui, pour courir, a besoin d'un terrain
» qui lui convienne et qu'il ait choisi : la victoire est à qui
» aborde franchement, sans sourciller et sans s'inquiéter,
» tous les obstacles. »

Voilà la correction faite. — Il s'agit maintenant d'en
rendre compte.

« Le candidat, continue M. Anthoine, est devant le
» jury : que va-t-il faire ? Lire la copie, puis la reprendre
» phrase par phrase ? Que ce procédé est d'un art en-
» fantin, ou plutôt manque d'art ! Que cela d'ailleurs
» prend du temps ! Mais on dirait que c'est ce à quoi visent
» beaucoup de candidats. Ils paraissent croire qu'on les
» jugera à la longueur de la course qu'ils auront fournie, et
» veulent employer jusqu'à la dernière minute que leur
» alloue le règlement : aussi ils s'étendent, ils s'étalent de
» leur mieux. Comme ils comprendraient mieux leurs inté-
» rêts, s'ils cherchaient à faire tenir, non pas peu de choses
» en beaucoup de temps, mais beaucoup de choses en peu
» de temps ! Lire et relire, voilà qui était fort bon pour
» vous lorsque vous vous prépariez seul avec vous-même ;
» mais le propre de la préparation est précisément de
» garder pour soi ces longueurs et lenteurs et de les
» épargner aux autres.
» Vous avez appris à connaître la copie : apprenez-nous
» maintenant à la connaître. Dites-nous comment elle a

» pris le sujet, le plan, les idées principales. Ces idées
» sont-elles justes ou ne le sont-elles pas? Si elles sont
» justes, en quoi? Si elles ne le sont pas, en quoi? Que
» faut-il en retrancher, ou y ajouter? Comment les recti-
» fier? Tout cela à grands traits, sans perdre de vue le tra-
» vail de l'élève, sans vous étendre trop longuement, trop
» complaisamment, comme il arrive parfois à propos de
» sujets historiques, une exposition personnelle, une véri-
» table leçon se substituant à une correction. Ce premier
» travail achevé, serrez de plus près la copie; vous nous
» avez annoncé du bon, lisez-nous un bon passage; vous
» nous avez annoncé du mauvais, lisez-nous un passage
» mauvais : et ici ne craignez pas d'entrer dans le détail,
» de prendre les choses par le menu. Si même l'expression
» était trop défectueuse, relevez-la rapidement en passant.
» Mais d'ordinaire, avec ces copies d'élèves, vous êtes
» obligé d'en venir à parler particulièrement de la forme;
» parlez-en alors avec beaucoup de précision; ne vous
» contentez pas d'une appréciation générale, allez au par-
» ticulier, à la preuve, aux citations courtes mais carac-
» téristiques. Ne croyez pas que ce soit assez de dire :
« Cette phrase est lourde, embarrassée; elle est trop
» longue; » montrez comment on aurait pu la couper,
» l'alléger. Ne dites pas seulement : « Ce terme est
» impropre; » remplacez-le par le terme qui, selon vous,
» convient[1].

---

1. Comme on ne saurait trop insister sur ces points aussi importants
que délicats, citons encore ce passage du *Rapport* de M. Vapereau, qui
reproduit les mêmes conseils : « Beaucoup (d'aspirantes) ont cru qu'il
» fallait lire le devoir tout entier et le critiquer phrase à phrase, fai-
» sant ainsi à un travail d'écolière l'honneur d'un commentaire perpé-
» tuel qu'on n'avait pas su donner à une page de Corneille. Il faut
» caractériser et juger à plus grands traits; il faut résumer le plan de
» l'élève, en indiquer les qualités ou les défauts, signaler les lacunes,
» apprécier à la fois d'une manière sommaire et précise l'exécution;
» signaler le bon, le mauvais, donner de courts échantillons de l'un et
» de l'autre, relever entre les fautes celles qui sont en quelque sorte
» contagieuses afin de reprendre en sous-ordre l'un ou l'autre des points
» les moins bien traités, afin de montrer, à côté de ce qui a été fait, ce
» qui aurait dû ou pu se faire. »

7.

» Finissez en donnant le jugement que je vous ai con-
» seillé de fixer par écrit. Quelques-uns commencent par
» là; c'est un procédé qui peut se soutenir; toute la cor-
» rection n'est alors que la justification du jugement.
» J'aimerais mieux, quant à moi, le garder pour la fin; il
» résume et conclut; il laisse l'esprit de ceux qui écoutent
» sur quelque chose de parfaitement net et ferme, d'arrêté
» et de définitif; c'est une impression à laquelle vos juges
» ne devront pas, ce me semble, être indifférents.

» Il arrive quelquefois que le sujet du devoir n'est
» pas bien choisi, que la question n'est pas bien posée[1];
» ne craignez pas de l'indiquer; on vous saura gré de
» l'avoir vu et même d'avoir osé le dire; mais ne risquez
» cette critique qu'après y avoir bien réfléchi et avec
» mesure.

» Certes, il ne faut pas que le correcteur soit trop faci-
» lement content; on pourrait l'accuser de manquer de
» clairvoyance et de pénétration. Il ne faudrait pas non
» plus qu'il fût trop difficilement content. Entre ces deux
» excès, l'optimisme et le pessimisme, la route n'est pas
» aisée à tenir.

» Certains candidats ne voient dans le travail de l'élève
» qu'une proie à déchirer, à déchiqueter; ils s'en donnent
» à cœur joie; ils mordent à belles dents.

» Ils inventeraient plutôt des fautes (cela s'est vu) pour
» avoir le plaisir de les corriger et de triompher. Ne nous
» forcez point à prendre le parti de votre victime contre
» vous.

» Surveillez votre ton, quoique l'élève ne soit pas là.
» Soyez sévère et ne passez rien : j'y consens; mais ne

---

1. C'est ainsi, par exemple, qu'aux examens de juillet 1886, à
l'occasion d'un devoir intitulé : *Une soirée dans un château féodal
à l'arrivée d'un troubadour*, le candidat, n'ayant présenté aucune
observation au sujet de ce titre, fut invité par la commission à dire ce
qu'il en pensait. — L'expression « une soirée » évoque en effet une idée
moderne qui en fait presque un anachronisme. De plus, « l'arrivée »
est vague : l'arrivée... où? dans la cour? dans la grand'salle? L'hypothèse importe beaucoup à la physionomie de la « soirée ».

» soyez dans la forme ni dur, ni amer, ni blessant. Qu'il
» ne vienne pas à la pensée d'un de vos juges de se dire :
« Ah ! je ne voudrais pas être son élève ! »

» Sachez entrer dans les raisons de celui que vous cor-
» rigez, même quand elles ne vous paraissent pas justes,
» et montrez que vous les comprenez.

» Sachez deviner ses bonnes intentions, même quand il
» ne les a pas menées à bien, et faites-les valoir. Sachez
» louer enfin, dès que l'occasion s'en présente. Louer,
» quand on est invité à critiquer, n'est pas du premier
» venu. La louange est d'ailleurs si puissante sur les jeunes
» esprits. C'est un cordial généreux ; n'en abusez pas sans
» doute ; car alors il tourne les têtes, il grise ; mais usez-en :
» il réconforte, anime, réchauffe, rend l'effort facile,
» double la vigueur et l'élan.

» Surtout inspirez-vous de la copie qui vous aura été
» remise. Plus j'avance en ce sujet, plus je m'aperçois que
» les conseils, si précis qu'on les veuille faire, laissent tou-
» jours place à un vague redoutable ; il s'agit de savoir
» s'en servir, de discerner quand il faut appliquer chacun
» d'eux et dans quelle mesure. Correction de devoir, affaire
» moins encore de science que de tact : c'est là ce qui fait
» la difficulté de l'épreuve et aussi son importance. »

Qu'ajouter à des conseils si judicieux et si pratiques ?
J'insisterai seulement sur un point.

La correction d'un devoir ne doit pas être uniquement
une œuvre de critique : elle doit encore concourir directement à l'enseignement. Quelque justes que soient les
observations que vous avez présentées, la commission ne
vous tiendra pas quitte si, après avoir signalé le fort et
le faible de la copie et rectifié les fautes d'ensemble et de
détail, vous ne donnez vous-même, comme conclusion de
votre épreuve, un modèle de plan à titre de corrigé. Pré-
parez-le donc pendant les trois quarts d'heure de méditation qui vous sont laissés, de peur d'être pris à l'improviste par une demande de cette sorte.

### 3° LA LECTURE EXPLIQUÉE

D'après l'arrêté du 26 décembre 1882, le passage à lire devait être pris dans un des textes de la liste donnée pour le brevet supérieur. Cette limitation n'a pas été maintenue. Une décision du 4 décembre 1885 a, en ce qui concerne les examens du professorat, considérablement étendu ladite liste[1].

Mais cet élargissement du cadre de notre épreuve ne doit pas nous effrayer si, suivant les conseils donnés plus haut, nous nous sommes mis en état d'expliquer d'une manière sinon savante, du moins sensée et judicieuse, la première page venue du premier venu de nos classiques.

On a trois quarts d'heure pour se préparer à cette épreuve. Comment les emploierai-je ?

Je commencerai par lire mon texte avec la plus grande attention afin de le bien comprendre et de m'en pénétrer. Comme je dois connaître l'ouvrage auquel il est emprunté, je saurai à quel endroit de cet ouvrage mon passage se place, à laquelle de ses parties il correspond ; si c'est une pièce de théâtre, quelle situation l'amène, quel est le caractère des personnages qui parlent ; dans tous les cas, à quelle phase de la vie de l'auteur il appartient, dans quelles circonstances il a été écrit et quelle en est la valeur littéraire.

Ces considérations générales sont utiles, sinon nécessaires, à une saine intelligence de la page à lire ; elles l'éclairent et peuvent mettre en garde contre de graves erreurs d'interprétation. Pour rafraîchir au besoin notre mémoire, nous pourrons feuilleter rapidement le volume et parcourir la notice que contient probablement l'édition mise en nos mains.

Mais ce ne sont là que des données accessoires, et, s'il est besoin de rassembler nos idées sur ces divers points,

---

1. Voy. p. 24.

gardons-nous de nous y attarder. L'important, c'est l'explication du passage lui-même dans son ensemble et dans ses détails.

Eh bien, nous voilà maintenant en présence d'un de ces exercices d'analyse et de critique littéraire auxquels nous nous sommes formés de longue main. Je crois avoir déjà donné toutes les indications que comporte cette partie délicate et difficile de notre préparation. Je n'ai donc qu'à y renvoyer mes lecteurs [1].

L'explication, cependant, n'est pas tout. Il nous faut lire et bien lire. C'est un nouveau côté de l'épreuve susceptible aussi de préparation.

Il faut se dire : Voilà une finesse que je soulignerai; je ferai sentir cette gradation, je donnerai une sonore ampleur à cette période; ici, j'enflerai un peu la voix; là, je la laisserai tomber... Sachons varier nos intonations (sans excès); si ce sont des vers, coupons la phrase suivant le sens et non pas suivant la rime... Il faut d'avance noter tous ces points, faire une sorte de répétition mentale, afin de ne rien laisser au hasard, qui est un traître, surtout dans un examen.

L'importance qu'attache la commission à cette épreuve est marquée par les deux avis officiels suivants :

Les aspirants et les aspirantes au certificat d'aptitude sont prévenus que l'administration demandera aux présidents des jurys de joindre au procès-verbal de l'examen et au dossier de chaque candidat une note spéciale sur la *diction*, dont il sera tenu compte pour le classement dans les épreuves orales.

OUVRAGES RECOMMANDÉS POUR LA PRÉPARATION AUX EXAMENS : *l'Art de la lecture* et *la Lecture en action*, par M. Ernest Legouvé, de l'Académie française [2].

Vous voici maintenant devant le jury.

Vous indiquez le titre de l'œuvre à laquelle appartient le passage qui vous est échu, la place qu'il y occupe et les

---

1. Chap. IV.
2. Les excellents modèles de lecture expressive publiés par M. Ricquier dans le journal *l'Instruction primaire* seront aussi fort utilement étudiés par les candidats.

autres explications préliminaires auxquelles vous vous êtes arrêté comme nous avons vu, pendant votre préparation. Mais tout cela très rapidement, très sommairement, en deux mots, car ce n'est pas là, je le répète, votre véritable épreuve.

Vous faites ensuite votre lecture d'un bout à l'autre, évitant de prendre un ton froid et terne aussi bien que prétentieux et déclamatoire.

Vous tomberez peut-être sur un passage qui n'aura pas beaucoup de couleur. N'essayez pas d'en tirer ce qui n'y est pas. Si vous tombez sur un passage plus chaud, vif, éloquent, poétique, notamment s'il s'agit d'une pièce de théâtre, ne craignez pas de donner du mouvement et de la variété à votre débit, sans perdre de vue, toutefois, qu'un liseur n'est pas un acteur et que vous devez tempérer, en vous contentant de les indiquer, les éclats de voix, la mimique et les jeux de physionomie.

« Nous ne confondons pas, dit M. Vapereau dans son
» *Rapport*, la diction avec la déclamation ; une école nor-
» male n'est pas plus un conservatoire qu'une classe n'est
» un théâtre. Nous ne demandons à la lecture, affranchie
» autant que possible des vices des prononciations lo-
» cales, que la netteté de l'articulation, la justesse du
» ton, le naturel et la vérité du sentiment. Cette vérité
» donnera tout le reste et particulièrement cette qualité
» qui semble la plus difficile et qui devrait être la plus
» naturelle : la variété. Il suffit de sentir et de sentir
» juste, pour donner des accents absolument différents
» aux terrifiantes peintures du *Sermon sur la mort*, aux
» naïfs récits des *Deux Rats, le Renard et l'Œuf*, aux
» bouffonneries si piquantes de la scène de l'impromptu
» de Mascarille. »

Passant ensuite à l'explication, vous apprécierez d'abord l'ensemble, puis les détails, au double point de vue : 1° du fond, 2° de la forme. De l'ordre, de l'ordre ! Cet exposé doit être aussi clair, aussi méthodique que s'il s'agissait d'un devoir.

Surtout ne nous noyons pas dans les détails; ne nous égarons pas à chercher « la petite bête », ne perdons pas de vue l'*ensemble*. Souvenons-nous que c'est l'ensemble qu'il importe principalement d'apprécier, car c'est l'ensemble, en définitive, qui fait la valeur d'un passage comme d'une œuvre entière, que c'est dans un jugement d'ensemble que nous aurons à résumer notre opinion.

J'ai déjà énoncé ces principes. J'y insiste encore puisqu'il paraît qu'ils ne sont pas assez suivis :

« Au lieu d'entrer, dit encore M. Vapereau, dans l'ap» préciation du fond ou de la forme littéraire d'une belle » page, on préfère se jeter dans les remarques gramma» ticales et faire montre d'un savoir ou plutôt d'un jargon » philologique qui, introduit trop tôt dans nos écoles élé» mentaires, garde trop de place dans nos écoles normales. » Nous avons vu des aspirantes qui, après avoir lu les » stances de *Polyeucte* ou la scène des portraits du *Mi-* » *santhrope*, n'ont rien trouvé de mieux à faire que de » chercher le rôle des affixes, suffixes et préfixes de » quelques mots pris au hasard dans ce style incompa» rable. Et cet emploi hors de propos de la terminologie » grammaticale ne sert qu'à faire ressortir combien on a » peu le sentiment du génie de la langue : on n'apercevra » pas certains tours de syntaxe familiers aux écrivains » du dix-septième siècle et dont quelques-uns sont restés » propres à la phrase française. Tel est particulièrement » l'emploi du subjonctif, marquant par la subordination » des formes grammaticales la subordination des idées » elles-mêmes. Il est vrai que cette connaissance intime » de la langue, c'est l'étude directe des textes et non celle » des livres de grammaire qui la donne. »

De même que pour l'épreuve écrite, gardons-nous d'avancer des propositions hasardées; de même encore, mesurons la proportion de nos développements oraux, de façon à remplir sans l'excéder le temps de l'épreuve. La *mesure* est aussi une qualité exigée et dont on nous tiendra compte.

Je rappelle, en outre, que nos critiques et nos éloges

doivent être également précis. Foin des mots vagues : « beau ! sublime ! absurde ! » Il ne s'agit pas de nous exclamer, il s'agit de justifier nos jugements et le plus rigoureusement possible.

Enfin il peut se faire, et il faut même s'y attendre, qu'on nous interrompe, qu'on nous contredise. Un candidat un peu avisé saura bien soupçonner les points susceptibles de donner lieu à de tels incidents et les objections qu'on pourra lui faire. Le comble de l'habileté serait peut-être, en pareil cas, de les laisser se produire pour se ménager l'occasion d'une réponse victorieuse qui paraîtrait avoir le mérite de la présence d'esprit. Mais je n'oserais donner un aussi malin conseil.

On voit que cette épreuve, comme toutes les autres, plus qu'une autre peut-être, offre plus de facilité pour les esprits vifs et prime-sautiers. Le jury n'est pas là pour donner simplement des primes aux candidats laborieux et persévérants : il tient compte non pas du *mérite,* mais de la *valeur* de chacun. Tant mieux pour ceux qui ont à leur actif d'heureux avantages naturels. Ce n'est pas la seule occasion qu'ils auront dans le monde d'en tirer profit !

### 4° EXPLICATION D'UN TEXTE ANGLAIS OU ALLEMAND
### SUIVIE D'INTERROGATIONS SUR LA GRAMMAIRE CORRESPONDANTE

Cette explication a lieu sans méditation préalable.

Une telle condition doit nous mettre en garde contre toute précipitation étourdie et nous avertir de lire posément, en écarquillant les yeux de notre intelligence. Il faut d'autant moins négliger cette lecture qu'elle sera appréciée en elle-même, d'abord au même titre que la lecture d'un texte français, ensuite au point de vue spécial de la prononciation étrangère.

Au sujet de l'explication elle-même, je ne puis mieux faire que de reproduire ici les excellents conseils donnés dans la *Revue de l'enseignement secondaire*[1] en vue du certificat d'aptitude à l'enseignement de l'allemand. (Quelle que soit la langue pour laquelle on se présente, ils conservent la même justesse.)

« Beaucoup de candidats, principalement ceux qui ont
» fait leurs études à l'étranger, croient devoir, après
» avoir lu d'une haleine une demi-page, quelquefois
» une page entière, essayer de traduire immédiatement
» en français, sans répéter les expressions du texte, au
» risque de commettre toutes sortes d'inexactitudes et
» d'oublis. Il est beaucoup plus prudent, selon nous, de
» procéder comme nous le faisons d'ordinaire dans nos
» classes. N'en lisez point tant à la fois, et arrêtez-vous,
» à moins que vous n'ayez besoin d'aller plus loin pour
» comprendre, au premier point. Faites ensuite un véri-
» table *mot à mot*, c'est-à-dire répétez les mots allemands,
» en donnant à chacun sa signification la plus habituelle,
» la plus voisine de l'étymologie, et reprenez ensuite en
» bon français, c'est-à-dire en traduisant d'une façon
» qui soit claire et correcte dans notre langue, sans pour-
» tant vous écarter inutilement du texte.

» Ne vous attendez pas du reste à être, pendant cette
» épreuve, aidés par le bureau, avertis de vos erreurs
» et mis dans la bonne voie. Le jury garde un silence
» qui intimide quelquefois les candidats, mais qui lui per-
» met, à lui, de les juger avec plus de sûreté. Il est si
» difficile, quand on vient au secours de celui qui est sur
» la sellette, de discerner ensuite ce qu'on lui a suggéré
» de ce qu'il a trouvé lui-même; sans compter qu'on
» favorise ainsi, sans le vouloir, en leur fournissant des
» indications dont ils pourront tirer profit, les candidats
» qui passeront plus tard. »

Dans la pratique, il peut arriver encore aux examens du professorat, qu'après cet exercice, qui n'est autre chose qu'une version orale, on fasse faire aux candidats un

---

1. Numéro du 1er août 1884.

thème oral en leur mettant entre les mains un texte français à traduire au pied levé.

Il faut s'attendre aussi à une petite conversation en allemand ou en anglais à soutenir avec l'examinateur.

Enfin, quant aux questions sur la grammaire, elles ne comporteront pas seulement une seule et laconique réponse. Elles seront posées le plus souvent de manière à fournir au candidat l'occasion de quelques développements; souvent même il sera invité à faire ses remarques sans qu'on lui indique les mots ou les phrases à relever, ainsi qu'il convient à de futurs professeurs.

« Les candidats, dit à cet égard l'auteur de l'article
» auquel j'ai déjà fait l'emprunt ci-dessus, ont à se tenir
» à égale distance d'un double écueil. Ils ne doivent pas
» se livrer à des remarques grammaticales par trop élé-
» mentaires[1]; mais ils ne doivent pas croire non plus
» qu'on exige d'eux de la haute critique littéraire ou une
» rare érudition philologique. Qu'ils signalent les lo-
» cutions intéressantes, les germanismes, les gallicismes;
» qu'ils ajoutent enfin quelques rapprochements synony-
» miques ou quelques étymologies instructives, et le jury
» sera satisfait. »


### 5° TRAVAIL MANUEL

Les épreuves du travail manuel ne sont point comprises, avons-nous dit, dans le programme des examens du professorat. Elles seront seulement exigées, à partir de 1889, pour l'admission (lettres et sciences) à Saint-Cloud et à Fontenay, et comprendront : pour les aspirants, l'exécution d'un modelage *ou* d'un travail sur le fer ou le bois ; pour les aspirantes, celle d'un travail à l'aiguille.

La préparation à des épreuves de cet ordre consiste surtout évidemment à acquérir la dextérité manuelle néces-

---

1. Cet écueil, qui peut être grave dans un examen spécial aux langues vivantes, est moins à redouter pour les épreuves qui nous occupent.

saire : affaire, par conséquent, de pratique et d'apprentissage sous la direction d'un ouvrier — ou d'une ouvrière — habile et intelligent.

Toutefois, les candidats feront bien, pour compléter et éclairer les directions qu'ils recevront à l'atelier, de se munir d'un ouvrage spécial qu'ils pourront consulter à leurs heures. Nous leur signalerons : pour les aspirants, d'abord le fascicule n° 8 du Musée pédagogique sur l'organisation du travail manuel dans les écoles normales, ensuite l'excellent petit livre de M. Victor Brudenne : *le Travail manuel*[1], — complété au besoin par l'album, publié sous le même titre d'après l'organisation de l'école de la rue Tournefort, par MM. Laubier et Bougueret[2] ; pour les aspirantes, l'ouvrage si répandu de M<sup>me</sup> W. Cocheris : *la Pédagogie des travaux à l'aiguille*[3].

---

1. Lib. Belin.
2. Lib. Hachette.
3. Lib. Delagrave.

# CONCLUSION

Nous clorons ici cette longue étude.

Je ne me suis pas proposé d'écrire un manuel à l'usage des aspirants au professorat. Me plaçant exclusivement au point de vue pédagogique, et écrivant surtout pour les candidats qui se préparent seuls, sans maîtres et sans conseils, j'ai voulu simplement les diriger dans leur entreprise. J'ai tâché de leur montrer le véritable but à atteindre, les efforts à faire, les écueils à éviter, les moyens pratiques à employer.

Les témoignages spontanés et trop flatteurs que quelques lecteurs de *l'Instruction primaire*, où a paru une première esquisse de ce travail, ont bien voulu m'adresser, et dont je tiens à les remercier ici, me donnent la satisfaction de penser que la tâche que j'avais entreprise n'aura pas été inutile.

# TROISIÈME PARTIE

---

## MODÈLES COMMENTÉS
## POUR LES DIVERSES ÉPREUVES

Nous donnons ci-après quelques modèles pour toutes les épreuves, tant écrites qu'orales et pratiques.

Les limites de cet ouvrage ne nous permettaient pas de former de ces modèles un recueil complet. Du moins nous nous sommes attaché à prendre nos sujets parmi les différentes matières du programme, de façon que dans l'ensemble aucune ne fût oubliée.

C'est ainsi que, des deux modèles de devoirs, l'un se rattache à l'histoire et à la géographie, l'autre à la morale ou à la psychologie ;

Pour les leçons, l'une est d'ordre purement littéraire, l'autre se rattache à la pédagogie grammaticale ;

Les devoirs corrigés sont, l'un une composition de littérature, l'autre un devoir de morale ;

Enfin, pour les langues vivantes, nous donnons tant pour l'anglais que pour l'allemand deux thèmes et deux versions, correspondant respectivement aux épreuves du professorat, et aux épreuves — plus faciles — de l'examen d'admission à Saint-Cloud et à Fontenay.

Tous les sujets traités sont des sujets *officiels :* on les retrouvera dans le recueil qui forme la quatrième partie de ce volume.

De même, pour l'explication orale des textes de langues vivantes, nous avons emprunté nos passages aux ouvrages portés sur la liste officielle du 4 décembre 1885.

Dans les compositions françaises ou les leçons, nous n'avons entendu viser ni à l'érudition, ni à l'éclat du style : nous ajouterons même, dussions-nous rappeler le renard de la fable, que nous nous sommes interdit avec soin toute velléité de ce genre. Ce n'est pas après avoir recommandé à nos lecteurs de s'attacher avant tout aux qualités moyennes, que nous devions donner un démenti à nos théories.

Aussi bien le mot *modèles*, inscrit en tête de cette division de notre livre, est-il peut-être trop ambitieux et, en un sens, inexact. *Spécimens* serait plus juste. Ce que nous avons voulu, c'est simplement donner aux candidats un échantillon de ce qu'on attend d'eux. Nous avons voulu qu'ils puissent se dire en connaissance de cause : « Je suis de force à faire cela (ou j'y arriverai); » ou bien : « c'est trop fort pour moi, j'y renonce, » — sans les mettre en présence d'un parangon dont l'excellence pût à tort les désespérer.

Nous avons fait mieux : nous avons accompagné ces modèles de commentaires nombreux qui permettent d'assister, en quelque sorte, à la genèse du devoir ou de la leçon.

Pour la lecture expliquée, nous n'avons pas oublié que le jury tenait compte de la diction et nous avons accompagné le texte de toutes les indications que comportait cet intéressant côté de l'épreuve.

Enfin, pour la lecture du texte anglais (à expliquer), nous avons indiqué la prononciation de chaque mot [1].

---

1. Pour les épreuves de langues vivantes, nous nous sommes assuré le concours éclairé de MM. les professeurs Mouchet et Heywood (anglais), Lutringer et Roussillon (allemand). Nous leur adressons ici nos plus cordiaux remerciments pour leur obligeante collaboration.

# ÉPREUVES ÉCRITES

---

## COMPOSITIONS FRANÇAISES

Faites connaître votre opinion sur la nécessité des tracés géographiques pour les élèves dans l'étude de l'histoire, et, comme exemple à l'appui, donnez l'exposé de la campagne de Turenne en Alsace.

### PLAN

*Entrée en matière.*

I. — *Appui que prête à l'histoire la géographie : 1° politique ; 2° physique.*

II. — *Avantages particuliers du procédé qui consiste à faire soi-même des tracés géographiques : 1° il force l'attention et seconde l'effort de la mémoire ; 2° il éclaire et démêle l'exposé du livre (comment et à quelles conditions ?) ; 3° facilités, ressources spéciales.*

III. — *Exemple à l'appui : exposé de la campagne de Turenne en Alsace.*

IV. — *Conclusion.*

Pour entrée en matière, une considération générale menant droit au sujet :

La géographie et la chronologie sont, dit un vieil adage, les deux yeux de l'histoire. Nous ajouterons volontiers, si ce n'est point abuser d'une métaphore familière, que des deux, c'est la géographie qui voit le plus clair.

Nous voici à la question. Examinons séparément :

1° La géographie politique (commencer par celle-là, parce qu'elle paraît plus évidemment se rattacher à l'histoire que la géographie physique).

**I.** — Il est évident, en effet, qu'on se condamnerait à brouiller continuellement les noms de pays et de villes si l'on ne se rendait exactement compte de leur situation. Les annexions de territoire n'offriraient à l'esprit aucune notion précise, les alliances des États entre eux, la communauté ou l'opposition de leurs intérêts ne s'expliqueraient pas sans une connaissance suffisante de la géographie politique. L'histoire ne serait plus alors qu'une science dogmatique, fastidieuse et indigeste.

2° La géographie physique.

La géographie physique a un rôle analogue. Outre qu'elle comprend, elle aussi, une foule de noms que leur importance historique nous force à retenir et à ne pas confondre entre eux, elle éclaire l'histoire d'un jour qui lui est propre. Elle explique la facilité ou la difficulté des invasions; elle donne la clef d'un plan de campagne, elle fait comprendre et justifie la situation politique et économique d'un pays : par exemple, le développement de la puissance maritime de l'Angleterre par sa situation insulaire, l'isolement relatif de l'Espagne et du Portugal par la barrière montagneuse qui les sépare du continent européen.

Passons maintenant (toujours à l'aide d'une transition) au procédé spécial dont il s'agit, c'est-à-dire au tracé.

**II.** — Ce sont là des indications qu'on trouve dans tous les atlas, mais est-ce assez de consulter les cartes? (*Transition.*) S'il s'agissait d'éclaircir un point d'histoire, peut-être pourrions-nous répondre affirmativement. Mais, du moment qu'il s'agit d'une étude suivie, un regard, même attentif, ne suffit plus. Il faut faire soi-même des tracés géographiques.

Avantages du tracé (présentés suivant un ordre logique, savoir) :

1° *Point de vue subjectif* : Il force l'attention et seconde l'effort de la mémoire.

C'est d'abord un excellent moyen de forcer l'attention, d'obliger les esprits mobiles à se fixer un peu et de ne pas permettre que les yeux seuls demeurent vainement attachés au papier, tandis que la pensée est distraite. De plus, les observations deviennent nécessairement plus précises et plus rigoureuses. Se contente-t-on de regarder la carte? Dès qu'on a vu, on croit savoir. Puis, à un moment donné, on se demande : telle ville est-elle ou n'est-pas située sur tel fleuve, est-elle en amont ou en aval de telle autre ville, de tel confluent? On n'a pas songé à le remarquer, on n'a gardé de ce simple examen, toujours trop superficiel, qu'une impression vague et insuffisante. Celui qui fait un tracé, au contraire, a constamment besoin pour diriger son crayon hésitant de s'arrêter à tous ces détails qui eussent passé inaperçus dans une simple lecture de la carte, et dont il est ainsi obligé de se rendre un compte exact et minutieux.

Est-il besoin, d'autre part, de faire remarquer combien ce procédé, qui rend toutes les notions si précises et qui fait concourir à notre étude rendue ainsi moins aride et moins monotone, une intelligente activité manuelle, doit favoriser l'effort de la mémoire? Quand viendra le moment de la revision, chaque trait, chaque lettre, aussitôt reconnus, éveilleront dans l'esprit de leur auteur tout un ensemble d'idées et de souvenirs.

2° *Point de vue objectif* : Il éclaire et démêle l'exposé du livre. (Comment et à quelles conditions?)

D'autre part (*Transition*), on peut encore reprocher aux meilleurs atlas de ne donner qu'un trop petit nombre de cartes, et des cartes trop complètes, ce qui est une fâcheuse compensation. Ce défaut est, sans doute, pour les éditeurs une nécessité d'ordre économique. Quoi qu'il en soit, l'œil s'égare au milieu d'une profusion de noms dont il n'a que faire; l'esprit, condamné à trop d'abstractions, se fatigue ou se perd. Voici, par exemple, dans un atlas classique des plus répandus et des plus estimés, une carte unique pour l'histoire de toute l'Europe de 1556 à 1648. Eh bien, pour l'étude de la seule guerre de Trente ans (1618-1648), il faudrait faire au moins six cartes : une pour chaque période (palatine, danoise, suédoise, française), une carte d'ensemble, et une autre pour l'intelligence du traité de Westphalie. S'agit-il de la courte période de vingt-trois ans qui s'étend de 1792 à 1815, ce n'est point une ou deux cartes qui peuvent suffire, c'est, — pour tant de coalitions, de guerres et de traités,—vingt ou trente au moins, plus peut-être, qu'il y aura lieu de tracer. Parfois même un seul champ de bataille, Waterloo, par exemple, le plan d'une ville (Sébastopol), devront faire l'objet d'un tracé spécial.

A ces conditions, du moins, on n'aura pas besoin de donner à ces cartes manuscrites les dimensions d'un in-folio; quoique plus petites, elles deviendront, étant beaucoup moins chargées, plus claires et plus aisées à suivre.

3° *Suite du point de vue objectif :* Facilités, ressources spéciales.

Empressons-nous d'ajouter (*Transition*) qu'il n'est pas nécessaire qu'elles présentent l'exactitude scientifique et la perfection calligraphique des cartes imprimées. On peut hardiment sacrifier les minutieuses déchiquetures des côtes, les méandres trop capricieux de certains cours d'eau, et tout ce qui n'est pas utile à l'intelligence des données historiques qu'il s'agit de compléter et d'éclaircir. Pour les montagnes, par exemple, de simples traits noirs pourront remplacer les hachures par lesquelles il est d'usage de les représenter. D'autre part, nous pourrons introduire telles mentions, tels traits, tels signes utiles (dates, marches de corps d'armée, signes indicateurs d'une bataille ou d'un traité). Nous obtiendrons de la sorte mieux qu'une carte, presque un *schema* éminemment propre à démêler l'écheveau de la leçon.

Abordons maintenant l'exemple demandé :

III. — Il est temps de montrer par un exemple l'utilité, disons mieux, la nécessité de ces tracés géographiques, et le parti qu'on en peut tirer. (*Transition.*)

Appliquons donc les principes qui précèdent à un exposé de la campagne de Turenne en Alsace pendant la guerre de Hollande.

Il s'agissait d'intercepter les secours destinés à la Franche-Comté envahie, puis de protéger l'Alsace et la Lorraine contre les forces austro-germaniques.

Le duc de Lorraine, perdant l'espoir de pénétrer en Franche-Comté, avait quitté Rhinfeld, pour joindre à Kehl le général impérial Caprara. Les contingents des cercles allaient aussi être mis sur pied. Turenne ne voulut pas laisser grossir l'orage. Suivant de l'autre côté du Rhin le mouvement du duc de Lorraine, il avait quitté Bâle et était arrivé aux portes de Strasbourg. Les ennemis se portèrent alors sur le Necker. Il repoussa le plan de Louvois, qui voulait le rappeler vers Metz ou Trèves pour couvrir la Moselle, il passa le Rhin à Philipsbourg et courut droit à l'ennemi; il rencontra les Impériaux à Sintzheim. Ceux-ci battus, ne s'arrêtèrent qu'au delà du Necker, pour reculer encore jusque derrière le Mein. Le Palatinat, ainsi abandonné, fut impitoyablement ravagé.

L'armée des fuyards s'étant renforcée, Turenne repassa le Rhin et vint se cantonner entre Landau et Wissembourg. Mais les Impériaux franchirent le Rhin à Mayence, et s'avançaient sur Philipsbourg, menaçant à la fois la Lorraine et l'Alsace. Le roi, à l'instigation de Louvois, rappela Turenne en deçà des Vosges. Mais Turenne ne voulut pas abandonner l'Alsace : le roi céda. Les ennemis mouraient de faim dans un pays dévasté, et, n'osant attaquer

## — Croquis à faire —

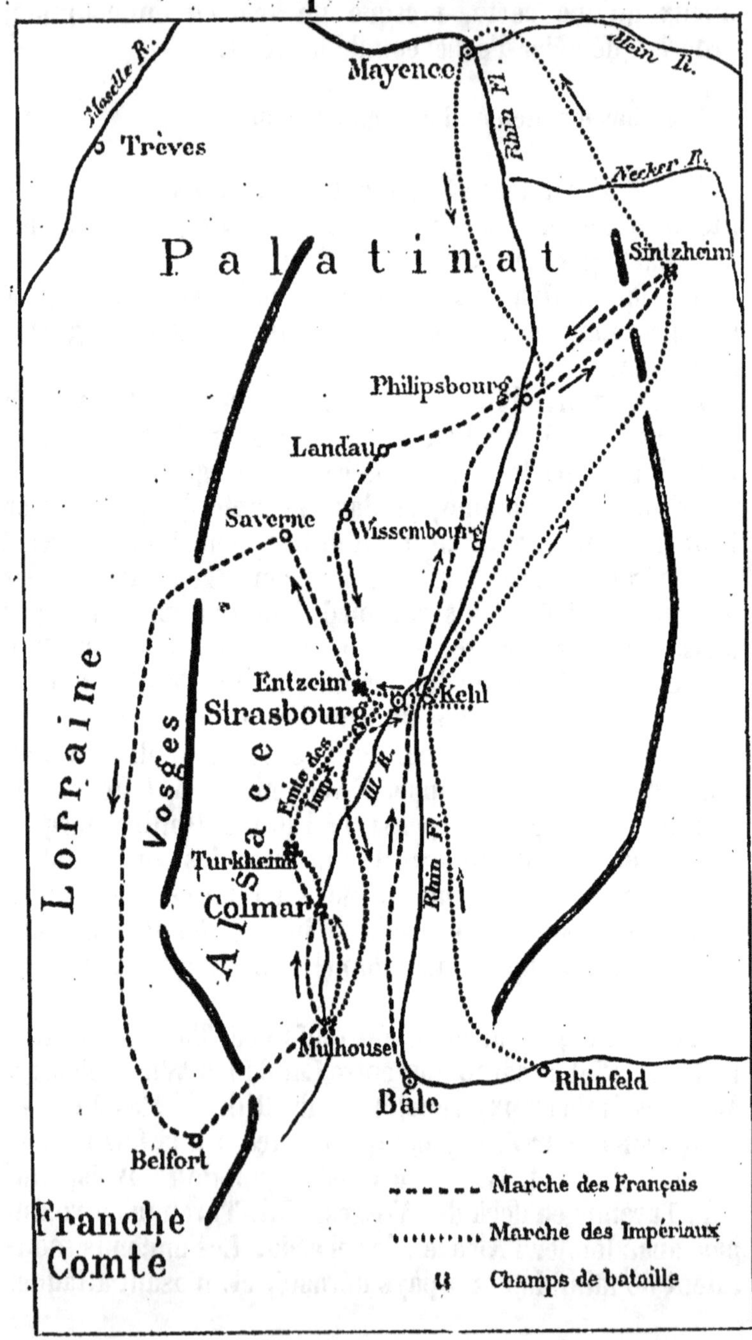

les Français de front, ils repassèrent le Rhin et se présentèrent par l'est devant Strasbourg, qui leur ouvrit ses portes, dans l'espoir de conserver ses franchises impériales. Turenne, trompé par cette défection, courut sus aux ennemis, les battit à Entzheim, et les força à se retirer sous le canon de Strasbourg. Cette victoire lui permit de se replier lentement sur Saverne : l'électeur de Brandebourg arrivait avec 22000 hommes. L'hiver étant venu, les Allemands, après avoir vainement essayé de débusquer Turenne, se dispersèrent sur l'Ill, le long des places de cette rivière, avec le projet de pénétrer dans la Comté au printemps suivant, tandis que les troupes françaises filaient à travers les Vosges en Lorraine pour y prendre leurs quartiers d'hiver. Cette retraite fut considérée par les ennemis comme un abandon définitif de l'Alsace, et augmenta leur confiance. Mais Turenne avait divisé son armée en trois corps, qui devaient, malgré les difficultés inouïes d'une telle marche en plein hiver, longer la chaîne des Vosges et se réunir à Belfort. C'est de là que, coupant les Impériaux de la Comté, il fondit tout à coup sur eux, les battit à Mulhouse, prit Colmar et défit encore, à Turkheim, les fuyards qui y étaient allés rejoindre l'électeur. Tout s'enfuit à la débandade sur Strasbourg, et, le 11 janvier, il n'y avait plus un seul Allemand en Alsace. La campagne, « peut-être la plus belle que présente la tactique militaire de l'ancienne France », était terminée[1].

---

[1]. Étant donné le sujet du devoir, on comprend qu'il fallait, dans cet exposé, s'attacher principalement à tout ce qui présentait un intérêt topographique. Il eût été, par exemple, hors de propos d'insister sur l'incendie du Palatinat, sur le dévouement des troupes de Turenne pour leur général, etc. On pouvait de même négliger d'indiquer les dates et l'effectif des armées ou des renforts, afin de s'en tenir le plus possible aux seules données que le tracé géographique pouvait et devait éclaircir.

Celui que nous donnons ci-contre, comme tous ceux, d'ailleurs, que les élèves pourraient faire, ne saurait présenter une exactitude bien rigoureuse, ni au point de vue géographique, ni même au point de vue historique. C'est à quoi, du reste, nous n'avons pas visé, nous attachant à produire en quelque sorte, comme nous l'avons dit, un *schema* plutôt qu'une carte, car il y a dans toute étude certaines quantités né-

Conclusion :

IV. — On voit, par cet exemple, combien serait aride, difficile et incertaine l'étude de cette page d'histoire, si l'on n'avait soin de l'éclairer et de la compléter par un tracé géographique. Pour suivre sûrement l'exposé du texte, et pour arriver à se reconnaître clairement, au milieu de tant de marches et de contremarches, pour que la mémoire surtout retienne plus fidèlement la leçon ainsi comprise et apprise, l'élève ne doit pas se contenter de la suivre sur un atlas. Il faut qu'il la jalonne lui-même en faisant courir son crayon sur le papier, de l'ouest à l'est et du nord au sud, à la suite des événements, au fur et à mesure que le récit se déroule dans le manuel qu'il étudie.

---

## Que pensez-vous de ce mot : « l'intention vaut le fait »? Est-il juste? et dans quelle mesure?

PLAN

*Entrée en matière.*
*Examen du principe :*
I. — *Dans la loi positive (accessoirement) ;*
II. — *Dans la loi morale : (a) Exposé et critique de la doctrine qui l'admet absolument (casuistes) ;*
III. — *(b) Exposé et critique de la doctrine qui le repousse absolument (jansénistes) ;*
IV. — *Conclusion : Il faut l'admettre sous certaines réserves.*

Pour entrée en matière, une considération générale menant droit au sujet :

---

gligeables qu'il faut savoir sacrifier dans l'intérêt de la simplicité et de la clarté, suivant le but qu'on se propose et le public auquel on s'adresse.

Il faut se méfier des aphorismes. Sans parler de ceux qui n'expriment que de franches hérésies, il y en a qu'on jette tous les jours dans la conversation familière, et dont ceux-là mêmes qui les prononcent n'entendraient pas soutenir, dans une discussion sérieuse, la stricte exactitude. Au premier abord, le sens commun indique assez que celui qui nous est proposé appartient à cette catégorie.

Nous y voici. Il s'agit d'une pensée dont on nous demande d'apprécier la portée morale : c'est donc au point de vue de la loi morale que nous devons nous placer. Néanmoins, en présence des termes généraux dans lesquels est posée la question, il n'est pas inutile de considérer ce que devient ce principe dans la loi positive : notre travail n'en sera que plus complet, et puis le rapprochement est intéressant. Mais, comme ce point de vue n'est qu'accessoire, il faudra se garder d'y insister. C'est, en outre, pour la même raison, que nous commencerons par là, afin de déblayer tout de suite le terrain :

I. — C'est ainsi qu'un créancier ne saurait se contenter du désir platonique que son débiteur peut avoir de le payer : il exige — et la loi avec lui — qu'on le désintéresse d'une manière effective.

(« Et la loi avec lui » nous offre une transition.)

Remarquons cependant que, même au point de vue du droit positif, les cas de *force majeure*, de *bonne foi*, apportent déjà des tempéraments notables à la rigueur des obligations qui nous lient. La loi pénale considère encore comme un simple délit l'homicide *par imprudence*, et, dans les cas de coups et blessures graves, elle s'enquiert si l'agresseur a voulu ou n'a pas voulu donner la mort. Enfin, elle assimile au crime lui-même la simple tentative de crime, si l'acte n'a été entravé que par des circonstances indépendantes de la volonté de son auteur [1].

---

1. On remarquera que ce sont là des notions juridiques qui ne demandent point de connaissances spéciales, et que tout le monde possède.

Passons au point de vue purement moral. — Transition :

II. — Mais tandis que, au point de vue juridique, la question se trouve résolue par les textes légaux, le problème présente, au point de vue purement moral, — le seul dont nous ayons véritablement à nous préoccuper ici, — de plus graves incertitudes.

Examen de l'affirmative. 1° Exposé de la doctrine.

Sous ce rapport donc, c'est-à-dire aux yeux seuls de la conscience, *l'intention vaut-elle le fait?*
Oui, disent les uns.
J'ai été matériellement empêché d'accomplir tel projet que j'avais arrêté? En suis-je comptable moralement au même degré, au même titre que si je l'avais mis en effet à exécution? Sans aucun doute. On ne saurait équitablement, pour apprécier d'après ses actes la valeur morale d'un individu, faire état des circonstances qui ont pu le mettre dans l'impossibilité d'agir, ou qui ont donné aux faits dont il est l'auteur des conséquences contraires à ses prévisions, à la fin qu'il se proposait; ses desseins seuls lui sont imputables.

2° Critique.

Ce point semble évident. Un tel principe néanmoins (*Transition*) peut paraître fort commode et ne laisse pas de présenter de grands dangers. Les âmes molles ou trop complaisantes pour elles-mêmes y pourraient trouver trop aisément une excuse à leurs fautes ou à leurs défaillances. Il y a plus : l'intention ne pouvant jamais être pénétrée avec certitude, qui oserait se prononcer sur la valeur morale d'un acte? Voilà la porte ouverte au mensonge, à l'hypocrisie!
Telle est cependant la morale des casuistes, qui en acceptent, en les justifiant, les conséquences les plus funestes. Grâce à ce qu'ils ont appelé, par un ingénieux euphémisme, la *direction d'intention*, les actions les plus

odieuses se trouvent justifiées ou même glorifiées. Quelqu'un a-t-il commis un faux témoignage? C'était pour sauver un malheureux! Ou, si la déposition doit faire condamner injustement l'accusé, c'était en vue de l'intérêt supérieur d'une grande et excellente cause! L'imposture, la délation, la trahison peuvent être travesties en vertus dans une semblable doctrine. Et comme il n'est pas, pour ainsi dire, d'acte si condamnable qui ne puisse être envisagé favorablement par un certain côté, il n'y a en quelque sorte plus de fautes, plus de bassesses, plus de crimes : il n'y a plus de morale!

Examen de la négative. 1° Exposé de la doctrine.

III. — De semblables conséquences ne pouvaient manquer de soulever l'indignation des esprits droits et austères (*Transition*). Et c'est par une réaction contraire que Pascal et les jansénistes vont jusqu'à ne tenir presque aucun compte de l'intention. Pour eux, nous sommes responsables de tous nos actes, à la seule condition que, les faisant, nous ayons réellement voulu les faire, et alors même que nous en eussions ignoré très sincèrement la portée morale. Si l'acte, disent-ils, ne valait que par l'intention, s'il fallait nettement démêler celle-ci, et surtout la juger au milieu du trouble des sentiments de l'agent, de l'indécision de sa volonté et en faisant la part de son imperfection psychologique, ce serait là une tâche impossible jusque pour l'agent lui-même, et l'on en arriverait ainsi à la négation de tout critérium moral.

2° Critique.

Nous ne saurions admettre cette théorie rigoureuse (*Transition*). Eh! quoi! pèche-t-on alors qu'on n'a pas cru, qu'on n'a pas voulu pécher? Et celui qui pèche de la sorte est-il aussi coupable que s'il péchait sciemment? L'injustice d'une telle doctrine paraît manifeste à notre raison et à notre conscience. Sans doute il peut arriver que nous nous trompions sur les intentions d'autrui, et même quelquefois, nous l'accordons, sur le mérite des nôtres propres. Mais est-ce à dire que nous soyons toujours condamnés à l'erreur sur ce point? Dans l'immense majorité des cas, au contraire, n'avons-nous pas des données suffisantes pour porter un jugement avec assurance, sinon avec cette certitude absolue qui n'appartient qu'aux mathématiques? Sans doute encore, le critérium que nous offre Pascal a l'avantage de se dérober beaucoup moins et de rendre plus facile l'appréciation morale des actes. Mais est-ce une raison pour l'accepter, s'il doit égarer nos jugements?

Pascal semble inscrire en tête de la loi morale ce principe qui domine la loi positive, que l'ignorance qu'on en peut avoir n'est pas une excuse recevable. Mais, du moins, en ce qui concerne la loi positive, un haut intérêt social imposait au législateur une rigueur qui semble injuste, et qui le serait véritablement si cette loi n'avait pas été formulée d'une manière précise par une autorité certaine, et si nous n'avions la possibilité matérielle de nous en instruire[1]. En est-il de même pour la loi morale? Qui donc a fixé d'une manière sûre, exacte, invariable les limites du bien et du mal? C'est encore au fond de notre conscience que nous trouvons sur ce point la meilleure règle à suivre. Cette règle n'est point immuable, il est vrai; elle pourra plus ou moins dépendre du tempérament, du milieu des circonstances : d'accord. Mais où prendre l'absolu? Pascal nous l'indiquera-t-il? Et comment condamner les actes et les individus d'après cet absolu que l'on cherche encore?

D'ailleurs, ces divergences ne sont que l'exception. En dépit de toutes les influences, le fond de la loi morale reste constant, et, sauf quelques cas d'un intérêt purement spéculatif, elle parle la même langue et se fait également entendre dans toutes les consciences.

---

1. Cet intéressant rapprochement entre la loi positive et la loi morale, en rappelant nos considérations juridiques du début, rattache ce premier paragraphe à la suite de notre travail, auquel il donne ainsi l'unité qu'il doit avoir.

Conclusion :

IV. — Revenons-en donc à la morale de l'intention : c'est la seule possible et la seule juste! Mais examinons de près cette intention. Qu'elle soit sincère et qu'elle soit ferme. Arrière les faux-fuyants et les raisons spécieuses! Si une éducation vicieuse ou criminelle n'a point oblitéré notre sens moral, chacun de nous l'aura assez droit et assez clairvoyant pour sonder ses propres desseins. Qu'il fasse tout ce qui est en lui pour connaître son devoir et pour le remplir, — on ne saurait lui en demander davantage, — et qu'il puisse être certain alors d'avoir bien agi. Lui laisser quelque incertitude à cet égard serait risquer de le faire hésiter dans l'accomplissement des meilleures résolutions, le faire douter de la morale elle-même.

Si donc l'intention remplit cette double condition d'être ferme et sincère, il n'est pas douteux qu'elle doive moralement valoir le fait.

---

# LANGUES VIVANTES

---

## LANGUE ANGLAISE

### Thème anglais.

(TEXTE)

(Date du jour de l'examen, à écrire en toutes lettres et en anglais.)

*M. Jourdain.* Holà! monsieur le philosophe, vous arrivez tout à propos avec votre philosophie. Venez un peu mettre la paix entre ces personnes-ci.

*Le maître de philosophie.* Qu'est-ce donc? qu'y a-t-il, messieurs?

*M. Jourdain.* Ils se sont mis en colère pour la préférence de leurs professions, jusqu'à se dire des injures et en vouloir venir aux mains.

*Le maître de philosophie.* Eh quoi ! messieurs, faut-il s'emporter de la sorte ? et n'avez-vous point lu le docte traité que Sénèque a composé de la colère ? Y a-t-il rien de plus bas et de plus honteux que cette passion, qui fait d'un homme une bête féroce ? et la raison ne doit-elle pas être maîtresse de tous nos mouvements ?... Un homme sage est au-dessus de toutes les injures qu'on lui peut dire ; et la grande réponse qu'on doit faire aux outrages, c'est la modération et la patience.

*Le maître d'armes.* Ils ont tous deux l'audace de vouloir comparer leurs professions à la mienne ?

*Le maître de philosophie.* Faut-il que cela vous émeuve ? Ce n'est pas de vaine gloire et de condition que les hommes doivent disputer entre eux : et ce qui nous distingue parfaitement les uns des autres, c'est la sagesse et la vertu.

*Le maître à danser.* Je lui soutiens que la danse est une science à laquelle on ne peut faire assez d'honneur.

*Le maître de musique.* Et moi, que la musique en est une que tous les siècles ont révérée.

*Le maître de philosophie.* Et que sera donc la philosophie ?    (MOLIÈRE, *le Bourgeois gentilhomme*, II, VI.)

(Professorat, aspirants, juillet 1886.)

### Corrigé.

The second of July, Eighteen hundred[1] and eighty-six.

*M. Jourdain.* Hollo, philosopher[2], you come very opportunely with your philosophy. Come and make a little peace among these gentlemen.

*Professor[3] of philosophy.* What is it ? what is the matter, gentlemen ?

*M. Jourdain.* They have put themselves in a passion about the superiority of[4] their professions, even to[5] abusing each other, and nearly coming to blows[6].

*Professor of philosophy.* What! gentlemen, is it necessary to fire up in this manner? Have you not read the learned treatise that Seneca wrote on anger? Is there anything viler and more shameful than this passion which makes a wild beast of a man? and ought not reason to[7] be mistress af all our movements? A wise man is above all the abuse that can be said to him, and the great answer that one should[8] make to insults is moderation and patience.

*Fencing-master.* They both have the audacity to compare their professions to mine.

*Professor of philosophy.* Did that provoke you? It is not of vain glory and rank that men should dispute between themselves; and that which distinguishes us perfectly from each other is wisdom and virtue.

*Dancing-master.* I maintain that dancing is a science to which one can never[9] do sufficient honour.

*Music-teacher.* And I, that music is one that all ages[10] have revered.

*Professor of philosophy.* And what do you make of philosophy[11]?

REMARQUES

1. On pourrait dire aussi : *One thousand eight hundred and eighty-six.*

2. Dans ces expressions : « Monsieur le philosophe, Monsieur votre père, Monsieur le colonel », les Anglais n'emploient jamais *sir* ni *mister*, qui sont, l'un ou l'autre, selon le cas, les équivalents de « Monsieur ». Ils disent simplement : *Philosopher, your father, Colonel.*

3. Pour le haut enseignement (philosophie, droit, mathématiques, etc.), il est d'usage, en Angleterre, de donner au maître le titre de *professor.* Le mot *master* ne s'applique qu'à l'enseignement élémentaire et aux arts d'agrément (musique, danse, escrime, etc.).

4. « La préférence de leurs professions » pourrait se traduire : *the preference due to their professions.* La phrase que nous avons donnée est plus anglaise.

5. *Even to.* Voy. la note 4, donnée pour l'épreuve d'explication orale, p. 244. (Manières de traduire « jusque ».)

6. L'anglais dit « venir aux coups ».

7. Les candidats n'oublieront pas qu'après tous les auxiliaires,

excepté le défectif *ought*, la préposition *to* se supprime devant l'infinitif.

8. Certains verbes défectifs, employés le plus souvent comme auxiliaires, peuvent être des verbes indépendants : ainsi *shall* a souvent le sens de *devoir*, à la seconde et à la troisième personne de l'imparfait, qui sert aussi de conditionnel : « *You should have done your work.* Vous auriez dû faire votre travail. »

9. L'anglais emploie souvent *never*, jamais, là où le français dit simplement « ne pas », « ne point » : « Je n'ai pu comprendre ce que disait le prédicateur. *I could never understand what the preacher said.* »

10. La traduction littérale de « siècle » est *century*, mais *century* désigne une période définie de cent ans; *age* a un sens plus général qui convient mieux ici.

11. Littéralement : « Et que faites-vous donc de la philosophie? » Une traduction mot à mot du texte français serait ici contraire au génie de la langue anglaise!

---

## Version anglaise.

### (TEXTE)

It is a sort of paradox, but it is true : we are never more in danger than when we think ourselves most secure, nor in reality more secure than when we seem to be most in danger. Both sides of this apparent contradiction were lately verified in my experience. Passing from the greenhouse to the barn, I saw our three kittens looking with fixed attention at something, which lay on the threshold of a door : coiled up. I took but little notice of them at first; but a loud hiss engaged me to attend more closely, when behold — a viper! the largest I remember to have seen, rearing itself, darting its forked tongue, and ejaculating the afore mentioned hiss at the nose of a kitten, almost in contact with his lips. I ran into the hall for a hoe with a long handle, with which I intended to assail him, and returning in a few seconds missed him : he was gone, and I feared had escaped me. Still, however, the kitten sat watching immovably upon the same spot. I concluded, therefore, that, sliding between the door and the threshold, he had found his way out of the garden into the yard. I went round immediately, and there found him in close conversation with the old cat, whose curiosity being excited by so novel an appearance, inclined her to pat his head repeatedly with her forefoot; not in anger, however, but in the way of philosophical inquiry and examination. To prevent her falling a victim to so laudable an exercise of her talents, I interposed with the hoe, and performed an act of decapitation, which though not immediately mortal proved so in the end. Had he slid into the passages, where it is dark, or had he, when in the yard, met with no interruption from the cat, and secreted himself in any of the outhouses, it is hardly possible but that some of the family must have been bitten; he might have been trodden upon without being perceived, and have slipped away before the sufferer could have well distinguished what foe had wounded him.

William Cowper.

(Professorat, aspirantes, juillet 1886.)

### Traduction.

C'est une espèce de paradoxe, mais c'est vrai : nous ne sommes jamais plus en danger que quand nous croyons être le plus en sûreté, et jamais plus en sûreté que quand nous semblons être le plus en péril. J'ai dernièrement vérifié par l'expérience les deux termes de cette contradiction apparente. Allant de la serre[1] à la grange, je vis nos trois petits chats regardant avec une attention soutenue quelque chose de replié sur soi qui se trouvait sur le seuil de la porte. Je pris d'abord peu garde à eux, mais un fort sifflement me fit regarder de plus près; tout à coup[2] j'aperçus — une vipère! la plus grosse que j'eusse jamais vue, autant qu'il m'en souvient, prenant son élan[3], dardant sa langue fourchue et lançant le susdit sifflement au nez de l'un des petits chats, presque à toucher ses lèvres. Je courus au vestibule[4] chercher une houe à long manche pour tuer la bête, et revins quelques secondes après, mais sans la trouver; elle était partie, et je craignais qu'elle ne m'eût échappé tout à fait. Cependant le chat restait immobile, les yeux fixés à la même place. J'en conclus que la vipère, se glissant entre le seuil et la porte, était passée du jardin dans la cour. Je me rendis immédiatement dans la cour et y trouvai la vipère en tête à tête avec le vieux chat, dont la curiosité était excitée par une apparition si nouvelle[5] et qui caressait la tête avec une de ses pattes de devant, sans colère, bien plutôt pour l'examiner d'une façon philosophique. Pour empêcher le chat de devenir[6] la victime de la façon si louable dont il employait ses talents, je m'interposai avec la houe, et coupai la tête de la vipère qui mourut bientôt après.

Si cet animal s'était glissé[7] dans le couloir où il fait sombre, ou si dans la cour il n'eût pas été arrêté[8] par le chat et se fût caché dans une des dépendances de la maison, quelqu'un de la famille eût été probablement mordu[9]; on eût marché sur la bête sans la voir, et elle eût pu s'esquiver avant que sa victime pût distinguer quel ennemi l'avait blessée.

REMARQUES

Les candidats trouveront plus de difficulté dans cette première version que dans la suivante : la raison en est que la forme est plus familière dans ce premier exercice, la construction est, par suite, plus éloignée du français, et les mots sont en bien plus grand nombre relativement d'origine saxonne.

1. *Green-house*, littéralement maison verte, serre.

2. *Behold.* Il n'est pas possible, sans transformer beaucoup la phrase, de traduire exactement cette exclamation dont le sens est voici, voilà que, voyez. Nous la remplaçons par le verbe *to behold*, en exprimant par « tout à coup » la rapidité de l'action.

3. *Afore*, terme vieilli signifiant : devant, auparavant, précédemment. *Afore mentioned*, précédemment mentionné.

4. *Hall*, mot d'un usage très fréquent en anglais, pouvant signifier, entre autres choses, vestibule, corridor, entrée, office; hôtel de ville, palais de justice, château, salle, grande salle.

5. Remarquez la construction : *So novel an appearance*, analogue à *Such a gentleman* dans la version suivante.

6. *To prevent her falling.* Après *to prevent*, on met le verbe au participe présent, précédé ou non de la préposition *from*. Remarquez aussi que le participe présent s'emploie souvent

comme nom. S'il s'agissait d'un chien au lieu d'un chat, on pourrait dire, en employant *him* ou *his* : *To prevent him from falling : to prevent his falling.*

7. *Had he slid* : Nous avons traduit « s'il s'était glissé », pour s'il avait glissé, qui, littéralement, donnerait en anglais : *If he had slid.* Dans ces sortes de phrases où le verbe de la proposition principale est au conditionnel, et où le verbe de la proposition conditionnelle peut se mettre à l'imparfait du subjonctif, ou se construire soit avec *should*, soit avec l'imparfait du subjonctif *I were* suivi de l'infinitif, la conjonction *if* se sous-entend le plus souvent, et l'on place l'auxiliaire devant le sujet.

8. *Met with no interruption*, littéralement « s'il n'avait rencontré aucune interruption (opposition) de la part du chat ». Les candidats verront facilement le sens et la traduction exacte, française : « S'il n'eût pas rencontré le chat, été arrêté par le chat. »

9. *Hardly possible but that...* Les deux négations *hardly* et *but* se détruisent, et il reste : il est possible que quelqu'un de la famille eût été mordu. A cause de *hardly* et *but*, la phrase a cependant un sens plus affirmatif que nous avons rendu par « probablement ». — Traduisant littéralement, on aurait : « Il est à peine possible excepté que quelqu'un de la famille devrait avoir été mordu, » ou « rien n'est possible, si ce n'est que... »

Le mot *but* a des sens différents selon sa nature. Il est adverbe et signifie « ne que, seulement », comme *only* : « *My father has but one horse*, mon père n'a qu'un cheval » ;

Il est préposition et signifie « excepté ». « *I have lost all but life and honour*. J'ai tout perdu, excepté la vie et l'honneur » ;

Il est conjonction et signifie « mais ». « *You have a horse, but you have no carriage*. Vous avez un cheval, mais vous n'avez pas de voiture » ;

Il est pronom relatif, équivaut à *that not* et signifie « qui ne ». « *No man but condemns such behaviour*. Il n'y a personne qui ne condamne une pareille conduite. »

---

## Thème anglais.

(TEXTE)

### EDMOND SPENSER

Edmond Spenser, un des plus grands poètes anglais, naquit à Londres vers 1553 : nous ne connaissons pas la date précise de sa naissance. Il étudia pendant sept ans à l'Université de Cambridge, qu'il quitta après avoir pris le grade de maître ès arts. En 1579, il publia son premier poème, et il le dédia à Sir Philip Sidney, qui devint son protecteur. Après l'insurrection de Desmond, les terres de ce puissant seigneur irlandais furent confisquées par la reine Elisabeth et données à des Anglais. Spenser obtint du gouvernement une concession de plus de trois mille arpents, à condition qu'il résiderait en Irlande. Ce fut dans le sud de l'Irlande, au château de Kilcolman, qu'il composa son chef-d'œuvre, « la Reine des Fées », dont les trois premiers livres furent publiés en 1590. Spenser mourut à Londres, neuf ans plus tard, le 16 janvier 1599.

(Saint-Cloud, juillet 1876.)

## Corrigé.

### EDMUND SPENSER

Edmund Spenser, one of the greatest English poets, was born [1] in London about 1553. The exact date of his birth is not known [2]. He studied for seven years at the university of Cambridge, which he left after having taken [3] the degree of master of arts [4]. In 1579, he published his first poem, and dedicated it to Sir Philip Sidney, who became his patron [5]. After Desmond's insurrection, the lands of that powerful Irish lord [6] were confiscated by queen Elisabeth, and given to Englishmen. Spenser obtained from the Government a grant of more than [7] three thousand acres, on condition that he should reside in Ireland. It was at the castle of Kilcolman [8] in the south of Ireland, that he composed his greatest work [9], « The Faery Queen », of which the first three books were published in 1590. Spenser died in London, nine years later, January 16th 1599.

### REMARQUES

1. « Naître » se traduit par *to be born*.
2. *Is not known*. Voy. ci-après le Modèle d'explication orale du texte anglais, note 2.

3. Tout verbe précédé immédiatement d'une préposition se met au participe présent. *To*, devant l'infinitif, est employé comme *particule* (et non comme préposition).

4. *Master of arts* correspond à licencié ès lettres.

5. *Protecteur* pourrait se traduire par *protector*. *Patron* est le terme littéraire.

6. *Lord* est habituellement un titre nobiliaire. On l'emploie quelquefois dans le sens de propriétaire, — propriétaire du sol, — surtout en parlant de l'Irlande du temps d'Elisabeth. Aujourd'hui, on dirait plutôt *nobleman*; *landlord* se dit aussi de celui qui tient un *public-house* (cabaret); *landlady*, de la personne, de la femme qui tient un *boarding-house* (pension bourgeoise).

7. Remarquer la traduction « plus que » (*more than*), au lieu de « plus de ».

8. *Kilcolman*, comté de Cork.

9. « Son chef-d'œuvre ». Le mot *chef-d'œuvre* est fréquemment employé en anglais. La traduction littérale est *master piece*, qui pourrait se mettre ici, au lieu de *greatest work*.

---

**Version anglaise.**

(TEXTE)

### AMALGAMATION OF RACES

In no country has the enmity of race been carried further than in England. In no country has that enmity been more completely effaced. The stages of the process by which the hostile elements were melted down into one homogeneous mass are not accurately known to us. But it is certain that, when John became king, the distinction between Saxons and Normans was strongly marked, and that before the end of the reign of his grandson it had almost disappeared. In the time of Richard the First the ordinary imprecation of a Norman gentleman was : « May I become an Englishman! » His ordinary form of indignant denial was : « Do you take me for an Englishman? » The descendant of such a gentleman a hundred years later was proud of the English name.

(Fontenay-aux-Roses, juillet 1886.)

## Traduction.

### FUSION DES RACES

En aucun pays l'inimitié des races n'a été plus loin qu'en Angleterre; en aucun pays cette inimitié n'a été plus complètement effacée.

Les phases de l'opération par laquelle les éléments hostiles se sont fondus en une masse homogène ne nous sont pas parfaitement connues. — Mais il est certain que, quand Jean devint roi, la distinction entre les Saxons et les Normands était fortement marquée, et qu'avant la fin du règne de son petit-fils, elle avait presque disparu. Au temps de Richard Ier, l'imprécation ordinaire d'un gentilhomme normand était : « Que je devienne Anglais[1] ! »

La forme habituelle de dénégation indignée était : « Me prenez-vous pour un Anglais? »

Cent ans plus tard, le descendant d'un tel homme était fier du nom d'*Anglais*.

### REMARQUES

Cette version est extrêmement facile; il n'y a nulle part de difficulté et presque partout la traduction littérale peut être donnée.

1. *May I become an Englishman*, pourrait se dire : « Puissé-je devenir Anglais! » La forme « Que je devienne Anglais! », plus familière, est plus conforme que la première au tour ordinaire des imprécations françaises.

Remarquez la présence de l'adjectif indéfini avant le mot *Englishman*.

---

# LANGUE ALLEMANDE

## Thème allemand.

### (TEXTE)

L'éducation est de tous les âges : elle commence et finit avec nous. Il y a sans doute pour chaque âge une éducation particulière ; mais ces éducations particulières doivent s'enchaîner l'une à l'autre, comme l'enfance s'enchaîne à la jeunesse, la jeunesse et l'âge mûr à la vieillesse. L'éducation doit donner à chaque âge la perfection qui lui est propre, et en même temps le préparer à l'âge qui va venir.

Dans l'enfant, il faut voir l'homme : voilà le point de vue de l'avenir. Mais, dans l'enfant, il faut voir aussi l'enfant, c'est-à-dire qu'il y a pour la première enfance, comme pour les autres âges, un genre de perfection qui doit servir de but à l'instituteur. Mais quelle est cette perfection ? L'enfant nous en donne l'idée dans ses moments les plus aimables. En effet, si vous observez attentivement l'enfance, vous verrez qu'elle a des jours heureux où la nature fait toute seule son éducation et la fait mieux que personne. Dans ces bons instants, l'enfant est tout ce qu'il peut être : il a la perfection de son âge.

SAINT-MARC GIRARDIN.

(Professorat, aspirantes, juillet 1886.)

**Corrigé.**

Die Erziehung ist von allen Zeiten : sie beginnt und endet mit uns. Allerdings giebt es[1] für jedes Alter eine eigene Erziehung, aber diese besonderen Erziehungen müszen in Zusammenhang sein[2] wie die Kindheit mit der Jugend, diese mit dem reifen Alter, das Mannesalter mit dem Kreisenalter zusammenhängt. Die Erziehung musz jedem Alter die ihm geeignete[3] Vollkommenheit geben und es zugleich fur ein kommendes Alter vorbereiten.

Im Kinde musz man den Erwachsenen voraussehen. Das ist der Gesichtspunkt der Zukunft. Aber im Kinde musz man auch das Kind nicht vernachlässigen. Es giebt fürs erste wie fur die folgenden Alter[4] eine Art von Vollkommenheit die dem Lehrer als Zielpunkt dienen soll. Was ist aber dies er Zielpunkt? Von dieser Vollkommenheit giebt uns das Kind einen Begriff wenn es sich in seinen liebenswürdigsten Augenblicken befindet.

Und in der That beobachten Sie aufmerksam die Kindheit, so werden Sie sehen, dasz es für sie harmlose Tage giebt wo die Natur ganz allein sich der Erziehung benimmt [5] und sie am besten besorgt. In jenem glücklichen Augenblicken ist das Kind alles was es sein kann : es hat die Vollkommenheit seines Alters.

### REMARQUES

1. *Il y a*, gallicisme à traduire par « il donne ».
2. ... *Doivent s'enchainer*, traduire par : « doivent être en liaison ».
3. *Qui lui est propre*, traduire cette proposition par l'adjectif seulement : « la à lui propre ». Remarquer aussi la suppression de *zu* devant *vorbereiten*, à cause de l'auxiliaire de mode *müszen*.
4. Traduire : « pour le premier comme pour les âges suivants ».
5. Traduire les deux *fait* par « s'occupe » et « soigne ».

---

### Version allemande.

(TEXTE)

### L'AGRICULTURE

Glücklich der Fusz, welcher über weite Flächen des eigenen Grundes schreitet; glücklich das Haupt welches die Kraft der grünenden Natur einem verständigen Willen zu unterwerfen weisz! Alles was den Menschen stark, gesund und gut macht das ist dem Landwirth zu Theil geworden. Sein Leben ist ein unaufhörlicher Kampf, ein endloser Sieg. Ihm stählt die reine Gottesluft die Muskeln des Leibes, und die uralte Ordnung der Natur regelt auch den Lauf seiner Gedanken. Er ist der Priester welcher Zucht und Sitte, die ersten Tugenden eines Volkes, zu hüten hat. Wenn andere Arten nützlicher Thätigkeit veralten die seine ist so ewig, wie das Leben der Erde; wenn andere Arbeit den Menschen in enge Mauern einschlieszt, sein Blick hat nur zwei Grenzen, oben den blauen

Himmel und unten den festen Boden. Auch dem Städter ist die grüne Saat und das Rind auf der Weide, Waldesgrün und Wiesenduft eine Erquickung des Herzens ; aber stolzer und edler ist das Behagen des Mannes, der mit dem Bewusztsein über seine Flur schreitet : dies Alles ist mein, meine Kraft erschuf es, und mir gereicht es zum Segen.                      FREINTAG.

(Professorat, aspirants, juillet 1886.)

## Traduction.

Heureux l'homme dont le pied[1] parcourt, dans sa vaste étendue, le domaine dont il est le maître[2]. Heureux celui qui sait soumettre à sa volonté réfléchie[3] les forces de la nature verdoyante. Tout ce qui donne à l'homme la force, la santé, la bonté est échu en partage[4] au cultivateur. Sa vie est une lutte sans trêve, un triomphe sans fin. L'air pur que Dieu lui envoie[5] trempe ses muscles, et le cours de ses pensées suit l'ordre éternel de la nature. Il est le prêtre chargé de veiller à l'ordre social et aux bonnes mœurs, premières vertus d'un peuple. Tandis que l'activité de l'industrie humaine vieillit et se transforme[6] sans cesse, son labeur se perpétue, éternel comme la vie de la terre elle-même. Tandis que d'autres travaux emprisonnent les hommes entre des murs étroits, le laboureur n'a son regard borné au-dessus de sa tête que par l'azur du ciel, à ses pieds que par la terre ferme. Les semailles verdissantes, le bétail paissant, les forêts feuillues, les prés embaumés réjouissent[7] l'âme du citadin lui-même[8], mais plus fière et plus noble est la satisfaction de l'homme qui parcourt pas à pas son domaine avec ce sentiment intérieur : tout ceci m'appartient, c'est le fruit de mes sueurs, c'est aussi pour moi une source de bénédictions[9].

REMARQUES

1. Remarquer cette synecdoque.
2. *Eigen*, propre. Périphraser par : « dont il est le maître ».
3. Autre synecdoque.

4. *Zu Theil geworden, zu Theil werden,* expression verbale : « être le partage. »

5. Littéralement : « L'air pur de Dieu lui trempe... »

6. Mot à mot : « Si d'autres genres d'activité utile vieillissent. »

7. Mot à mot : « est une réjouissance. » Remarquer l'emploi du verbe au singulier, quoique régi par plusieurs sujets.

8. Littéralement : « une réjouissance pour le cœur du citadin aussi. » Il est difficile de rendre le mot *auch,* aussi la phrase allemande perd-elle à la traduction.

9. Littéralement : « et cela me revient en bénédiction. »

---

### Thème allemand.

#### (TEXTE)

Il semble que l'on ne puisse rire que des choses ridicules : l'on voit néanmoins de certaines gens qui rient des choses ridicules et de celles qui ne le sont pas. Si vous êtes sot et inconsidéré, et qu'il vous échappe devant eux quelque impertinence, ils rient de vous ; si vous êtes sage, et que vous ne disiez que des choses raisonnables, et du ton qu'il faut les dire, ils rient de même.

LA BRUYÈRE.<br>(Saint-Cloud, juillet 1886.)

### Corrigé.

Es scheint[1] man könne nur über lächerliche Sachen lachen und dennoch sieht man gewisze Leute, die eben so über lächerliche Sachen lachen als über solche[2] die, es nicht sind. Sind[3] Sie dumm und unüberlegt und entwischt Ihnen vor denselben eine Albernheit[4], so wird über Sie gelacht[5] ; sind Sie bedächtig[6] und halten sie nur verständige Reden und in dem geeignetem Tone, so wird wieder gelacht[7].

#### REMARQUES

1. *Il semble...* peut aussi se traduire par *Mann sollte glauben.*

2. Traduire : « Qui rient *aussi bien* des choses ridicules *que* de celles qui »....

3. Supprimer la conjonction *si* pour rendre le tour plus vif.

4. *Impertinence* : sottise. Ne pas traduire par *Unanständigkeit*, qui a le sens de « inconvenance ».

5. Traduire : « On rit de vous », forme qui se rend fréquemment par la voix passive.

6. *Sage :* circonspect.

7. Traduire : « On rit de nouveau. »

---

### Version allemande.

#### (TEXTE)

Die Geschichte Robinson's, die Sie in Ihrem Buche wahrscheinlich gelesen haben, hat seit langer Zeit die Jugend aller Länder bewegt und erfreut. Welches Kind hat nicht mit Angst die Abenteuer des Unglücklichen verfolgt seit dem Augenblicke, wo die wüthenden Wellen ihn ans Ufer schleuderten? Welches Kind träumte nicht einmal von einer solchen Insel, wo es, sich selbst überlassen, für seine Bedürfnisse sorgen müszte? Während Robinson sich mühsam Alles selbst verschafft, sich Nahrung und Kleider bereitet, sich eine Wohnung, Waffen und Werkzeuge macht, da vergessen wir fast seine Leiden in der Bewunderung seiner fleiszigen Geschicklichkeit : ja, wir würden, vielleicht wunschen, dasz kein Gefährte käme, seine Einsamkeit zu theilen.

(Fontenay-aux-Roses, juillet 1886.)

### Traduction.

Depuis longtemps déjà l'histoire de Robinson, que vous avez sans doute lue dans votre livre, a touché et réjoui la jeunesse de tous les pays. Quel est l'enfant qui n'a pas suivi avec anxiété les aventures du malheureux, à partir du moment où les vagues furieuses l'avaient jeté sur le rivage? Quel est l'enfant qui n'a pas rêvé d'une île, où, réduit à ses seules ressources, il aurait dû pourvoir à ses besoins? Pendant que Robinson se procure péniblement toutes choses, prépare sa nourriture, ses vêtements, se construit une habitation[1], se fabrique des armes et des outils, nous oublions pour ainsi dire ses malheurs et admirons son adresse et son activité[2] ; nous irions même[3] jusqu'à désirer qu'aucun compagnon ne vînt partager son isolement.

### REMARQUES

1. Littéralement : « *se fait* une habitation, des armes, des outils. »

2. *Fleissigen Geschiklichkeit* ; littéralement : « son habileté active. »

3. *la*. Remarquer cette forme souvent difficile à rendre ; elle marque ici le renchérissement.

# ÉPREUVES ORALES ET PRATIQUES

## MODÈLES DE LEÇONS

Nous ne reproduirons pas, dans ces modèles de leçons, les menues indications de détail dont nous avons complété et éclairé nos modèles de compositions françaises. Le lecteur a dû se rendre suffisamment compte, par ces spécimens, de quelle façon et avec quelle rigueur il convient d'appliquer, en présence d'un sujet à traiter, les principes donnés à cet égard par tous les manuels de rhétorique.

Ces principes sont les mêmes pour une leçon, — du moins pour une leçon comme celle de l'examen du professorat, laquelle n'est guère qu'une dissertation parlée. La différence que cette épreuve présente avec la composition écrite, est qu'elle permet d'apprécier le candidat sous le rapport de l'abondance de la parole, de la facilité d'élocution, de l'action oratoire, de la physionomie, du geste, de la tenue.

Or, ce sont là des points qu'il serait possible d'indiquer dans une conférence, mais dont le détail se dérobe à l'écriture, et pour lesquels nous ne pouvons que renvoyer le lecteur aux conseils généraux donnés à cet égard dans la seconde partie de cet ouvrage. Nous nous sommes donc à peu près borné ici à un simple exposé des idées. Et comme il eût été puéril de chercher à donner, mot pour mot, quelque chose comme l'écho phonographique d'une véritable leçon orale; *nous avons condensé l'expression de nos arguments.* On n'ignore pas, d'ailleurs, que la parole improvisée délaye toujours la pensée : présentés dans une improvisation verbale, ces mêmes arguments prendraient d'eux-mêmes toute l'ampleur nécessaire pour remplir le temps de l'épreuve.

---

### Du procédé qui consiste à opposer au théâtre deux caractères. — Emploi que fait Molière de ce procédé. — Parti qu'il en a tiré.

Cette leçon comprend deux parties : 1° Considérations générales sur le procédé dont il s'agit; 2° son emploi dans Molière.

Elle nous paraît pouvoir être ordonnée d'après le plan suivant :

I. — 1° *Entrée en matière : L' « optique théâtrale. »*
   2° *Deux moyens de mettre deux caractères en lumière;*
   3° *Ce qu'il faut entendre par caractère « opposés ». Opposition des caractères dans la tragédie et dans la comédie.*
II. — 4° *Molière se sert de ce procédé (suivant ce qui en est la raison d'être même) pour mettre en relief le caractère de ses personnages : exemples.*
   5° *Il en fait jaillir en outre une source d'excellent comique : exemples.*
   6° CONCLUSION. — *Le moyen est simple et facile en soi, mais l'heureux ou méchant parti qu'on en tire dépend du talent de celui qui l'emploie. — Résumé.*

I. — 1. Tout au théâtre a besoin d'être grossi et mis en lumière, afin que rien n'échappe au spectateur, ce qui est perdu pour lui l'étant par contre-coup pour la pièce elle-même.

C'est à cause de cette nécessité que l'acteur enfle toujours plus ou moins sa voix, qu'il sillonne son visage de rides énormes ou exagère la coloration de son teint, et que les décors sont brossés avec une largeur et une brutalité de tons que ne comporterait pas un tableau d'appartement.

Mais pour se grimer avec art, comme pour donner à une toile peinte la perspective et l'éclat qu'elle doit prendre à la clarté du lustre, il faut connaître ce qu'on appelle, d'un mot qui n'a pas besoin d'être expliqué, l'*optique théâtrale*.

Et comme, en outre, une action dramatique ne s'adresse pas seulement aux sens ; qu'elle doit aussi et surtout frapper l'intelligence, il faut de même que l'esprit du spectateur puisse saisir sans effort, en même temps que l'intrigue, tout ce qui fait l'intérêt et la valeur de la pièce, c'est-à-dire, au premier rang, la peinture des caractères. C'est encore en un sens (l'usage a consacré ces expressions figurées) une question d'*optique*, de *mise au point*.

**2.** Or, pour faire saillir un caractère, deux moyens sont possibles.

D'abord, l'exagérer. Personne n'est distrait comme le *Distrait* de Regnard, ni menteur comme Dorante, ni avare comme Harpagon. Il y a pourtant une limite à observer. La Bruyère reproche déjà à Molière d'avoir outré les caractères. En tous cas, dans la comédie contemporaine (je parle de la comédie sérieuse), qui se pique de représenter non des types abstraits, mais des individus comme il peut s'en rencontrer réellement, il faudrait se garder de tomber dans un excès que le public de notre époque ne comprendrait ni ne tolérerait.

Le second moyen est l'emploi des contrastes. Il est bien connu des peintres, qui tirent leurs effets de lumière les plus saisissants de l'opposition des nuances, et des musiciens, qui font habilement succéder sans transition un *pianissimo* tendre et doux à un *forte* terrifiant. Le même procédé s'applique aussi à l'art dramatique : tous les arts se tiennent.

Le flegme de tel personnage fera mieux ressortir l'emportement de celui qui lui donne la réplique ; ailleurs, la droiture de l'un fera haïr davantage la perfidie de l'autre ; d'autres fois un de ces traits si fréquents d'égoïsme inconscient et naïf, dont plus d'un spectateur serait peut-être capable, paraîtra manifeste et odieux à tous, en présence du désintéressement chevaleresque d'un héros à grands sentiments.

**3.** Entendons-nous toutefois. Des caractères opposés ne sont pas nécessairement des caractères essentiellement contraires. Ce sont, suivant l'étymologie du mot (*ob positus*, placé en face), des caractères destinés en quelque sorte à se faire pendant, à se faire valoir mutuellement. C'est ainsi que dans *les Fourberies de Scapin*, par exemple, Scapin, le valet menteur et dupeur, et Géronte, le maître crédule et dupé, ne sont point des caractères qui puissent être appelés proprement *opposés*, parce qu'il n'y a point de parallèle établi entre eux, et que l'intérêt de la pièce ne consiste pas dans ce que sont les personnages, mais dans l'intrigue seule, et dans les farces joyeuses dont elle est le prétexte?

Au contraire, dans la tragédie de Corneille, Horace et Curiace, qui sont deux guerriers également braves et patriotes, différant seulement en ce point que, chez l'un, l'amour de son pays et de la gloire n'étouffe point en lui, comme chez l'autre, les affections familiales, nous présentent deux caractères opposés, c'est-à-dire mis en opposition. La différence qui les distingue, en effet, est un des éléments qui font pour un critique l'intérêt de la pièce. Elle donne lieu notamment à la fameuse scène ii du IIᵉ acte :

Que désormais le ciel, les enfers et la terre, etc.;

Mais ce n'est pas la tragédie qui nous fournira les plus fréquents exemples de cette opposition. Pour inspirer la terreur ou la pitié, aussi bien que l'admiration (on se rappelle la définition classique), l'expression et les situations suffisent. Ajoutons que l'auteur est obligé de conserver à ses héros le caractère que leur donne l'histoire ou la légende, sans pouvoir librement supposer des contrastes arbitraires.

Il en va autrement dans la comédie. La comédie devant être l'école des mœurs, il importe de faire saillir les caractères, et nous avons vu à cet égard le parti qu'on pouvait tirer de leur opposition — toujours possible dans une œuvre de pure imagination.

II. — 4. Molière s'est servi souvent de ce procédé.

C'est ainsi que, dans *l'Ecole des maris*, Sganarelle et Ariste font respectivement, dans les premières scènes, une déclaration de principes d'où ressort tout de suite la différence de leurs doctrines conjugales.

SGANARELLE

   ... J'entends que la mienne (ma femme)
Vive à ma fantaisie et non pas à la sienne;
Que d'une serge honnête elle ait son vêtement,
Et ne porte le noir qu'aux bons jours seulement;
Qu'enfermée au logis, en personne bien sage,
Elle s'applique toute aux choses du ménage,
A recoudre mon linge aux heures de loisir
Ou bien à tricoter quelques bas par plaisir;
Qu'aux discours des muguets elle ferme l'oreille,
Et ne sorte jamais sans avoir qui la veille.
. . . . . . . . . . . . . . . . . .
Et, comme à l'épouser sa fortune m'appelle,
Je prétends, corps pour corps, pouvoir répondre d'elle[1].

quoi Ariste répond un peu plus loin :

ARISTE

Leur sexe aime à jouir d'un peu de liberté;
On le retient fort mal par tant d'austérité,
Et les soins défiants, les verrous et les grilles
Ne font pas la vertu des femmes ni des filles :
C'est l'honneur qui les doit tenir dans le devoir,
Non la sévérité que nous leur faisons voir.
. . . . . . . . . . . . . . . . . .
Mes soins pour Léonor ont suivi ces maximes;
Des moindres libertés je n'ai pas fait des crimes.
A ses jeunes désirs j'ai toujours consenti
Et je ne m'en suis point, grâce au ciel, repenti.

---

1. Cette citation et celles qui suivent pourraient être plus longues. Il convient de les abréger pour éviter que la leçon languisse.

La sage complaisance de l'un souligne l'excès des sottes rigueurs de l'autre, et la sévérité de celui-ci paraît d'autant plus déraisonnable que le bonheur tolérant du premier en met en relief la folle et cruelle imprudence.

On peut en dire autant de Philinte et d'Alceste dans la première scène du *Misanthrope* :

ALCESTE

J'entre en une humeur noire, en un chagrin profond
Quand je vois vivre entre eux les hommes comme ils font :
Je ne trouve partout que lâche flatterie,
Qu'injustice, intérêt, trahison, fourberie ;
Je n'y puis plus tenir, j'enrage, et mon dessein
Est de rompre en visière à tout le genre humain.

. . . . . . . . . . . . . . . . . . . .

PHILINTE

Oui, je vois ces défauts dont votre âme murmure,
Comme vices unis à l'humaine nature,
Et mon esprit enfin n'est pas plus offensé
De voir un homme fourbe, injuste, intéressé,
Que de voir des vautours affamés de carnage,
Des singes malfaisants et des loups pleins de rage.

La philosophie un peu facile de Philinte sert à accuser davantage l'austérité vertueuse d'Alceste.

Enfin, dans *les Femmes savantes*, même remarque, au sujet du dialogue d'Armande et d'Henriette qui ouvre la pièce.

HENRIETTE

Et qu'est-ce qu'à mon âge on a de mieux à faire
Que d'attacher à soi, par le titre d'époux,
Un homme qui vous aime et soit aimé de vous,
Et, de cette union de tendresse suivie,
Se faire les douceurs d'une innocente vie ?
Ce nœud bien assorti n'a-t-il pas des appas ?

ARMANDE

Mon Dieu ! que votre esprit est d'un étage bas,
Que vous jouez au monde un petit personnage
De vous claquemurer aux choses du ménage,
Et de n'entrevoir point de plaisirs plus touchants
Qu'un idole d'époux et des marmots d'enfants !
Laissez aux gens grossiers, aux personnes vulgaires
Les bas amusements de ces sortes d'affaires.

A de plus hauts objets élevez vos désirs,
Songez à prendre goût des plus nobles plaisirs,
Et, traitant de mépris les sens et la matière,
A l'esprit, comme nous, donnez-vous tout entière.

Remarquons en passant que les dialogues que nous avons cités sont tous placés au commencement des pièces. La raison en est bien simple, c'est que c'est au début qu'il importe de « poser » les personnages.

Mais un dialogue n'est pas toujours nécessaire à l'emploi du procédé qui nous occupe. Ne quittons pas *les Femmes savantes*. Après avoir fait successivement connaissance avec Armande, Bélise, Philaminte, leurs rêves creux et leur préciosité ridicule, voici Chrysale, tête plus sensée, mais âme plus bourgeoise, qui, enhardi pour un instant, lance sa fameuse tirade :

... C'est à vous que je parle, ma sœur.

Elle est dans toutes les mémoires, cette profession de foi qui, comme théorie éducative, ne saurait d'ailleurs, soit dit en passant, être acceptée que sous réserves.

**5.** Cette opposition n'a pas seulement servi à Molière pour accentuer la peinture des caractères. Il sait encore en faire jaillir une source d'excellent comique.

C'est tantôt un prétexte à des répliques amusantes :

PHILINTE
Je suis déjà charmé de ce petit morceau.
ALCESTE, *bas à Philinte.*
Quoi ! vous avez le front de trouver cela beau?
PHILINTE
Ah ! qu'en termes galants ces choses-là sont mises.
ALCESTE, *bas à Philinte.*
Eh ! quoi, vil complaisant, vous louez des sottises?
Etc...

Tantôt il y puise le sel dont il sait si bien assaisonner la conversation. Dans ce même *Misanthrope*, que les élèves d'écoles normales doivent connaître particulièrement, puisqu'il est au nombre des textes prescrits pour l'examen du brevet supérieur, on se rappelle la scène IV du IIIᵉ acte, où Arsinoé et Célimène, la prude et la coquette, après un exorde hypocritement doucereux, se lardent réciproquement, avec tant de méchanceté féminine et d'une façon si divertissante.

CÉLIMÈNE

Il est une saison pour la galanterie ;
Il en est une aussi propre à la pruderie.
On peut, par politique, en prendre le parti
Quand de nos jeunes ans l'éclat est amorti :
Cela sert à couvrir de fâcheuses disgrâces.
Je ne dis pas qu'un jour je ne suive vos traces ;
L'âge amènera tout ; et ce n'est pas le temps,
Madame, comme on sait, d'être prude à vingt ans.

. . . . . . . . . . . . . . . .

Faut-il de vos chagrins sans cesse à moi vous prendre ?
Et puis-je mais des soins qu'on ne va pas vous rendre ?
Si ma personne aux gens inspire de l'amour,
Et si l'on continue à m'offrir chaque jour
Des vœux que votre cœur peut souhaiter qu'on m'ôte,
Je n'y saurais que faire et ce n'est pas ma faute :
Vous avez le champ libre, et je n'empêche pas
Que pour les attirer vous n'ayez des appas.

Voilà une terrible offense pour Arsinoé ; mais elle a bec et ongles :

ARSINOÉ

Hélas ! et croyez-vous que l'on se mette en peine
De ce nombre d'amants dont vous faites la vaine,
Et qu'il ne nous soit pas fort aisé de juger
A quel prix aujourd'hui l'on peut les engager ?
Pensez-vous faire croire, à voir comme tout roule,
Que votre seul mérite attire cette foule ?
Qu'ils ne brûlent pour vous que d'un honnête amour
Et que pour vos vertus ils vous font tous la cour ?
On ne s'aveugle point par de vaines défaites :
Le monde n'est point dupe, et j'en vois qui sont faites
A pouvoir inspirer de tendres sentiments,
Qui chez elles pourtant ne fixent point d'amants ;
Et de là nous pouvons tirer des conséquences,    [avances
Qu'on n'acquiert point leurs cœurs sans de grandes
Qu'aucun, pour nos beaux yeux, n'est notre soupirant
Et qu'il faut acheter tous les soins qu'on nous rend.

On pourrait relever des traits analogues, quoique moins violents, dans la scène entre Armande et Henriette (des *Femmes savantes*), que j'ai rappelée plus haut. Armande reproche à Henriette de vouloir épouser Clitandre qui a « soupiré » pour elle :

HENRIETTE

Oui; mais tous ces soupirs chez vous sont choses vaines,
Et vous ne touchez point aux bassesses humaines;
Votre esprit à l'hymen renonce pour toujours,
Et la philosophie a toutes vos amours.

Et dans *le Bourgeois gentilhomme*, quel comique plus franc et de meilleur aloi que le contraste des déclarations roturières de M^{me} Jourdain, après les efforts grotesques de son mari pour prendre le grand air des gens de la cour :

Voyez-vous, dirait-on, cette madame la marquise qui fait tant la glorieuse? C'est la fille de M. Jourdain, qui était trop heureuse, étant petite, de jouer à la Madame avec nous. Elle n'a pas toujours été si relevée que la voilà, et ses deux grands-pères vendaient du drap auprès de la porte Saint-Innocent. Ils ont amassé du bien à leurs enfants, qu'ils payent maintenant, peut-être, bien cher en l'autre monde; et l'on ne devient guère si riches à être honnêtes gens. Je ne veux point tous ces caquets, et je veux un gendre, en un mot, qui m'ait obligation de ma fille, et à qui je puisse dire : Mettez-vous là, mon gendre, et dînez avec moi.

**6.** En somme, rien de plus facile que de recourir à cette sorte d'antithèse dramatique. Mais il en est de ce procédé comme de tous les procédés du monde. L'important, le difficile est d'en tirer un heureux parti. Et c'est là, au théâtre, comme en littérature ou en art, le secret des maîtres.

Si nous avions maintenant à condenser ces idées en un résumé qui ferait longueur dans une conférence, mais qui est toujours nécessaire dans une véritable leçon faite à des élèves, nous dirions :

L'opposition des caractères au théâtre sert à les mieux

accuser. C'est surtout dans la comédie qu'on l'observe, par la raison que la comédie, plus que tout autre ouvrage dramatique, s'attache à la peinture des caractères.

Molière fait un fréquent usage de ce procédé. Il s'en sert pour faire, dès le début, saillir ses personnages, et il tire, en outre, de ces contrastes, une source d'excellent comique.

Le moyen est simple, on le voit. Mais c'est peu de le connaître, il faut savoir l'employer.

---

## L'analyse grammaticale. Sa place dans l'enseignement de la langue; abus des exercices écrits d'analyse grammaticale.

Signalons d'abord une confusion possible.

On nous demande la *place* de l'analyse grammaticale dans l'enseignement, et non pas son *rôle*, ce qui ne serait pas tout à fait la même chose. Mais comment déterminer la première autrement que d'après l'importance du second?

Nous commencerons donc par examiner d'abord le rôle de l'analyse grammaticale, et, après avoir indiqué au delà de quelle mesure cet exercice cesserait de présenter des avantages pédagogiques, nous conclurons qu'il faut régler d'après ces limites la place à lui accorder dans nos leçons.

Soit donc le plan ci-après :

### PLAN

1. *Entrée en matière : La langue, la grammaire et l'analyse grammaticale dans les écoles d'autrefois.*
2. *Utilité de l'analyse grammaticale :*
   (a) *Au point de vue des connaissances;*
   (b) *Au point de vue de la culture intellectuelle.*
3. *Ses écueils :*
   (a) *La subtilité;*
   (b) *Surtout la monotonie, le rabâchage (par l'abus des devoirs écrits).*

4. *Régler sa place et la limiter en raison de l'usage et de l'abus signalés. Et pour cela :*
   *(a) Choisir des textes courts et appropriés aux leçons;*
   *(b) Remplacer le plus tôt possible les exercices écrits par des exercices oraux;*
   *(c) Faire une juste et large part aux autres exercices qui concourent à l'étude de la grammaire et de la langue.*
5. *Résumé.*


**1.** — Jadis, dans nos écoles, « langue française » et « grammaire française » étaient synonymes, ou, pour mieux dire, le premier de ces deux enseignements était absorbé dans l'autre. Et les seuls devoirs de cet ordre qu'on fît faire aux élèves, étaient, outre la dictée traditionnelle, — toujours en honneur du reste, — les conjugaisons de verbes et l'analyse grammaticale.


**2.** — Nous ne prendrons pas la défense de ces interminables exercices de conjugaisons dont on a tant abusé. Mais l'analyse grammaticale mérite que nous n'en médisions pas trop.


*(a)* Elle apprend à discerner entre elles les parties du discours, leurs subdivisions, leurs diverses formes (genre, nombre, personne, mode, temps), et montre comment les mots se régissent entre eux. N'est-ce pas là, avec l'orthographe, tout le côté élémentaire et pratique de la grammaire ?

Elle sert, en outre, grâce aux exemples qu'elle propose, — car c'est en quelque sorte la grammaire en exemples, — à se familiariser avec les règles, à les vérifier en en constatant l'application ; à démêler, sous les artifices de l'expression ou la variété du tour, le rôle que chaque mot joue dans la phrase. Si le langage est l'instrument qui sert à l'émission de la pensée, on peut dire que l'analyse, qui, suivant le sens étymologique du mot, le décompose, sert à en montrer tous les rouages et leur fonctionnement.

On voit, dès lors, de quel secours elle est pour l'étude de la langue, et combien, sans elle, cette étude demeurerait obscure et confuse.

(*b*) Au point de vue subjectif, c'est-à-dire sous le rapport du profit intellectuel, combien est utile et fécond un enseignement qui fait sans cesse appel à l'abstraction, à la réflexion, au jugement, ces facultés dont l'éclosion est si tardive, et qu'il importe si fort de développer chez l'enfant !

Dans telle phrase, *que* est-il conjonction, adverbe ou pronom relatif? *brillant*, participe présent ou adjectif verbal? Dans « je tiens le chapeau de votre frère » et « je tiens ce renseignement de votre frère », les mots *de votre frère* expriment-ils des compléments de même nature? Et les infinitifs, les propositions entières jouant le rôle d'un substantif sujet, et les sujets sous-entendus... Quelles investigations propres à donner l'habitude et jusqu'au besoin salutaire de la lucidité ! — « J'aime mon père. » *Aime*, verbe actif. Pourquoi? « Je travaille pour vous. » *Travaille*, verbe neutre. Pourquoi? Il faut remonter à la définition... Quelle meilleure école de dialectique?

**3.** (*a*) Toutefois, gardons-nous, à cet égard, de verser dans un excès où il est trop aisé de tomber : celui des subtilités grammaticales. A propos de *même* et de *quelque*, des sujets unis par une conjonction, ou des rapports de diverses sortes exprimés par les prépositions, ne ressuscitons pas un byzantinisme qui a fait son temps. Ces recherches stériles qui divisent les linguistes ne conviennent point à nos écoliers. C'est qu'elles appartiennent à l'érudition pure, et sortent par conséquent du domaine des notions utiles et pratiques où nous devons nous renfermer à l'école primaire.

(*b*) Remarquons, d'autre part, que les exercices d'analyse grammaticale ne tardent pas à présenter à la longue une inévitable monotonie. On finit toujours par tourner dans le même cercle. Les mêmes mots — ou à peu près —

reviennent sans cesse, remplissant les mêmes fonctions. Pour un dont il peut être intéressant de caractériser la nature ou le rôle, on en rencontre cent dont l'analyse ne présente aucune difficulté et, par suite, aucune utilité.

Ajoutons que la mémoire ne tarde pas à se substituer à la réflexion. « *Et*, conjonction. » Pourquoi conjonction? Croyez-vous que l'enfant s'est donné la peine de reconnaître que ce mot servait à lier deux membres de phrase? Pas le moins du monde, n'est-ce pas? *Et* conjonction, c'est un fait acquis : voilà tout. *Le*, article simple; *on*, pronom indéfini; il a comme cela, dans son sac, tout un assortiment d'étiquettes toutes prêtes dont il affuble machinalement une foule de mots et des plus fréquemment employés. On conçoit que, dans ces conditions, l'analyse ne sert à rien : elle devient un exercice à la fois puéril et fastidieux.

**1.** Voilà donc, d'une part, les services qu'on doit attendre de l'analyse grammaticale; d'autre part, au delà de quelle mesure elle cesse de présenter des avantages pédagogiques : l'usage, l'abus. Or, en traçant de telles limites, n'avons-nous pas, par là même, marqué la place qu'il convient de lui accorder dans nos leçons?

C'est ainsi que, tout en nous gardant de l'abandonner, nous éviterons avec soin de donner à outrance dans ces longs devoirs, devenus machinaux, où l'écolier n'exerce que sa main. C'est du temps perdu, de l'activité dépensée inutilement.

' Ces exercices écrits ont pourtant leur utilité. Il est nécessaire, au début surtout, que l'enfant fixe sur le papier l'effort de sa pensée : cela soulage l'esprit et favorise la réflexion. Mais, quand un résultat est acquis, pourquoi s'y attarder inutilement? Il faut aller de l'avant.

(*a*) Choisissons donc des textes d'analyse qui portent spécialement sur les principes précédemment étudiés, et réglons ce choix d'après la marche même de nos leçons de grammaire. Le meilleur sera, le plus souvent, de composer nous-mêmes quelques phrases simples et courtes. Nous nous garderons, en tous cas, de donner à analyser à tort et à travers de longs textes, sans discernement, comme si les résultats de l'enseignement devaient dépendre de la quantité de papier qu'on aura noirci.

(*b*) Faisons mieux encore : abrégeons le plus qu'il se pourra ces devoirs, et remplaçons-les peu à peu, à mesure que nos élèves grandissent et deviennent plus capables d'attention, par des interrogations et des exercices au tableau noir. Que de temps gagné ! D'abord, la parole va plus vite que la plume; puis, le maître est là pour couper court aux tâtonnements où l'on s'égare, et résoudre la difficulté séance tenante; ensuite, on ne s'attarde plus aux choses que l'on sait; on ne s'attache qu'au mot et au point intéressant. Ajoutons encore que l'attention des enfants, tout entière concentrée sur le mot en question, se trouve plus puissamment sollicitée et produit par suite un effort plus grand — sans compter que cela les habitue à parler, et c'est beaucoup dans l'enseignement primaire.

(*c*) Enfin, et surtout, ne perdons pas de vue :

D'une part, que l'exercice dont il s'agit n'est qu'une des nombreuses sortes d'exercices de grammaire auxquelles il convient de former les élèves. Que, par exemple, l'orthographe d'usage, la formation des temps, les familles de mots offrent des notions fort importantes sur lesquelles l'analyse grammaticale ne jette aucune lumière, et qui devront être l'occasion de leçons et de devoirs variés;

D'autre part, que, de même qu'il ne consiste pas tout entier dans l'analyse grammaticale, l'enseignement de la grammaire ne constitue pas à lui seul l'enseignement de la langue, et que nous devons bien nous garder de restreindre nos leçons de français à l'étude des rudiments, ayant soin de réserver, dans l'économie de nos classes, une large place aux exercices d'invention et de composition, à la récitation et à l'explication littéraires.

**5.** Résumons-nous.

L'analyse grammaticale est un exercice fort utile. Elle dissèque en quelque sorte le langage, ce qui est évidemment le meilleur moyen de nous faire faire avec celui-ci la plus intime connaissance. De plus, c'est un puissant et précieux instrument de culture intellectuelle.

Mais elle présente des écueils. Il faut éviter, d'une part, de verser dans les subtilités grammaticales ; d'autre part, d'abuser des exercices écrits, qui conduisent à un stérile et fastidieux rabâchage.

Cette double considération indique, en la limitant, la place qu'il convient de lui accorder dans l'enseignement :

D'abord, on ne donnera à analyser que des textes courts et appropriés aux leçons ;

Puis, on remplacera le plus tôt possible les devoirs écrits par des interrogations ou des exercices au tableau noir ;

Enfin, on n'aura garde de lui sacrifier les autres exercices que réclame l'étude de la grammaire proprement dite et de la langue, auxquels on devra, au contraire, réserver la plus large place.

------

# MODÈLES POUR LA CORRECTION DU DEVOIR

Les devoirs que nous donnons ci-après sont très minutieusement corrigés. Il est évident que, dans les trois quarts d'heure dont il dispose, le candidat n'aurait pas le temps d'écrire en marge de la copie toutes ces annotations. Mais il faut supposer, du moins, qu'il serait de force, avec une application suffisante, à ne laisser passer aucun des détails que nous avons relevés. *Il aurait donc pu se contenter de souligner chacun des passages sujets à critique, à condition d'être prêt à présenter toutes ces critiques et à les justifier de vive voix.*

Devant le jury, on lira d'abord le devoir d'un bout à l'autre, sans observations, pour en rendre compte ensuite, point par point, suivant l'ordre indiqué dans le compte rendu ci-après (p. 210).

## Expliquer ce précepte : « Avant donc que d'écrire, apprenez à penser. »

---

### TEXTE ANNOTÉ

« Parmi les préceptes que nous donne Boileau, dans son *Art poétique*, il en est un très connu et que l'on entend citer à tout instant; le voici : *Avant donc que d'écrire, apprenez à penser.* Ce précepte est d'une importance capitale, car ce n'est qu'en l'appliquant rigoureusement qu'on peut arriver à écrire dans des conditions satisfaisantes; aussi allons-nous l'expliquer assez longuement, afin d'en faire comprendre toute la valeur (1).

» Toute composition *nécessite* (2) deux éléments : 1° les idées, qui en sont le fond même; 2° le style, qui n'est autre chose que la manière dont ces idées sont exprimées. Or, il est toujours difficile de s'exprimer en français, même *lorsqu'on le fait* (3) de la manière la plus simple et sans *avoir aucune* (4) prétention littéraire; que sera-ce lorsqu'il faudra *le faire* (5) avec correction, clarté, précision, élégance (6)? la composition offre alors de grandes difficultés, car (7) elle demande des qualités que l'on n'acquiert pas en un jour; aussi peu d'écrivains sont passés maîtres dans cet art,

---

(1) Début oiseux. C'est par l'alinéa qui suit que le devoir devrait commencer.

(2) Impropre : *comporte.*

(3) Lourd.

(4) Lourd. Supprimez donc ces mots parasites et écrivez : *même de la manière la plus simple et sans aucune prétention littéraire.*

(5) *Lorsqu'on le fait... lorsqu'il faudra le faire,* lourdeur et pauvreté de style.

(6) Il n'y a nulle prétention littéraire à s'exprimer clairement et correctement.

(7) Remplacez *car* par *deux points.* Le tour est plus vif.

qui est d'ailleurs la *bête noire* (8) de presque tous les élèves de nos écoles. Ces derniers, qui connaissent mal leur langue et ne savent que la manier *avec facilité* (9), sont obligés de se donner beaucoup de peine pour y devenir tant *soi* (10) peu habiles ; voilà pourquoi la rédaction de la plus petite lettre à leurs parents est pour eux une véritable affaire d'État.

» Le *style présente donc de grandes difficultés* (11), mais il faudrait se garder de croire qu'il constitue la partie la plus importante de la composition ; il est facile de comprendre en effet qu'un style élégant, précis, *n'a pas de raison d'être* (12), s'il ne correspond à un fond d'idées d'une certaine valeur ; l'un n'est que le complément (complément nécessaire, il est vrai) *de l'autre* (13).

» Il faut donc nécessairement, avant d'écrire, trouver les idées *à faire entrer* (14) dans le sujet ; ce n'est pas tout : il faut aussi *apprécier ces idées, sonder leur exactitude* (15), puis les *ordonner suivant un ordre logique ;* il faut encore *discerner les idées accessoires* (16), développer les unes, *élaguer prudemment les autres* (17). C'est donc la pensée qui fournit au style ses matériaux (18). Bien plus, elle concourt à sa valeur. Ces images fortes ou brillantes, ces tours ingénieux, ces nuances délicates et tant d'autres figures d'un heureux effet, que les grands écrivains emploient à chaque page, n'est-ce pas à la pensée qu'ils les doivent (19) ?

» Il est donc facile de voir que non

(8) Trivial. Du reste, ce n'est pas cet art lui-même, c'est plutôt *l'étude* de cet art qui serait la bête noire, etc.

(9) *Avec facilité* rend la phrase traînante et affaiblit l'idée. Biffez.

(10) Orth. : *soit.*

(11) Vous vous répétez. Débutez ainsi : *Il faut pourtant se garder de croire que le style constitue,* etc.

(12) Non-sens. Vous voulez dire : *n'aurait aucun prix s'il ne correspondait,* etc.

(1) Mal construit. Les trois syllabes sourdes : « de l'autre » ne peuvent supporter le poids de la phrase que la parenthèse fait retomber lourdement sur elles.

(14) Mal écrit : *qui devront entrer dans le sujet.*

(15) Cette opération se confond avec la précédente. Peut-on dire qu'on ait trouvé des idées si l'on n'a trouvé que des idées fausses ?

(16) Défaut d'ordre : le départ des idées en importantes et en accessoires devant nécessairement précéder leur coordination, il eût fallu mentionner ces deux opérations dans un ordre correspondant à leur succession naturelle.

(17) On ne doit élaguer que des idées inutiles. Les idées accessoires doivent avoir leur place dans un devoir ; il s'agit seulement de ne pas leur donner plus de développement qu'il ne convient.

(18) ... *et qui préside à leur mise en œuvre.*

(19) Bien. — La pensée est assez fine. Elle eût pu cependant être

plus clairement expri- *mée : Ces images, ces tours, etc., sont-ils simplement dus à l'habileté inconsciente d'une plume exercée; ne sont-ils pas la manifestation d'une pensée réfléchie?* seulement on ne peut écrire sans penser (ce qui est évident), mais qu'il est impossible de bien écrire sans bien penser; voilà pourquoi nous devons suivre le sage conseil de Boileau. »

### COMPTE RENDU ORAL DE LA CORRECTION[1]

*Un mot d'appréciation du sujet lui-même.*

C'est un sujet qu'on donne souvent à traiter dans les écoles normales. Il n'est pas très difficile et convient particulièrement à des élèves-maîtres, d'abord parce que le principe proclamé est excellent, ensuite parce qu'il est trop méconnu, notamment dans les écoles primaires, où on ne saurait le faire assez pénétrer.

*Passons au devoir. — Analyse :*

Toute composition, dit l'élève avec justesse, comporte deux éléments : les *idées* et le *style*. Si le style, ou, plus simplement, l'expression des idées est déjà chose difficile pour les écoliers, la difficulté est bien plus grande quand il s'agit de les trouver, de sonder leur exactitude, puis de les ordonner suivant un ordre logique, en faisant un juste départ entre les idées importantes et les idées accessoires. Or, telle est l'œuvre de la pensée; c'est donc la pensée qui fournit au style ses matériaux et préside à leur mise en œuvre. Elle concourt, en outre, à son éclat, par l'ingéniosité des images et la variété des tours. Par conséquent, vouloir apprendre à écrire sans apprendre à penser, c'est se condamner par avance à une étude stérile et vaine.

---

1. Il serait bon que les critiques qui suivent fussent indiquées au moins sommairement sur la copie, ou sur un brouillon que le candidat tiendrait sous ses yeux. C'est un moyen fort utile d'éviter les tâtonnements et les lacunes.

*Critique.* — Quant au fond :

Ces idées sont parfaitement exactes. Elles sont présentées dans l'ordre même que nous avons suivi en les exposant, et cet ordre est simple et logique. Nous élaguerions seulement le début comme purement oiseux : « Parmi les préceptes, » etc. Pourquoi ne pas commencer à l'alinéa suivant : « Toute composition, » etc.?

Quant à la forme. Traits généraux :

Malgré cette partie parasite, le développement est insuffisant : il n'a, par endroits, guère plus d'ampleur qu'un sommaire. Ce n'était pas assez que de dire, par exemple : « Il faut donc nécessairement trouver les idées à faire » entrer dans le sujet..... Il faut aussi apprécier ces » idées, sonder leur exactitude, puis les ordonner suivant » vant un ordre logique ; il faut encore discerner les idées » importantes des idées accessoires, développer les unes, » élaguer prudemment les autres. » Il y a là toute une série d'opérations de l'esprit que l'élève se contente d'indiquer : il aurait fallu insister davantage, pour faire en quelque sorte toucher du doigt leur difficulté et leur importance.

Détails :

Le style est généralement clair, facile, et ne présente pas de grosses incorrections, sauf une faute d'orthographe (*Rem.* 10), mais il est lâché. Il a des impropriétés (*Rem.* 1, 12), surtout des lourdeurs (*Rem.* 3, 4, 5, 7, 9 et 13), et d'autres taches de diverses sortes (*Rem.* 6, 8, 11, 14, 15, 16, 18 et 19).

Résumé :

En somme, ce devoir vaut par l'ensemble plus que par le détail, par le fond plus que par la forme. En conséquence, comme le côté qui laisse le plus à désirer n'est que le côté accessoire, on peut marquer une note indulgente. Nous la résumerons dans les termes suivants :

*Assez bon devoir. Idées généralement justes et bien ordonnées. Style assez facile, mais lâché ; français passable, malgré quelques taches. Trop sec : 14/20.*

Corrigé :

S'il faut maintenant donner un modèle de plan, nous n'en proposerions pas d'autre que celui que l'élève a suivi lui-même, savoir :

1° *Difficulté de la composition littéraire : (a) quant à la simple expression de la pensée; (b) surtout quant au choix et à la disposition des idées.*

2° *La pensée fournit au style ses matériaux et préside à leur mise en œuvre.*

3° *Elle peut même concourir à l'éclat du style.*

4° *Conclusion.*

---

## La bienfaisance. — Comment les plus pauvres mêmes peuvent l'exercer.

TEXTE ANNOTÉ

« Un des plus nobles devoirs que les hommes ont entre eux est celui qui consiste à secourir *les infortunés, les malheureux* (1) : on l'appelle *bienfaisance* (2).

(1) Redondance inutile.
(2) *La bienfaisance.*

» C'est une vertu qui comprend deux degrés : facile mais louable cependant lorsqu'elle ne coûte rien *à celui qui l'exerce* (3), elle devient difficile et méritoire lorsqu'elle exige des sacrifices (4).

(3) Membre de phrase parasite : biffez.
(4) Bien.

» Dans le premier cas, *elle est plus* (5)

(5) Elle est *déjà* plus...

que de la complaisance; dans le second, elle *atteint presque et parfois* (6) *le dévouement* (7).

» Certaines conditions sont nécessaires pour qu'un bienfait soit considéré comme tel (8).

» D'abord, *il doit être accompagné d'une bonne intention* (9), sans cela il pourrait même devenir répréhensible. Un *secours d'argent fait* (10) à un jeune homme qui le dépense en débauches n'est pas un bienfait; au contraire, c'est un encouragement au vice (11).

» *La bienfaisance ne doit pas être le fruit de prières trop vives* (12), sinon elle ressemblerait à une grâce arrachée et accordée uniquement pour éloigner *l'ennuyeux tableau du malheur* (13).

» Elle doit être surtout désintéressée, car dans le cas contraire c'est un marché. Un homme riche et ambitieux distribue des secours aux malheureux du pays qu'il habite, afin d'acquérir une popularité qui lui permette d'arriver à de hautes fonctions. Il est bienfaisant, puisque de son action résulte un bien; mais il l'est sans mérite, par le fait qu'il l'est par calcul (14). La bienfaisance doit autant que possible demeurer anonyme : c'est le plus sûr moyen qu'elle soit (15) désintéressée et aussi qu'elle soit délicate. Alors, en effet, il *ne* (16) résulte aucune humiliation pour l'obligé, et le mérite de *la bonne œuvre* (17) est *aussi grand qu'il peut l'être* (18).

» Malheureusement, l'on croit en gé-

(6) Très mal écrit : *elle peut parfois atteindre...*

(7) *Au dévouement.* Voy. dans les grammaires la légère différence de sens entre *atteindre*, verbe actif, et *atteindre*, verbe neutre.

(8) Pas de liaison avec l'alinéa qui précède.

(9) *Bonne intention* est faible. Et puis l'intention *n'accompagne pas* le bienfait, il faudrait plutôt dire qu'elle le précède.

(10) Non français. On ne dit pas *faire un secours.*

(11) Nous n'y sommes plus! Vous parliez tantôt de l'intention qui doit inspirer le bienfait, voilà que vous examinez maintenant l'usage qu'en fait l'obligé : pas de suite.

(12) Amphibologie. Cela peut vouloir dire (ce qui serait absurde) : « Si l'on vous adresse des prières trop vives, votre devoir est de refuser. » Écrivez plutôt : *La bienfaisance ne doit pas être une capitulation obtenue à force d'instances.*

(13) Très mal exprimé. D'ailleurs les obsessions les plus insupportables ne sont pas toujours inséparables du « tableau » dont vous parlez. Écrivez : *pour en finir avec des sollicitations importunes.*

(14) Bien. Mais nous nous égarons.

(15) *Paraisse.*

(16) *N'en.* « Résulte » demande toujours un complément indirect.

(17) Un complément déterminatif est nécessaire.

(18) Banal et faible. —Tout ce passage, depuis *Certaines conditions sont nécessaires...* est à côté du sujet au

lieu de s'y rattacher di-
rectement.

(19) Quel mérite? Lo-
giquement, il s'agirait
ici, d'après ce qui pré-
cède, du désintéresse-
ment et de la délicatesse
que nous devons appor-
ter dans nos bienfaits,
mais vous voulez évi-
demment parler, d'après
ce qui suit, de la bien-
faisance elle-même. Vos
idées sont mal enchaî-
nées.

(20) Mal exprimé.
Dites : *puisque ceux qui
possèdent peuvent seuls
donner.*

(21) Mal lié. Dites plu-
tôt : *Sans doute les se-
cours...* — Entrent où?
Un complément indirect
est indispensable.

(22) Amphibologie.
*Ils,* mis pour *secours* ou
pour *pauvres?*

(23) Pas de gradation.
Après des soins effectifs,
pénibles, dangereux
peut-être, vous passez à
des consolations plato-
niques.

(24) Aucune grada-
tion. Et puis, qu'est-ce
que *dépenser ses lumiè-
res* et surtout son cœur?
Soyez simple et clair.

(25) Subtil, romanes-
que, paradoxal.

(26) Comme tout cela
est forcé! -- Voy. en
outre sur le verbe *at-
teindre* la note 7.

(27) Pourquoi pas
aussi bien chez les ri-
ches? Et puis, dit-on
*trouver un effort?*

(28) Pourquoi donc
leurs intentions seraient-
elles toujours pures?

(29) Quel rapport avec
ce qui précède?

(30) Biffez, le tour est
plus vif.

(31) Quel bienfait? Les
bienfaits des pauvres?
Expliquez-vous.

néral que *ce mérite* (19) est forcément
l'apanage des riches, puisque eux seuls
peuvent exercer la *bienfaisance matérielle* (20). Il n'en est rien.

» Les secours matériels entrent *en
effet* (21) en première ligne comme bienfaits ordinaires; mais il en est d'autres
que les plus pauvres peuvent répandre.
Il suffit qu'*ils* (22) aient bon cœur.

» Veiller un malade, le soigner, le
guérir : voilà un bienfait autrement
méritoire que celui du riche qui jette à
poignée son or superflu.

» Consoler un affligé, quand souvent
l'on est plus malheureux que lui, n'est-
ce pas aussi un grand sacrifice (23)?
On se néglige pour lui, et non seulement on *dépense ses soins, son temps,
ses lumières, mais aussi son cœur* (24).

» Et lorsque ce cœur est meurtri, lorsqu'il faut à grand'peine rappeler en lui
un calme perdu depuis longtemps pour
le faire partager à un autre cœur blessé,
ce noble effort *n'est-il pas plus que de la
bienfaisance même* (25)? Il atteint presque le dévouement (26).

» Eh bien! *c'est surtout chez les pauvres qu'on le trouve* (27), *et chez eux
la bonne intention ne peut être mise en
doute* (28). A quoi bon se priver du nécessaire pour le donner, s'il doit en ré-
sulter un mal (29)? *Ce serait insensé*
(30).

» D'ailleurs, *le bienfait* (31) est spontané plus que *n'importe chez quel riche* (32). Il n'est pas précédé de prières, de supplications *qui brisent* (33) celui *qui* a le sentiment de sa dignité et *qui* (34) est réduit malgré tout à implorer le secours d'autrui.

» *Le pauvre vient en aide au pauvre avec un désintéressement complet* (35). *Que demander à qui n'a rien* (36) ? Qu'attendre de celui qui attend lui-même ?

» Mais ce qui touche surtout, c'est la délicatesse avec laquelle le bienfait est *rendu* (37). Qu'il consiste *soit en soins* (38), soit en consolations, jamais il ne blesse *celui qui* le reçoit, car *celui qui* (39) le rend connaît *l'état du cœur* (40) de son obligé et ménage *tous* ses sentiments (41), lui épargne toute humiliation. Le malheur ne *l*'a-t-il pas assez abattu pour *l*'écraser (42) par un air protecteur ou dédaigneux ?

» *Oh ! si* (43), et le pauvre le sait bien ; il s'applique au contraire à vaincre *les scrupules de son obligé* (44), ce que trop souvent ne fait pas le riche (45).

» Suivant quelques *gens* (46), tous ces bienfaits *immatériels* (47) ne sont pas méritoires, et ceux qui *le* (48) sont ne

(32) Je ne vois pas cela. — Remarquez accessoirement la trivialité du tour *n'importe chez quel...* et la singulière résonance tudesque : *chez quel riche* à la fin de la phrase.

(33) Impropre : *répugnent à.*

(34) *Qui... qui... qui.*

(35) Pourquoi supposer le pauvre si désintéressé ? — Vous voulez dire (cela résulte de ce qui suit) : *Le pauvre ne peut secourir le pauvre que dans un esprit de désintéressement, car...*

(36) C'est-à-dire, n'est-ce pas : *Que demander* EN RETOUR *à celui qui n'a rien ?* Voyez comme tout cela est obscur, et comme votre plume trahit votre pensée !

(37) On ne *rend* pas un bienfait, à moins qu'il ne s'agisse d'une dette de reconnaissance.

(38) Assonance désagréable.

(39) *Celui qui... celui qui...* lourd.

(40) Vague.

(41) *Tous* est excessif.

(42) *L'* mis grammaticalement pour le consolateur (comme le *l'* précédent) et non pas pour le consolé.

(43) Exclamation naïve. Commencez à : *Le pauvre le sait bien.*

(44) Quels scrupules ? L'obligé en a peut-être, en effet ; mais faites-les connaître et précisez.

(45) Vous êtes injuste pour les riches.

(46) *Quelques personnes.*

(47) Impropre : Il faudrait tourner la phrase et dire par exemple : *la bienfaisance ne peut s'exercer que par des libéralités.* Mais qui donc se fait une si fausse idée de cette vertu ?

(48) Immatériels ou méritoires ?

(49) *Le fait*, dans le sens « le propre de… »; « L'amour du genre humain n'est point du tout mon fait. » — « Du fait de » signifie « causé par ».

(50) Très plat : *à nos contradicteurs.*

(51) Toute cette fin est très mal écrite et obscure. Vous voulez dire : *D'ailleurs, les pauvres aussi savent donner, et, de leur part, la bienfaisance, ainsi pratiquée, s'élève jusqu'au sacrifice.*

sont pas *du fait* (49) *des* gens qui n'ont rien. Nous savons à présent ce qu'il faut en penser, et nous donnerons *à ces gens* (50) *des exemples de secours matériels même chez les plus pauvres, mais alors nous quitterons la bienfaisance pour atteindre le dévouement* (51). »

## COMPTE RENDU ORAL DE LA CORRECTION

*Un mot d'appréciation du sujet lui-même*

Sujet de morale intéressant et facile : convient à des élèves de première année.

*Analyse du devoir :*

Après être entré en matière par des considérations générales sur la nature et les degrés de la bienfaisance, l'élève examine à quelles conditions un bienfait est méritoire : Il faut, dit-il, qu'il soit accompagné d'une intention louable; qu'il soit accompli volontiers; qu'il soit enfin désintéressé.

On a tort, dit-il ensuite, de croire que la bienfaisance ne puisse être que l'apanage des riches. Les pauvres peuvent être bienfaisants, par exemple, en veillant un malade, en consolant un affligé. Et la consolation, de la part d'une personne plongée elle-même dans la douleur, demande un effort qui va jusqu'au dévouement.

Or, c'est surtout chez les pauvres qu'on observe la vraie bienfaisance. Chez eux les bienfaits sont toujours heureusement inspirés, plus spontanés et plus désintéressés que chez les riches. Enfin le pauvre sait y apporter tous les ménagements de nature à sauvegarder la dignité de son obligé. Conclusion : Les bienfaits moraux sont supérieurs aux bienfaits matériels.

*Critique.* Quant au fond :

Ce devoir est franchement mauvais. Une idée le domine, et cette idée est fausse ou tout au moins paradoxale : Les riches, dit l'élève, ne sont pas véritablement bienfaisants, les pauvres seuls le sont. (*Lire depuis :* « Eh! bien, c'est surtout le pauvre, » *jusqu'à* « ce que trop souvent ne fait pas le riche ».) Dire que les pauvres seuls sont vertueux, c'est un préjugé qui ne supporte pas l'examen. Ajoutons que le style dans lequel ces idées sont présentées achève, comme nous le verrons tout à l'heure, de rappeler les méchants romans ou mélodrames où elles ont cours.

Quant à la forme. Traits généraux :

Quant à leur enchaînement, toute la première partie est oiseuse, ou du moins beaucoup trop développée. Le point principal était de montrer que la bienfaisance ne consiste pas seulement à faire des dons matériels. Il était donc à peu près inutile de considérer à quels titres le bienfait est ou cesse d'être méritoire. (*Lire depuis* « D'abord il doit être accompagné d'une bonne intention..... » *jusqu'à* « est aussi grand qu'il peut l'être ».) Remarquons néanmoins que ces considérations reviennent dans la seconde partie : « Chez eux (les pauvres) la bonne intention ne peut être mise en doute..... Le bienfait (chez les pauvres) est spontané plus que n'importe chez quel riche..... Le pauvre vient en aide au pauvre avec un désintéressement complet. » Cette remarque dénote au moins chez l'élève l'idée d'un plan et de quelques notions d'ordre, qui eussent pu être plus heureusement appliquées.

Signalons encore un penchant à la subtilité dans ce passage paradoxal : « Et lorsque ce cœur est meurtri, » *jusqu'à* « dévouement ». Ce sont là des défauts très graves.

Détails :

Le style ne vaut pas mieux. Le seul endroit passable

à ce point de vue fait malheureusement partie du passage que nous avons signalé comme faisant longueur. (« Elle doit être désintéressée » *jusqu'à* « qu'elle soit délicate ».) Ailleurs, le style est obscur (*Rem.* 36, 52). Il est romanesque et déclamatoire : « Il dépense non seulement son temps, ses lumières, *mais aussi son cœur.* — Et lorsque ce cœur est meurtri, etc. » Il fourmille avec cela d'incorrections grammaticales (*Rem.* 10, 16, 22, 23, 37, 42 et 49), et présente enfin sous divers rapports un tissu de taches de toutes sortes. (Citer les plus graves : *Rem.* 1, 12, 13, 19, 21, 32, 39.)

Résumé :

Nous le noterons donc comme suit :

*Devoir faible. — La première partie est oiseuse, ou du moins, beaucoup trop développée. — La deuxième est dominée par une idée paradoxale. — Style obscur, parfois romanesque, français très incorrect : 6/20.*

Corrigé :

Voici maintenant le plan-modèle que nous proposerions :

*1. L'idée de bienfaisance (faire du bien) éveille au premier abord l'idée de don, de libéralité. Il semble donc que ceux qui possèdent peuvent seuls être bienfaisants. — Erreur.*

*2. On peut donner autre chose que de l'argent, des aliments ou des habits. On peut donner des choses qui ne coûtent rien : de bons conseils aux indécis ou aux égarés, des consolations aux affligés, et, n'eût-on qu'un toit sans flamme, un abri au voyageur. Faible degré de la bienfaisance, il est vrai, puisque aucun sacrifice n'est nécessaire ici.*

*3. Mais on peut encore offrir ses bras au moissonneur dont la récolte est en péril, on peut prolonger son labeur quotidien pour venir en aide à de plus pauvres que soi.*

4. *Ce sont là déjà, — sinon par leurs effets, au moins par leur valeur morale, — des services supérieurs à des secours en argent ou en nature pris sur notre superflu. Mais il y en a d'autres qui ne comportent aucune équivalence pécuniaire : employer son temps et ses lumières à instruire les ignorants; prendre la défense des opprimés; affronter une épidémie pour soigner un malheureux que tout le monde a abandonné par crainte de la contagion, ne sont-ce pas là des bienfaits qui l'emportent sur tous les dons?*

CONCLUSION. — *Voilà comment les plus pauvres peuvent exercer la bienfaisance. On voit que, si la pratique de cette vertu ne leur est pas possible dans tous les cas, elle leur reste accessible sous ses formes les plus précieuses et les plus nobles.*

# LECTURE EXPLIQUÉE D'UN TEXTE FRANÇAIS

---

**Lire et expliquer le passage suivant de La Bruyère (*De la Société et de la Conversation*) : « Que dites-vous? Comment? Je n'y suis pas », etc., jusqu'à : « peut-être alors croira-t-on que vous en avez ».**

## I

### LECTURE

C'est une sorte de dialogue fictif, bien que La Bruyère fasse parler un seul personnage. Prendre le ton d'une conversation gaie et familière en se mettant, comme on dit, « dans la peau du bonhomme ».

Avec beaucoup d'aisance et de naturel :

**Que dites-vous?**

Une légère pause (comme pour laisser à votre interlocuteur le temps de répéter sa phrase). Un peu plus fort :

**Comment?**

Même jeu. — Comme à vous-même :

**Je n'y suis pas.**

Ton du dialogue. Très poliment.

**Vous plairait-il de recommencer?**

Même jeu que ci-dessus. — Ton de regret et de résignation un peu ironique :

**J'y suis encore moins.**

Nouvelle pause[1]. (Il faut supposer que votre interlocuteur, piqué au jeu, revient spontanément à la charge et s'exprime cette fois en termes plus clairs.) Vous reprenez alors sur le ton de l'exclamation :

*Ah! parfait! à la bonne heure! Il n'est pas trop tôt!*

**Je devine | enfin**[2].

(Faites valoir cet : « enfin ».)

*N'est-ce pas que j'ai deviné :*

Vous voulez, Acis, me dire qu'il fait froid ;

(Plus vous aurez l'air de sortir comme avec soulagement d'un doute profond, plus l'effet comique sera produit. — Garder, néanmoins, une juste mesure et observer la distance qui doit séparer le lecteur du comédien. Même recommandation pour les jeux de physionomie).

D'un ton obligeant et sans pédanterie :

*Mais pourquoi tant d'ambages,*

Que ne disiez-vous : « Il fait froid? »

*Si, je suppose,*

Vous voulez m'apprendre qu'il pleut ou qu'il neige, dites : « Il pleut, il neige. »

Avec bonne humeur :

Vous me trouvez bon visage et vous désirez de m'en féliciter, dites : « Je vous trouve bon visage. »

Changer de ton. (Vous vous mettez à la place de votre interlocuteur supposé.) Avec une nuance de dédain et une légère ironie :

Mais, répondez-vous,

(Détaillez ce « répondez-vous ».)

...Cela est bien uni et bien clair. Et d'ailleurs, qu'est-ce qui ne pourrait pas en dire autant?

---

1. Ces pauses doivent être très courtes ; autrement elles feraient languir la lecture.

2. Les mots en **caractères égyptiens** sont les mots dits *de valeur*, sur lesquels il faut appuyer.

Vous reprenez votre personnage. — Avec vivacité, mais d'un ton bon enfant :

Eh bien ! Qu'importe, Acis ?

Finement :

Est-ce un si grand mal d'être entendu quand on parle et de parler comme tout le monde ?

Sentencieux, sans cesser d'être familier :

*Tenez, voulez-vous que je vous le dise,*

Une chose vous manque, Acis, à vous et à vos semblables, les diseurs de phébus,

(Donner à « phébus » un accent de mépris.)

*Prenez garde,*

Vous ne vous en défiez point | et je vais vous jeter dans l'étonnement.

(Ne laissez pas tomber la voix, jusqu'à : « c'est l'esprit ».)

Une chose vous manque,

Une pause, pour prolonger l'attente de votre interlocuteur. Après quoi, vivement, comme une flèche qu'on lance :

C'est l'esprit.

Nouvelle pause pour jouir de l'effet de cette déclaration inattendue. Puis, tout à coup et brièvement, comme pour interrompre les protestations d'Acis :

Ce n'est pas tout.

Sentencieusement :

Il y a en vous une chose de trop,

(Faire sentir l'antithèse : une chose vous manque — une chose de trop.)

Nouvelle surprise d'Acis, nouvelle pause.

... qui est l'opinion d'en avoir plus que les autres.

(Appuyez sur « plus que les autres » pour marquer combien cette opinion est assurée chez Acis.)

Laisser tomber la voix. Sentencieux :

*Or, voilà, mon cher Acis,*

Voilà la source de votre **pompeux galimatias**, de vos **phrases embrouillées** et de vos **grands mots |** **qui ne signifient rien.**

Ton du conseil. Familièrement et vivement :

*Tenez, je suppose,*

Vous abordez cet homme | ou vous entrez dans cette chambre. Je vous tire par votre habit | et vous dis à l'oreille :

Vite et à demi-voix :

Ne songez point à avoir de l'esprit,

Avec autorité :

N'en ayez point : c'est votre rôle.

Plus doux :

Ayez, si vous pouvez...

(Détachez — sans excès — ce « si vous pouvez ».)

... un langage simple | et tel que l'ont...

Compassion finement ironique :

... ceux en qui vous ne trouvez aucun esprit.

Simplement, froidement :

**Peut-être |** alors | croira-t-on que vous en avez.

## II

### COMMENTAIRE

### A. — GÉNÉRALITÉS

1° Sur l'auteur et sur l'ouvrage :

Ce passage, emprunté au chapitre V des *Caractères*, est un des plus connus de La Bruyère. Le chapitre V lui-même est un de ceux qu'on relit le plus volontiers. C'est qu'il est rempli de ces portraits, qui sont pour la meilleure part dans la gloire littéraire de notre auteur. Il y a, outre le portrait d'Acis, celui d'Arrias, le nouvelliste, de Cydias, le bel esprit, d'Hermagoras, l'érudit, de Théodecte, le faiseur d'embarras, bien d'autres encore. Dans toutes ces peintures, l'esprit, la finesse, la verve, le disputent à l'exactitude, sinon à la profondeur de l'observation, et il est peu de pages de nos classiques que les élèves intelligents aient plus de plaisir à lire et à apprendre par cœur.

2° Sur le passage choisi :

Acis est ce que nous appellerions aujourd'hui un phraseur, un homme recherché dans son langage, qui ne consent à rien dire comme tout le monde.

On sait que la plupart des types esquissés par La Bruyère étaient tracés d'après nature, et l'on connaît les originaux de ses personnages. Mais, pour Acis, les clefs sont muettes. Le travers qu'il incarne était assez général à l'époque de La Bruyère, pour que chacun pût retrouver dans cette physionomie des traits propres à quelque personne de sa connaissance.

Le *phébus* avait été préparé par le *gongorisme* et les *concetti*, si fort à la mode au commencement du dix-septième siècle. Du reste, cette étrange manie de donner de la singularité à son langage n'a point disparu : de nos jours encore l'argot inepte du boulevard et le jargon amphigourique et obscur de l'école décadente peuvent faire regretter le phébus.

## B. — Examen critique du texte

1° Traits généraux :

Il faut d'abord remarquer la vivacité que l'auteur a su donner au caractère qu'il dépeint, en employant la forme du dialogue. Un ouvrage formé d'esquisses sans lien entre elles risquait d'être très monotone s'il n'était relevé par l'agrément et la variété des tours. C'est à quoi La Bruyère s'est appliqué, — trop appliqué même, au gré de quelques critiques, qui regrettent que l'art extrême qu'il a mis dans ses ouvrages s'y laisse voir.

Quoi qu'il en soit, voilà qu'après un passage[1] d'une forme sentencieuse : « L'on voit des gens, » etc., et qui se termine même sur une note assez triste : « On les plaint de ce peu qu'ils en ont, et, ce qui est pire, on en souffre, » le lecteur sent avec plaisir et surprise son attention réveillée par le début aussi piquant qu'imprévu de l'alinéa qui suit : « Que dites-vous ? Comment ? Je n'y suis pas, » etc.

Acis ne répond rien, mais il est censé répondre, et l'artifice du lecteur doit faire supposer ces répliques. Toutefois, comme un tel procédé ne tarderait pas à devenir fatigant, La Bruyère y renonce bientôt. C'est lui-même d'abord, principal interlocuteur, qui se fait l'interprète des sentiments supposés d'Acis. Il termine ensuite par un petit sermon dont le ton pourrait paraître un peu impertinent peut-être à une personne d'humeur chatouilleuse, si la cordialité familière de ces franches déclarations ne rachetait pas leur malice et leur brusquerie.

---

1. Le passage précédent.

2° Détails :

*Que dites-vous? Comment,* etc. La Bruyère feint de s'en prendre à soi-même de son peu d'entendement. Quand son interlocuteur s'est enfin exprimé en termes plus intelligibles : *Je devine enfin!* s'exclame-t-il comme s'il avait trouvé le mot de la plus obscure énigme. La pensée d'Acis était donc bien subtile, bien difficile à saisir? Non, c'est une des plus ordinaires, des plus banales qu'on puisse exprimer : *Vous voulez, Acis, me dire qu'il fait froid...* Le tour est fort spirituel et l'effet tout à fait plaisant.

Remarquons ces répétitions : *Vous voulez m'apprendre qu'il fait froid, dites : il fait froid; vous voulez m'apprendre qu'il pleut ou qu'il neige, dites : il pleut, il neige.* Elles donnent de la saveur à la réplique. Si La Bruyère eût écrit : « Vous voulez me dire qu'il fait froid, dites-le » simplement; vous voulez me dire qu'il pleut ou qu'il » neige, n'usez pas de périphrases; » combien le tour serait moins piquant!

*Vous désirez de m'en féliciter.* On dirait plus ordinairement aujourd'hui : « vous désirez m'en féliciter. » L'Académie fait au sujet de *désirer* suivi d'un infinitif avec ou sans *de* une distinction que Littré n'admet pas : l'usage donne effectivement à ces deux tours la même valeur.

*Cela est bien uni,* simple, sans ornement : « Dire les choses tout uniment. »

*Est-ce un si grand mal d'être entendu quand on parle?* -- *Entendu :* compris. *Un si grand mal!* Ce n'est pas même un mal, tant s'en faut. C'est non seulement un bien, mais une nécessité. Il faut remarquer l'ironie de ce *si.*

*Une chose vous manque, Acis.* Pour prendre ce ton de sermonneur et faire ainsi la leçon aux gens, il faut être bien sûr d'avoir la vérité et le bon sens pour soi. C'est ici le cas.

*Phébus.* Langage emphatique et obscur, alors à la mode. Ce mot vient, suivant les uns, d'un personnage d'un roman de M<sup>lle</sup> de Scudéry; suivant les autres, de Phébus, dieu des beaux-arts, souvent invoqué par les poètes et sujet de vers boursouflés.

Mais qu'est-ce donc qui lui manque à Acis? Il doit se le demander, car il a bonne opinion de lui. La Bruyère prend plaisir à piquer son impatience et sa curiosité : il ne va pas le lui dire tout de suite; il place encore ici deux parenthèses : *Vous ne vous en défiez point — et je vais vous jeter dans l'étonnement.* Signalons la périphrase : *jeter dans l'étonnement,* qui est beaucoup plus forte que le verbe simple *étonner.* — Puis encore une répétition : *Une chose vous manque.* — Tous ces retards, que le lecteur doit faire valoir, préparent et augmentent l'effet piquant de la déclaration finale : *C'est l'esprit.*

Acis doit se récrier, et, de fait, il en a le droit. Car une des définitions, d'ailleurs si nombreuses, de l'esprit, s'applique aux périphrases ingénieuses, aux saillies imprévues, aux rapprochements factices et tirés par les cheveux, dont Acis et « ses semblables » émaillent leur langage. Les *pointes,* les *concetti,* le calembour lui-même, sont des formes de cet esprit. — Esprit de mauvais aloi, hâtons-nous de le dire. Or, ce n'est pas de celui-là que veut parler La Bruyère. Il entend par esprit le bon sens, le jugement, le tact. La querelle repose donc sur une confusion de mots. Et cette confusion est volontaire de la part du terrible censeur. Est-il donc coupable de mauvaise foi? Non, mais de malice seulement. Cette distinction qu'à dessein il ne prend pas soin d'établir, Acis ne songe pas à la faire. Pour lui, il n'y a pas d'autre sorte d'esprit que la première : il ne soupçonne pas la seconde, ou du moins n'en fait aucun cas. La Bruyère estime, au contraire, avec raison, que cette dernière seule a de la valeur, et que les beaux esprits, s'ils ne sont en même temps de bons esprits, sont les gens les plus sots du monde.

*Il y a en vous une chose de trop, qui est l'opinion d'en avoir plus que les autres.* Double antithèse : *Une chose vous manque — une chose de trop ; vous n'avez pas d'esprit — vous croyez en avoir plus que les autres.*

*Voilà la source de votre pompeux galimatias,* etc. A y regarder de près, on peut encore relever trois autres antithèses : *pompeux — galimatias. Galimatias* (origine controversée), langage embrouillé. La trivialité du terme contraste elle-même avec l'adjectif *pompeux. Phrases — embrouillées.* « (Le mot *phrase* implique ici un sens ambitieux comme dans « faire des phrases, phraser, phraseur ». Il s'oppose donc à l'idée de critique contenue dans « embrouillées ».) Enfin : *grands mots — qui ne signifient rien.*

La tirade est un peu sermonneuse et pourrait choquer Acis. La Bruyère ne tarde pas à passer du blâme au conseil. Il prend un tour plus familier et plus incisif : *Vous abordez cet homme,* etc.

*Ne songez point à avoir de l'esprit* (à la manière dont vous l'entendez). En effet, l'esprit, au sens où La Bruyère au contraire prend ce mot, doit être, avant tout, naturel. Comme d'autres qualités, l'ingénuité, la grâce, il disparaît dès qu'il laisse voir la moindre recherche.

*N'en ayez point : c'est votre rôle.* Ce serait faire un contresens que de prendre ces mots « c'est votre rôle » dans une acception insultante pour Acis. Le véritable sens de la phrase résulte clairement des explications qui précèdent. Il s'agit ici de ce faux esprit qui se manifeste par la préciosité du langage. « C'est votre rôle » signifie donc : « Votre rôle est d'éviter toute affectation dans vos discours. »

*Ayez, si vous pouvez, un langage simple...* « Si vous pouvez », car Acis a tellement l'habitude de parler *phébus* qu'il lui serait peut-être difficile de parler autrement.

*..... et tel que l'ont ceux en qui vous ne trouvez aucun esprit.* — Piquant critérium bien mortifiant pour Acis.

*Peut-être alors croira-t-on que vous en avez.....* De l'esprit cette fois au sens où l'entend La Bruyère : bon sens, jugement, tact. *Peut-être..... croira-t-on :* ces mots restrictifs sont autant de traits mortifiants pour le prétentieux Acis.

## C. — REMARQUE FINALE ET CONCLUSION

Il convient maintenant de bien s'entendre sur la portée du conseil que donne La Bruyère. Il ne faudrait point, sur la foi de notre auteur, faire un crime à Bossuet d'avoir remplacé le mot simple « Dieu » par les majestueuses périphrases de sa période célèbre : « Celui qui règne dans les cieux, de qui relèvent tous les empires, » etc., ni reprocher à Malherbe de ne pas avoir rimé tout uniment ce lieu commun : « Tous les hommes sont sujets à la mort, » à la place de sa fameuse strophe : « Le pauvre en sa cabane, » etc. Outre qu'il y aurait une différence fondamentale à établir entre les tours heureux et ceux qui choquent le goût ou la raison, on peut dire que les critiques dont il s'agit ici ne s'appliquent, — ainsi que l'indique le titre de notre chapitre, — qu'au langage de la conversation, dont La Bruyère donne lui-même dans ce court passage un modèle achevé. Ajoutons, néanmoins, en ce qui concerne les élèves, qu'il faut avoir le goût plus sûr qu'ils ne l'ont pour pouvoir se permettre impunément les traits hardis, les périphrases ou les métaphores ambitieuses, et qu'ils feront sagement, dans leurs modestes écrits, de s'attacher à la simplicité et de suivre le précepte donné par La Bruyère.

**Lire et expliquer le passage suivant d'*Andromaque* (acte III, sc. VI) : « Ah! Seigneur, vous entendiez assez », jusqu'à : « Il ne séparât point des dépouilles si chères ».**

## I

### LECTURE

Pour donner à cette lecture l'accent convenable, il faut d'abord se bien pénétrer de la situation, connaître le caractère des personnages, en un mot, posséder suffisamment la pièce.

Pyrrhus vient de dire à Andromaque qui lui demande de ne pas faire périr son fils Astyanax :

> *Sa grâce à vos désirs pourrait être accordée,*
> *Mais vous ne l'avez pas seulement demandée.*
> *C'en est fait.*

C'est ici que se place notre passage.

ANDROMAQUE (ton de reproche plaintif).

Ah! Seigneur! vous entendiez assez
Des soupirs | qui craignaient de se voir repoussés.

*Ne soyez pas offensé de ma réserve,*

Pardonnez à l'éclat d'une **illustre** fortune |
Ce **reste de fierté** | qui craint d'être importune.

Avec une nuance de fierté.

Vous ne l'ignorez pas : Andromaque, sans vous,
N'aurait jamais | d'un maître | embrassé les genoux.

PYRRHUS, avec amertume et dureté.

Non, vous me haïssez | et, dans le fond de l'âme |
Vous craignez | de devoir quelque chose à ma flamme;

Un peu plus haut

**Ce fils**, même, **ce fils**, l'objet de **tant de soins,**

Froidement :

Si je l'avais sauvé

Incisif :

vous l'en aimeriez moins.

Plus haut :

*Non, non, il n'y a pas à dire,*

La **haine**, le **mépris,** contre moi **tout** s'assemble;

Avec amertume :

Vous me **haïssez** | plus que tous les Grecs ensemble.

*Eh bien! puisqu'il en est ainsi,*

**Jouissez** à loisir | d'un si noble courroux :

*N'en parlons plus :*

Allons, Phœnix.

ANDROMAQUE, avec une résignation douloureuse.

Allons rejoindre mon époux !

CÉPHISE (accent de l'effroi et de la prière).

Madame...

ANDROMAQUE (même accent que tout à l'heure).

Et que veux-tu que je lui dise encore?
Auteur de tous mes maux, crois-tu qu'il les ignore?

A Pyrrhus. Avec effort :

Seigneur, voyez l'état où vous me réduisez :

Suppliante. Elever la voix d'un vers à l'autre :

J'ai vu mon père mort | et nos murs embrasés,
J'ai vu trancher les jours de ma famille entière |
Et mon **époux sanglant** traîné sur la poussière,

Un peu moins haut; douloureusement :

Son fils | seul avec moi | réservé pour les fers.

Laisser tomber la voix.

Mais que ne peut un fils?

Avec effort, comme pour un aveu pénible

Je respire,

Plus bas encore :

Je sers.

*Une pause. Tristement, mais simplement et lentement :*

J'ai fait plus : je me suis **quelquefois** consolée
Qu'ici | **plutôt qu'ailleurs** | le sort m'eût exilée;

*Faire sentir l'antithèse :*

Qu'heureux | dans son malheur,

*Autre antithèse à faire saillir, mais sans déclamation. Avec tristesse :*

le fils **de tant de rois**,
Puisqu'il devait servir, fût tombé sous vos lois,

*Élever un peu la voix. Simplement :*

J'ai cru que sa **prison** deviendrait son **asile.**

*C'est ainsi que*

Jadis Priam soumis | fut respecté d'Achille.

*Simplement :*

J'attendais de son fils encor plus de bonté;

*Mais je m'abusais.*

*Apostrophe.*

Pardonne, cher Hector, à ma **crédulité,**
Je n'ai pu soupçonner ton ennemi d'un crime,
**Malgré lui-même,** enfin, je l'ai cru magnanime.

*Adjuration indirecte.*

Ah! s'il l'était assez | pour nous laisser, du moins,
Au **tombeau** | qu'à ta cendre ont élevé nos soins,
Et que |

*Laisser tomber la voix, comme à la fin d'une prière.*

, finissant là sa haine et nos misères |
Il ne **séparât point** | des **dépouilles si chères!**

## II

### COMMENTAIRE

### A. — GÉNÉRALITÉS

1° Sur l'auteur et sur l'ouvrage :

Ce passage est emprunté à l'une des scènes les plus pathétiques d'*Andromaque*.

On sait que cette tragédie, que Racine composa à vingt-huit ans, marque une étape des plus importantes dans l'histoire de notre théâtre. Sa représentation, en 1667, fut un événement aussi considérable que l'avait été, trente et un ans auparavant, la représentation du *Cid*. Elle fit connaître que Corneille, alors sur son déclin, avait un successeur. On ne retrouvait pas à la vérité, dans *Andromaque*, les héros plus grands que nature de l'illustre tragique, ni leurs élans sublimes, mais les sentiments plus humains que Racine mettait à la scène, la langue plus soutenue et plus touchante, — sans cesser, à l'occasion, d'être véhémente, — dans laquelle il les exprimait, avait saisi davantage les spectateurs aux entrailles. Ce fut donc pour le public d'alors comme une révélation d'un nouvel et puissant ressort dramatique, en même temps que celle d'un nouveau poète de génie.

2° Sur le passage choisi :

On connaît le sujet d'*Andromaque*[1]. Le passage choisi nous place au moment où Pyrrhus, après mainte tergiversation, s'est déclaré décidé à faire périr le jeune Astyanax. Mais il aime toujours la veuve d'Hector, et la funeste ré-

---

[1]. Le candidat n'a pas à raconter toute la pièce : cela l'entraînerait trop loin et ferait longueur.

solution qu'il a prise n'est que la conséquence du dépit violent où l'ont jeté les chastes refus de cette princesse. Il croyait rencontrer Hermione, quand Andromaque s'offre à ses yeux; et celle-ci, à l'instigation de sa confidente Céphise, profite de cette entrevue pour implorer le farouche Pyrrhus en faveur de son fils chéri.

Andromaque, quel que soit le danger qui la menace dans la vie de son enfant, ne pouvait exprimer sa prière en des termes dont la honteuse humilité fût, — surtout à l'égard du fils d'Achille, — indigne de la veuve d'Hector. Racine, toujours fidèle observateur de la vérité psychologique, n'a eu garde de mentir ainsi au caractère qu'il a donné à son personnage. Cette réserve semble donc devoir interdire aux supplications d'une mère éplorée les élans les plus pathétiques. Son adjuration éclate pourtant si touchante, que Pyrrhus, exaspéré d'abord des refus essuyés, après avoir, avec la plus amère dureté, confirmé une fois de plus l'arrêt de mort du jeune Astyanax, s'en trouve ébranlé, sans que pourtant, dans les paroles de l'infortunée princesse, il ait pu pressentir des dispositions conformes à son aveugle désir.

### B. — EXAMEN CRITIQUE DU TEXTE

1° Traits généraux :

La réponse d'Andromaque, par laquelle s'ouvre notre passage, donne la raison de cette réserve que Pyrrhus lui reproche. Elle est pleine, dans sa tristesse, d'une fierté sans jactance. Pyrrhus, tout entier à sa passion inexorablement repoussée, ne veut rien entendre : *Non*, dit-il, *vous me haïssez*. Et il faut convenir, en effet, qu'un tel sentiment, chez toute autre qu'Andromaque, serait, dans sa situation, assez naturel. Mais ce personnage, qui incarne la piété conjugale et l'amour maternel, est si peu porté à la haine, que le reproche de Pyrrhus paraît odieux et blessant comme une calomnie. Si Andromaque était dans les dispositions que Pyrrhus lui prête ou feint de lui prêter, elle accueillerait son arrêt implacable par des imprécations. Au lieu de cela, le seul cri qui lui échappe est un cri de résignation et de fidélité : *Allons rejoindre mon époux!* c'est-à-dire : allons mourir. Revenant ensuite à la charge, sur les instances de Céphise, elle lui adresse une dernière adjuration. Les premiers vers de cette tirade sont un tableau de ses malheurs ; puis vient un appel, — toujours plein de dignité, — à la générosité de Pyrrhus ; puis l'explosion d'une douleur où le vœu touchant qu'elle exprime, au lieu de s'affirmer sous la forme plus directe et plus pressante du vocatif, prend le ton de l'exclamation, comme il convient à l'état d'une âme qui a perdu tout espoir. Il y a là un art infini, qui ne paraît point, et qui devait paraître d'autant moins, que la triste Andromaque laisse parler sa douleur, sans songer à mettre dans son plaidoyer un artifice qui ne serait nullement dans son caractère.

2° Détails :

*Vous entendiez assez des soupirs,* c'est-à-dire : « Vous compreniez assez où tendaient des soupirs », etc.

*Fortune,* destinée, condition.

*Ce reste de fierté qui craint d'être importune.* Ce n'est pas la fierté qui craint d'être importune, puisque c'est elle au contraire qui dicte à Andromaque la réserve. Le sens est « qui me *fait craindre* d'être importune ». *Importune* qualifie « Andromaque », et non pas « fierté ». C'est une syllepse.

*Andromaque, sans vous, N'aurait jamais,* etc. « Sans vous » s'emploie plus habituellement dans le sens de : « Si vous n'étiez pas la cause ou l'auteur de... (la chose ou de l'acte qui s'est opposé à l'événement) ». Ici, nulle idée de causalité ; il signifie simplement : « Si vous n'existiez pas ».

*Non, vous me haïssez.* Cette brutalité fait contraste avec le ton doux et mesuré des vers qui précèdent.

*Ce fils... si je l'avais sauvé...* Remarquons d'abord que l'idée principale ne porte pas sur *sauvé,* mais sur *je.*

L'expression équivaut, non pas à « s'il vivait », mais à « s'il me devait la vie ». Remarquons ensuite l'emploi du plus-que-parfait : « Si je l'avais sauvé. » Astyanax n'a pas encore péri ; il faudrait donc : « Si je le sauvais. » Mais Pyrrhus feint de considérer son arrêt comme déjà exécuté, pour mieux marquer par là combien sa résolution est irrévocable. Il voudrait, en outre, par la dureté de ses paroles et l'injustice d'une supposition (*vous l'en aimeriez moins*) propre à provoquer quelque explosion dans le cœur maternel d'Andromaque, lui arracher, dans l'élan du désespoir, ne fût-ce qu'un cri favorable à sa passion.

*Vous me haïssez plus que tous les Grecs ensemble.* Grammaticalement, il y a équivoque, cette phrase pouvant également signifier : « Vous me haïssez plus que tous les Grecs ne me haïssent », ou : « Vous me haïssez plus que vous ne haïssez tous les Grecs. » D'après la donnée de la pièce, le dernier de ces deux sens est évidemment le seul possible.

*L'état où vous me réduisez.* « L'état », la condition.

*J'ai vu mon père mort*, etc., jusqu'à : *réservé pour les fers.* Il y a dans ces quatre vers une gradation que le dernier ne dément pas, même après « mon époux sanglant traîné sur la poussière ». C'est que d'abord « mon fils *seul* avec moi » résume les malheurs précédents dont cet isolement est la conséquence ; ensuite que la servitude est considérée par Andromaque comme la plus extrême des infortunes. Pourtant, à la lecture, c'est sur : *Mon époux sanglant traîné sur la poussière* qu'il faudra le plus élever la voix. Si la servitude, en effet, peut et doit, pour une âme généreuse, être regardée comme un malheur plus grand que la mort d'un époux, il n'en est pas moins vrai que le spectacle si terrible du dramatique trépas d'Hector a dû laisser dans le cœur d'Andromaque une douleur, sinon plus profonde, au moins plus aiguë, plus déchirante.

*Mais que ne peut un fils* (sur le cœur d'une mère)?

*Je respire, je sers.* C'est-à-dire : « Je vis, je suis esclave. » (A cause de mon fils, j'ai consenti à vivre, et, par suite, à être réduite en esclavage avec lui.) Il n'est pas besoin d'insister sur la noblesse et l'élévation de ces sentiments.

*J'ai fait plus : je me suis quelquefois consolée...* C'est aller en effet au delà de tous les sacrifices que d'arriver à s'en consoler. Remarquons pourtant le *quelquefois :* il augmente d'abord l'idée des malheurs d'Andromaque, puisqu'ils sont tels, qu'en dépit des sentiments qui précèdent, elle n'a pu parvenir à les oublier complètement ; il fait ensuite que l'héroïne conserve toujours à notre compassion des titres qu'elle eût perdus, si elle avait définitivement pris son parti de ses infortunes.

*Heureux dans son malheur :* antithèse.

*Le fils de tant de rois, Puisqu'il devait servir :* autre antithèse.

*J'ai cru que sa prison deviendrait son asile.* « Prison », « asile », opposition de mots.

*Jadis Priam soumis fut respecté d'Achille... J'attendais de son fils encor plus de bonté.* Le souvenir et l'exemple de son glorieux père doit toucher Pyrrhus. Il ne peut, sans mentir à son sang, rester sourd à l'appel qu'on adresse à sa générosité.

*Pardonne, cher Hector, à ma crédulité.* Ironie triste.

*Je n'ai pu soupçonner ton ennemi d'un crime.* Celui de faire périr un enfant.

*Malgré lui-même.* Malgré ses déclarations.

*Je l'ai cru magnanime.* Plus de récriminations qui pourraient aigrir Pyrrhus. Ce dernier mot, amené par un habile retour, doit flatter au contraire son amour-propre et le disposer plus sûrement à la bienveillance. A rapprocher des vers précédents :

> Je me suis quelquefois consolée
> Qu'ici *plutôt qu'ailleurs* le sort m'eût exilée;
> Qu'*heureux dans son malheur*, le fils de tant de rois,
> Puisqu'il devait servir, *fût tombé sous vos lois.*

*Ah! s'il l'était assez pour nous laisser... au tombeau...* « Au tombeau », c'est-à-dire : *près* du tombeau... (pour continuer à rendre aux cendres d'Hector de pieux devoirs).

Le tombeau d'Hector est à Buthrote même, ainsi qu'il résulte du dernier vers de ce III<sup>e</sup> acte :

Allons sur son tombeau consulter mon époux.

*Et que... il ne séparât point des dépouilles...* (quand Astyanax et moi serons morts à notre tour).

Rapprochant maintenant cette proposition de la précédente, il faut d'abord remarquer, au point de vue de la langue, qu'il y a une ellipse. Pour compléter la phrase grammaticalement, il faudrait ajouter : « Comme je serais heureuse ! » Cette exclamation a la valeur de : « Ah ! puisse-t-il l'être assez (magnanime) pour nous laisser, » etc.

Ensuite la construction est irrégulière. La correction exigerait que le même tour (proposition infinitive ou proposition subjonctive) fût conservé dans les deux parties de la phrase : « pour nous laisser... et ne séparer point », ou : « pour qu'il nous laissât... et ne séparât point ». C'est ce que les traités de rhétorique appellent une *anacoluthe*. Mais on peut faire observer que la vivacité du style rend d'abord préférable la proposition infinitive, et que, dans la dernière partie de la phrase, la tournure subjonctive rend plus instante la prière indirecte qui termine la tirade.

On pourrait encore adopter une autre interprétation, et soutenir que la dernière proposition : *il ne séparât point* est, non pas une subordonnée dépendant de : *s'il l'était assez pour...*, mais une coordonnée à cette même proposition. Dans cette hypothèse, la conjonction *qu'*, suivant un tour assez usuel, serait mise pour *si : Ah ! s'il l'était assez... et qu'il ne séparât point* équivaudrait alors à : *Ah ! s'il l'était assez... et s'il ne séparait point...*

*Si chères.* L'adjectif *cher* suppose toujours un complément exprimé ou sous-entendu. Mais ici, des dépouilles chères à qui ? Pas à Andromaque, puisqu'elle est du nombre. Le sens est : « chères les unes aux autres », ou plutôt, car des dépouilles inanimées sont incapables de sentiment : « des dépouilles de personnes qui se chérissaient tant ».

### C. — Conclusion

On sait le reste. Pyrrhus, quoique attendri par ces accents, maintient les conditions de son odieux marché. Andromaque, pour sauver son fils, se résigne à l'épouser, résolue à se tuer ensuite; tandis qu'Hermione, exaspérée de se voir délaissée, arme Oreste contre son rival; puis, ayant désavoué avec horreur ce crime, elle abandonne le meurtrier en proie aux Furies vengeresses et se frappe elle-même. Et la pièce, si pleine de situations poignantes, se termine par les fameuses « fureurs d'Oreste », qui sont le dernier degré de la véhémence.

---

# EXPLICATION D'UN TEXTE ÉTRANGER

---

## ANGLAIS

### (Texte)

#### ANECDOTE OF WASHINGTON
*ANNECDOTE OV WUOSIGNTONN*

During   the   American   war, the   captain   of   a   little
*Diourign thi[1] americane ouor, thi cap'tenn ov e litt'l*

band   of   soldiers   was   giving   orders   to   those
*bande ov soldieurs ouoz ghivign ordeurz tou thauzè*

under     him     about   a   heavy   beam that they were
*undeur himm, abaoute e hevvé bime thät thé ouère*

---

1. *Th* n'a pas d'équivalent en français. Il a le son dur et le son doux. Pour produire ces sons, passer le bout de la langue entre les dents de devant, serrer légèrement et essayer de prononcer : *s* pour *th* dur, et *z* pour *th* doux. — Dans le texte reproduit ici, tous les *th* sont doux à l'exception d'un seul qui se trouve à la fin, au mot *thunder-struck.*

endeavouring to raise to the top of some military
*enndeveurign to réze tou thi toppe ov somm militĕré*

works which they were repairing. The weight was
*oueurkes ouitch thé ouère ripèrign. Thi ouéte ouoz*

almost beyond their power to raise and the voice of
*almost biyonde thère paoueur tou rése and thi voice ov*

the superintendent was often heard shouting :
*thi siouperinntenndeunte ouoz offeun heurde shaouting :*

"Heave away; there it goes! Heave, ho!"
*" Hive aooué; thère ill gauze! Hive, ho!"*

An officer, not in military costume, was passing,
*Ann officeur nott in militeré costioume, ouoz passign,*

and asked the superintendent why he did not
*annd askt thi sioupeurinntenndeunt ouaé hi did not*

render a little aid. The latter, astonished, turning
*rennder a litt'l aide. The latteur, astonicht, teurnign*

round with all the pomp of an emperor, said: "Sir!
*raounde ouith oll thi pŏmpe ov ann empereur, sed : "Seur*

I am a corporal!" — "You are a corporal, are you?
*aé amm a corporăl!" — " Iou arr e corporăl, are you?*

replied the officer; I was not aware of that; and
*replaéd thi officeur; aé ouoz not aouare of that; annd*

taking off his hat, he bowed, saying : "I beg your
*tékign off hiz hatt, hi baoude séign : " aé bègue iour*

pardon, Mr corporal."
*pardonn, misteur corporăl."*

Upon this he dismounted, and pulled till the
*Euponn thiss hi dissmaounted, annd pould till thi*

sweat stood in drops on his forehead. And when
*souette stoud inn dropz one hiz forhed. Annd houénne*

the beam was raised, turning to the great little man,
*thi bime ouoz rézd, teurnign tou thi gréte litt'l mann,*

he said : " Mr corporal, when you have another  
*hi sed : " misteur corporăl, ouenn iou have anotheur*

such job, and have not men enough, send for your  
*seŭtch djobb, annd have not menn ineuff, send for ioeur*

commander in chief, and I shall gladly come  
*commandeur inn chiff, annd aé schale gladlé cŏmm*

to help you a second time ! "  
*tou help iou a secquend taéme !*

The corporal was thunder-struck. It was  
*Thi corporăl ouoz theunndeur-streŭk. It ouoz*

Washington !  
*Wuoshigntonn !*

, (*Nelson's Fourth Royal Reader*, p. 76.)

## Explication littérale.

| ANECDOTE OF WASHINGTON. | ANECDOTE SUR WASHINGTON. |
|---|---|
| During the American war, | Pendant la guerre américaine, |
| the captain of a little band | le capitaine d'une petite bande |
| of soldiers | de soldats |
| was giving orders | était donnant (donnait) [des] ordres |
| to those under him | à ceux sous lui (à ses inférieurs), |
| about | au sujet de |
| a heavy beam | une lourde pièce de bois |
| that they were endeavouring | qu'ils étaient s'efforçant (qu'ils s'efforçaient) |
| to raise to the top | d'élever au sommet |
| of some military works | de quelque ouvrage de guerre |
| which they were repairing. | qu'ils étaient réparant (qu'ils réparaient). |
| The weight was almost | Le poids était presque |
| beyond their power to raise, | au delà de leur force à élever, |
| and the voice of the superintendent | et la voix du surveillant |
| was often heard, | était souvent entendue |
| shouting ; | criant : |
| « Heave away ! | « Tirez au loin ! |
| There it goes ! | Là, elle va ! |
| Heave, ho ! » | Tirez, ho ! » |
| An officer, | Un officier, |
| not in military costume, | non en uniforme, |
| was passing, | était passant (passait), |
| and asked the superintendent | et interrogea le surveillant |
| why | [sur la question de savoir] pourquoi |
| he did not render | il ne prêtait pas |

| | |
|---|---|
| a little aid. | une petite aide. |
| The latter, astonished, | Le (Ce) dernier, étonné, |
| turning round | se retournant |
| with all the pomp | avec toute la pompe |
| of an emperor, | d'un empereur, |
| said : | dit : |
| « I am a corporal ! » | « Je suis un caporal ! » |
| « You are a corporal, are you ? | « Vous êtes un caporal, êtes-vous ? |
| replied the officer. | répondit l'officier. |
| I was not aware of that. » | Je n'étais pas instruit de cela. » |
| And, taking off his hat, | Et, ôtant son chapeau, |
| he bowed, saying : | il s'inclina, disant : |
| « I ask your pardon, | « Je demande votre pardon (je vous demande pardon). |
| Mister corporal. » | Monsieur [le] caporal. » |
| Upon this, | Sur ceci (à ces mots), |
| he dismounted | il descendit-de-cheval |
| and pulled | et tira |
| till the sweat | jusqu'à ce que la sueur |
| stood in drops on his forehead. | se tint en gouttes sur son front. |
| And when the beam was raised, | Et quand le madrier fut élevé, |
| turning to the great little man, | se tournant vers le grand petit homme, |
| he said : | il dit : |
| « Mister corporal, | « Monsieur [le] caporal, |
| when you have another such job, | quand vous avez (aurez) un autre tel travail |
| and have not men enough, | et [que] vous n'avez (aurez) pas assez d'hommes, |
| send for | envoyez [quelqu'un] pour [prendre] |
| your commander in chief, | votre commandant en chef, |
| and I shall gladly come | et je viendrai avec plaisir |
| to help you | pour aider vous |
| a second time. » | une seconde fois. » |
| The corporal | Le caporal |
| was thunder-struck : | fut [comme] frappé du tonnerre : |
| It was Washington. | C'était Washington. |

Traduction libre.

<h3 align="center">UNE ANECDOTE SUR WASHINGTON</h3>

Pendant la guerre de l'indépendance américaine, le chef d'une petite troupe de soldats donnait à ceux-ci des ordres concernant une lourde pièce de bois qu'ils s'efforçaient d'élever au sommet d'un ouvrage militaire qu'ils étaient en train de réparer. La pièce était presque trop lourde pour qu'ils pussent la soulever, et l'on entendait souvent la voix du surveillant qui criait :

« Tirez. Allons, ça va bien, tirez! »

Un officier en bourgeois, qui passait, demanda au surveillant pourquoi il n'aidait pas quelque peu ses soldats. Ce dernier étonné, se retournant avec la pompe d'un empereur, répondit : « Monsieur, je suis caporal! »

« Vous êtes caporal, vraiment? répliqua l'officier, je ne savais pas, » et, ôtant son chapeau, il s'inclina en disant : « Je vous demande pardon, monsieur le caporal. »

Là-dessus, il descendit de cheval et se mit à aider les soldats jusqu'à ce que la sueur perlât en gouttes sur son front. Et quand le madrier fut élevé, se tournant vers le grand petit homme, il lui dit :

« Monsieur le caporal, quand vous aurez un autre travail de ce genre et que vous manquerez d'hommes, envoyez chercher votre général en chef et je viendrai avec plaisir vous aider une seconde fois. »

Le caporal fut atterré. L'officier en bourgeois était Washington.

OBSERVATIONS GRAMMATICALES POUVANT DONNER LIEU<br>
A DES INTERROGATIONS

1° *Was giving orders.* Litt. « était donnant [des] ordres ».

Le passé anglais a trois formes : une qui correspond à notre passé défini : *The captain gave orders* : « donna des ordres » ; une autre qui correspond à notre imparfait et indique qu'une action se faisait dans un temps passé en même temps qu'une autre action : *The captain was giving orders* : « donnait des ordres » ; la troisième, emphatique, emploie l'auxiliaire *to do* (*did*) pour affirmer avec plus de force ou pour marquer la contradiction : *The captain did give orders* : « donna des ordres, je l'affirme ».

2° *Was often heard shouting.* Les Anglais emploient souvent la voix passive là où nous emploierions la voix active.

Remplacer la voix active française par la voix passive anglaise est une des manières les plus usitées de traduire « on » : On dit que la récolte est mauvaise : *The harvest is said to be bad.* On dit que le roi est mort : *The king is said to be dead.*

3° *Turning round, Taking off. To rub out, To wear out.* En anglais, on fait souvent suivre le verbe de particules telles que *round off, out.* Quelquefois, elles semblent, pour un esprit français, être tout à fait inutiles (n'ajoutant rien au sens du verbe), et former un pléonasme. *Go round to the grocer's, and bring me some sugar* : Allez chez l'épicier et apportez-moi du sucre. — *Go*, sans *round*, signifie *allez*, aussi bien qu'avec la particule, mais la particule sert à préciser la direction.

D'autres fois le sens du verbe est profondément modifié par le mot qui suit :

| | | |
|---|---|---|
| *To wear* | signifie | porter (des vêtements). |
| *To wear out* | » | user (des vêtements). |
| *To rub* | » | frotter. |
| *To rub out* | » | effacer. |
| *To tear* | » | déchirer. |
| *To tear off* | » | déchirer et enlever le morceau. |

4° *You are... are you?* Ces sortes de répétition d'un verbe (forme affirmative suivie de la forme interrogative) sont particulières à la langue anglaise. Elles servent simplement à marquer l'ironie, la malice.

5° *Till*, jusqu'à. Idée de temps : *till* ; jusqu'à demain, *till to morrow*. — Idée de distance : *as far as*. Venez avec moi jusqu'à cet endroit, *Come with me as far as that place*. — Idée de nombre : *as many as*. Le cygne a quelquefois jusqu'à six ou sept petits, *The swan has sometimes as many as six or eight young ones*. — « Jusqu'à » se traduit encore, suivant le sens, par : *as much as, even to, down to, up to, very, itself*.

6° *When you have another such job*, « Quand vous aurez (avez) un travail de cette sorte. » Dans les phrases de ce genre, où nous employons le futur dans la première proposition et selon le cas, le présent et le futur dans la seconde, les Anglais emploient le présent dans la proposition commençant par *quand*. En d'autres termes, lorsque la proposition exprimant une action à venir, mais qui doit se faire avant une autre action future exprimée dans la proposition suivante, commence par une conjonction ou un adverbe de temps, comme *after, before, the next time, when*, le verbe de cette proposition se met en anglais au présent et non au futur :

« Quand vous aurez fini votre travail, vous ferez ceci », *When you have finished your work, you will do this*;

« Quand il aura surmonté cette dernière difficulté, il aura tout à fait réussi », *When this last difficulty is got over, he will have quite succeeded*;

« Aussitôt qu'il sera arrivé, je lui parlerai », *As soon as he
arrives, I will speak to him.*

7° *And have not men enough.*
Remarquer la suppression de toute espèce de déterminatif
avant *men* en présence de *enough.*

8° *Send for* « envoyez pour », traduction de « envoyez chercher » : *The doctor has been send for*, « On a envoyé chercher
le médecin ».

9° *I shall gladly come.* Le candidat peut ici faire une observation sur l'adverbe, qui se place en anglais généralement à
la fin de la proposition, ou avant le verbe quand ce verbe est
à un temps simple, et entre l'auxiliaire et le verbe aux temps
composés.

Bien d'autres remarques pourraient être faites sur ce
passage : à propos de l'origine des mots, de la signification nouvelle acquise par un mot français devenu anglais
(*render*, par exemple), etc. Une observation serait à faire
sur : *I am a corporal;* sur *such*, qui est le plus souvent
séparé du nom qui suit (quand ce nom est au singulier)
par *a* ou *an*, etc.
Nous n'avons voulu ici que montrer combien il est facile, si l'on possède un peu la langue, de faire ressortir
les différences des deux syntaxes française et anglaise.

---

Les questions de grammaire adressées aux candidats
au cours de cette épreuve ne sauraient différer beaucoup
de celles dont nous donnons une idée par quelques-unes
des remarques ci-dessus. On pourrait toutefois, puisque,
lorsqu'ils seront chargés du cours de langue, ils auront
des leçons de grammaire à faire, leur demander de traiter une question de ce genre :

*Différentes manières de traduire en anglais le substantif
français;*

*Emploi de l'article en anglais*, ou : *Cas où* le, la, les *ne
se traduisent pas en anglais ;*
*Classification des verbes irréguliers*, etc.....

Nous engageons vivement les candidats à se faire, par
avance, sur un certain nombre de questions grammaticales, des plans de leçons. Cela les habituera à classer
rigoureusement les divers points d'un sujet, et, au jour de
l'épreuve, ils seront moins embarrassés, pour traiter avec
ordre et méthode, — ce qui est en même temps une garantie de ne rien omettre d'important, — le sujet que
leurs juges peuvent leur imposer.

---

## ALLEMAND

### (Texte)

#### DER KNABE UND DIE SCHLANGE

Ein Knabe spielte mit einer zahmen Schlange. « Mein
liebes Thierchen, » sagte der Knabe, « ich würde mich
mit dir nicht so gemein machen, wenn dir das Gift nicht
benommen wäre. Ihr Schlangen seid die boshaftesten,
undankbarsten geschöpfe! Ich habe es wohl gelesen, wie
es einem armen Landmann gieng, der eine Schlange,
vielleicht von deinen Ureltern, die er halb erfroren unter
der Hecke fand, mitleidig aufhob und sie in seinen
erwärmenden Busen steckte. Kaum fühlte sich die Böse
wieder, als sie ihrem Wohlthäter bisz und der gute, freund-
liche Mann muszte sterben. »

« Ich erstaune, » sagte die Schlange, « wie parteiisch
eure Geschichtsschreiber sein müssen! Die unsern erzählen diese Historie ganz anders. Dein freundlicher Mann
glaubte, die Schlange sei wirklich erfroren, und weil es
eine von den bunten Schlangen war, so steckte er sie
zu sich, ihr zu Hause die schöne Haut abzustreifen. War
das recht? » — « Ach, schweig nur, » erwiederte der

Knabe; « welcher Undankbare hätte sich nicht zu entschuldigen gewuszt! » — « Recht, mein Sohn, » fiel der Vater, der dieser Unterredung zugehört hatte, dem Knaben ins Wort. « Aber gleichwol, wenn du einmal von einem auszerordentlichen Undanke hören solltest, so untersuche ja alle Unstände genau, bevor du einen Menschen mit einem so abscheulichen Schandflecke brandmarken lässest. Wahre Wolthäter haben selten Undankbare verpflichtet, ja, ich will zur Ehre der Menschheit hoffen — niemals. Aber die Wohlthäter mit kleinen eigennützigen Absichten, die sind es werth, mein Sohn, dasz sie Undank anstatt Erkenntlichkeit einwuchern. »

LESSING.

(Der Schweizerische Bildungsfreund, ein republikänisches<br>Lesebuch, p. 354.)

### Explication littérale.

| DER KNABE UND DIE SCHLANGE. | LE JEUNE-GARÇON ET LE SERPENT. |
|---|---|
| Ein Knabe spielte | Un jeune-garçon jouait |
| mit einer zahmen Schlange. | avec un serpent apprivoisé. |
| « Mein liebes Thierchen, | « Ma chère petite-bête, |
| sagte der Knabe, | dit le jeune-garçon, |
| ich würde mich nicht machen | je ne voudrais pas me rendre |
| so gemein mit dir, | si familier avec toi, |
| wenn dir das Gift | si le poison |
| nicht benommen wäre. | ne t'était pas ôté. |
| Ihr, Schlangen, | Vous, serpents, |
| seid die boshaftesten, | êtes les plus méchantes, |
| undankbarsten Geschöpfe. | les plus ingrates créatures. |
| Ich habe es wohl gelesen | J'ai bien lu cela |
| wie es gieng | comment il advint |
| einem armen Landmann, | à un pauvre campagnard, |
| der aufhob mitleidig | qui ramassa avec pitié |
| eine Schlange, | un serpent, |
| vielleicht von deinen Urältern, | peut-être [un] de tes ancêtres, |
| die er fand halb erfroren | qu'il trouva à demi engourdi |
| unter der Hecke, | sous la (une) haie, |
| und sie steckte | et le cacha |
| in seinen erwärmenden Busen. | dans son sein réchauffant. |
| Kaum die Böse | A peine le méchant |
| fühlte sich wieder, | se sentit-il de nouveau [revivre] |
| als sie bisz ihren Wohlthäter, | qu'il mordit son bienfaiteur, |
| und der gute, freundliche Mann | et le bon, charitable homme |
| muszte sterben. » | dut mourir. » |
| « Ich erstaune, | « Je m'étonne, |
| sagte die Schlange, | dit le serpent, |

| | |
|---|---|
| wie eure Geschichtsschreiber | comment vos historiens |
| mussen sein parteiisch; | doivent être partiaux; |
| die unsern erzählen diese Historie | les nôtres racontent cette histoire |
| ganz anders. | tout différemment. |
| Dein freundlicher Mann | Ton homme charitable |
| glaubte die Schlange | crut que le serpent |
| sei wirklich erfroren, | était réellement gelé, |
| und weil es war | et comme c'était |
| eine von den Schlangen bunten, | un des serpents bigarrés, |
| so er sie steckte zu sich, | alors il le prit avec lui, |
| ihr abzustreifen die schöne Haut | pour lui arracher la belle peau |
| zu Hause. | à la maison. |
| War das recht? » | Etait-ce juste? » |
| « Ach! schweig nur, | « Ah! tais-toi donc, |
| erwiederte der Knabe, | répliqua le garçon, |
| welcher Undankbare, | quel ingrat |
| hätte sich nicht entschuldigen ge- | n'aurait su (ne trouverait à) s'ex- |
| wuszt. » | cuser. » |
| « Recht, mein Sohn, | « Bien, mon fils, |
| fiel ins Wort | interrompit à ce mot |
| dem Knaben, | le garçon (s'adressant au garçon), |
| der Vater, | le père, |
| der hatte zugehört | qui avait écouté |
| dieser Unterredung. | cet entretien. |
| Aber gleichwol, | Mais, néanmoins, |
| wenn du soltest hören einmal | si tu dois entendre [parler] un jour |
| von einem Undanke auszerorden- | d'une ingratitude extraordinaire, |
| tlichen, | |
| so untersuche ja genau | alors examine bien attentivement |
| alle Umstände, | toutes les circonstances, |
| bevor du brandmarken lässest einen | avant que tu laisses stigmatiser un |
| Menschen | homme |
| mit einem so abscheulichen Schand- | d'une aussi horrible infamie. |
| flerke. | |
| Wahre Wohlthäter | [De] véritables bienfaiteurs |
| haben selten verplichtet Undank- | ont rarement obligé des ingrats, |
| bare, | |
| Ja, ich will hoffen niemals | oui, je veux croire jamais |
| zur Ehre der Menschheit. | pour l'honneur de l'humanité. |
| Aber die Wohlthäter | Mais les bienfaiteurs |
| mit kleinen Absichten eigennütz- | avec de mesquines vues égoïstes, |
| zigen, | |
| die sind es werth, | ceux-là sont dignes (méritent), |
| mein Sohn, | mon fils, |
| dasz sie einwuchern Undank, | qu'ils soient payés d'ingratitude |
| anstatt Erkenntlichkeit. » | au lieu de reconnaissance. » |

## Traduction libre.

### L'ENFANT ET LE SERPENT

Un jeune garçon s'amusait avec un serpent apprivoisé. « Ma chère petite bête », dit l'enfant, « je ne m'amuserais pas si familièrement avec toi si on ne t'avait ôté ton venin. Vous, serpents, vous êtes les plus perverses et les plus ingrates des créatures! Oh! c'est que je l'ai lue, l'histoire d'un pauvre paysan qui, ayant vu dans une haie un serpent engourdi par le froid (peut-être un de tes ancêtres), en eut compassion et le réchauffa dans son sein. Or, à peine la méchante bête se sentit-elle revivre qu'elle mordit son sauveur et condamna ainsi cet homme à la mort. »

« Je m'étonne, » dit le serpent, « de la partialité de vos historiens. Les nôtres racontent cette aventure d'une manière toute différente. Ton héros bienfaisant croyait que le serpent était tout à fait gelé, et, comme celui-ci avait une belle peau bigarrée, il le cacha dans ses habits pour la lui arracher une fois rentré chez lui. Était-ce juste? » — « Ah, tais-toi donc, » répliqua l'enfant, » quelle ingratitude ne trouverait-on moyen d'excuser! » — « Fort bien! mon fils, » interrompit le père, qui avait assisté à ce dialogue. « Mais si tu entends un jour parler d'un exemple extraordinaire d'ingratitude, examine bien toutes les circonstances avant de flétrir à jamais personne d'une accusation si ignominieuse. Rarement les véritables bienfaiteurs obligent des ingrats; croyons même pour l'honneur de l'humanité que la chose n'arrive jamais. Ce sont les bienfaits intéressés qui méritent d'engendrer l'ingratitude au lieu de la reconnaissance. »

### EXEMPLES DE QUESTIONS SUR LA GRAMMAIRE

D. Que remarquez-vous sur le mot *Thierchen?*

R. *Thierchen* est un diminutif. Les diminutifs allemands se forment en ajoutant au radical le suffixe *chen* ou *lein*, selon l'euphonie. On infléchit la voyelle du radical quand c'est *a*, *o*, *u*, *au*; par exemple : *das Brot, das Brötchen*. Tous les diminutifs sont neutres.

D. Déclinez le pronom personnel *du*.

R. *Du, deiner, dir, dich.*

D. Quelle différence entre *böse* et *boshaft?*

R. *Böse* signifie méchant, mauvais; *boshaft* signifie malicieux.

D. Indiquez des mots de la famille de « *das Geschöpf* », la créature.

R. Le mot primitif est *schöpfen*, créer, de la même famille que *schaffen*, travailler. *Schöpfen*, dans le sens propre, signifie puiser. *Wasser schöpfen*, puiser de l'eau ; *Athem schöpfen*, respirer (aspirer l'air). Dans un sens vieilli, *schöpfen* signifie juger, décider, d'où *der Schöppe*, l'échevin ; *das Schöppengericht*, le tribunal des échevins.

Autres mots : *Die Schöpfe*, l'endroit où l'on puise l'eau, la fontaine ;

*Der Schöpfer*, le créateur ;

*Die Schöpfung*, la création ;

*Der Schöpfeimer, die Schöpfkanne, der Schöpflöffel*, instruments servant à puiser (seau, broc, poche) ;

*Der Schöpfergeist*, le génie créateur ;

*Die Schöpferkraft*, la force créatrice ;

*Schöpferisch* (adjectif), créateur.


D. Quelle espèce de mot *halb* ?

R. C'est un nombre fractionnaire. Il se décline comme un adjectif qualificatif.


D. Comment forme-t-on les nombres ordinaux ?

R. En ajoutant *te* aux nombres cardinaux jusqu'à 19, et *ste* à partir de 20. Il faut en excepter : *der erste* (de *eins*), le premier ; *der dritte* (de *drei*), le troisième ; *der achte* (de *acht*), le huitième.


D. Traduisez : trois heures et demie ; acheter un demi-litre de vin.

R. *Halb vier ; einen halben Liter Wein kaufen.*


D. Quelle est la signification du préfixe *ur* ?

R. Il indique la cause primordiale : *der Urheber*, l'auteur ; — le haut degré, l'antiquité : *uralt*, très vieux, archi-vieux.


D. Formez un mot composé avec *Busen* désignant un accident géographique.

R. *Der Meerbusen*, le golfe.


D. Pourquoi dit-on..... *als sie ihren Wohlthäter biesz ?*...

R. Dans les propositions subordonnées, le verbe se place à la fin.


D. « S'étonner » n'est pas pronominal en allemand. Connaissez-vous d'autres verbes français qui se rendent par le neutre ? La réciproque existe-t-elle ?

R. Exemple : Se taire, *schweigen*; se promener, *spazieren gehen*, ne sont pas pronominaux en allemand. Avoir peur, *sich fürchten*, est pronominal en allemand.


D. Conjuguez *erzählen* à la voix passive.
R.     *Es wird erzählt*, il est raconté, on raconte.
       *Es wurde erzählt*, il fut raconté, on raconta.
       *Es ist erzählt worden*, on a raconté.
       *Es wird erzählt werden*, on racontera, etc.


D. Remplacez le mot « *Historie* » par le terme allemand.
R. *Die Geschichte, oder, die Erzählung.*


D. Les mots français admis dans la langue allemande con-servent-ils leur genre?
R. Le genre français n'est pas toujours conservé. On dit par exemple : *Die Uniform*, l'uniforme ; *der Planet*, la planète ; *das Deficit*, le déficit.


D. Déclinez *das schöne Haus.*
R. *Einzahl : das schöne Haus, des schönen Hauses, dem schönen Hause, das schöne Haus.*
*Mehrzahl : Die schönen Häuser, der schönen Häuser, den schönen Häuser, die schönen Häuser.*

# QUATRIÈME PARTIE

---

## RECUEIL DE SUJETS OFFICIELS

donnés pour les épreuves écrites et orales, soit aux examens mêmes, soit dans l'intervalle des sessions pour aider à la préparation des candidats.

I

# ÉPREUVES ÉCRITES

—

## LITTÉRATURE ET GRAMMAIRE

Faire à des élèves de troisième année l'analyse des livres IV et V de l'*Histoire de Charles XII*, de Voltaire. Quels sont les passages qui vous semblent les plus intéressants, soit par l'importance des événements racontés, soit par le charme du récit?

(Devoir officiel, février 1881.)

Étudier le caractère de Henriette dans *les Femmes savantes* et de M^{me} Jourdain dans *le Bourgeois gentilhomme*.

(Devoir officiel, mars 1881.)

Analyser et apprécier le chapitre XXXII du *Siècle de Louis XIV*, de Voltaire.

(Devoir officiel, avril 1881.)

Racine. — *Britannicus*. — Étudier les caractères de Burrhus et de Narcisse.

(Devoir officiel, mai 1881.)

La Fontaine peut-il être considéré comme un moraliste? On cherchera dans ses fables des exemples variés à l'appui de l'opinion qu'on aura.

(Devoir officiel, juin 1881.)

Résumé d'une leçon sur Molière, faite à des élèves de troisième année.

(Professoral, juillet 1881, et devoir officiel, octobre 1881.)

Faire connaître *le Cid*. — Importance de cette pièce dans la poésie française.

(Fontenay-aux-Roses, 23 juillet 1881.)

Principales différences et ressemblances entre le théâtre de Corneille et de Racine.

(Saint-Cloud, 10 novembre 1881.)

Résumé d'une leçon sur *le Cid* faite à des élèves de troisième année.

(Devoir officiel, janvier 1882.)

Montrer sur des exemples choisis dans Bossuet, Fénelon et Voltaire, quel est le caractère propre du style de chacun de ces écrivains. Trouve-t-on, dans cette étude, la justification des paroles de Buffon : « Le style c'est l'homme même. »

(Devoir officiel, mars 1882.)

Entre les classiques français, à quel poète donnez-vous la préférence, et à quelle œuvre de ce poète? Exposez vos raisons.

(Fontenay-aux-Roses, 20 juin 1882.)

En quel sens a-t-on pu dire que « l'histoire est la règle de la conduite et des mœurs? » (Rollin, *Traité des études*, livre IV). Cette maxime est-elle applicable à l'enseignement primaire? Comment et à quelles conditions? Appuyez sur des exemples précis l'opinion que vous soutiendrez.

(Professorat, juillet 1882.)

Exposez à des élèves qui entrent à l'école normale, les principaux traits distinctifs de la prose et de la poésie. Prendre des exemples dans la littérature française.

(Saint-Cloud, 6 octobre 1882.)

Tracer le plan et les principales divisions du *Siècle de Louis XIV*, de Voltaire. Faites connaître l'impression que vous a laissée à vous-même la lecture de cet ouvrage.

(Devoir officiel, novembre 1882.)

Étant donné un sujet de composition française, comment trouve-t-on des idées pour traiter ce sujet? Et, ces idées étant trouvées, comment convient-il de les disposer? Insister sur la nécessité de bien comprendre le sujet proposé et de tracer ensuite un plan.

(Devoir officiel, décembre 1882.)

Pour quelle raison a-t-on pu dire qu'*Athalie* est le chef-d'œuvre du théâtre classique?

(Devoir officiel, janvier 1883.)

Dites ce que vous savez et ce que vous pensez du livre de La Bruyère sur *les Caractères*.

(Devoir officiel, juin 1883.)

Expliquer, avec des exemples à l'appui, ce qu'on appelle, dans une œuvre dramatique, l'exposition, le nœud, les péripéties, le dénouement.

(Fontenay-aux-Roses, 20 juillet 1883.)

Qu'avez-vous lu des historiens du quatorzième siècle? Dites, en particulier, lesquels de leurs écrits ont le plus attiré votre attention et quelle impression vous en avez reçue?

(Fontenay-aux-Roses, 30 octobre 1883.)

Analysez et appréciez une fable de La Fontaine à votre choix, en indiquant sur quels points vous insisteriez surtout dans l'explication de cette fable à une classe d'école primaire (cours supérieur).

(Saint-Cloud, 6 octobre 1883.)

*Le Lion, le Loup et le Renard* dans les fables de La Fontaine.

(Certificat d'aptitude à la direction et au professorat des cours normaux d'écoles maternelles, 9 octobre 1883.)

1° Quel intérêt avez-vous pris à la lecture de *Télémaque*?

2° Quel intérêt croyez-vous qu'y prennent les élèves de nos écoles normales?

(Devoir officiel, 1er janvier 1884.)

Si vous deviez choisir entre le théâtre tragique et le théâtre comique du dix-septième siècle, lequel préféreriez-vous? donnez les raisons de votre préférence.

(Devoir officiel, mai 1884.)

Comparez d'une part la scène du *sonnet* d'Oronte, avec celle de Vadius et de Trissotin, et, d'autre part, le langage et l'attitude d'Alceste et de Clitandre, vis-à-vis de ces deux personnages.

(Devoir officiel, mars 1884.)

Faire l'histoire de la querelle littéraire qui s'est élevée à propos du *Cid*, de Corneille. Dire les causes du mécontentement de Richelieu, la part qui lui revient dans la lutte et la réponse de l'Académie.

(Devoir officiel, juin 1884.)

Appliquer à l'étude de la grammaire cette pensée de Fénelon : A mesure que la raison de l'enfant augmente, il faut de plus en plus raisonner avec lui.

(Professorat, aspirants, juillet 1884.)

L'amour maternel dans les tragédies de Racine : Andromaque, Clytemnestre, Agrippine.

(Professorat, aspirantes, juillet 1884.)

D'après ce que vous connaissez de la correspondance de M<sup>me</sup> de Sévigné, quelle idée vous faites-vous de son caractère et de son esprit?

(Fontenay-aux-Roses, 1<sup>er</sup> juillet 1884.)

Expliquer comment Corneille a su varier dans trois personnages, le vieil Horace, son fils, et Curiace, l'expression d'un même sentiment, le patriotisme.

(Devoir officiel, novembre 1884.)

Quelles sont les œuvres des écrivains français du dix-neuvième siècle dont vous recommanderiez la lecture aux élèves-maîtres qui vont quitter l'école normale, votre désir étant de voir se développer en eux le goût littéraire?

(Devoir officiel, mars 1885.)

La France élève des statues à ses grands hommes. Quelles réflexions, quels sentiments vous inspire cet hommage rendu à leur mémoire? Quel enseignement peut y puiser la jeunesse?

(Saint-Cloud, juillet 1885.)

Expliquer ce mot de Buffon : « Bien écrire, c'est tout à la fois bien penser, bien sentir et bien rendre, c'est avoir de l'esprit, de l'âme et du goût. » Pour en démontrer la vérité, prendre pour exemple un des grands écrivains français, à son choix.

(Fontenay-aux-Roses, juillet 1885.)

Expliquer, en prenant *le Cid* comme exemple, ce qu'on entend dans une œuvre littéraire par exposition, nœud et dénouement.

(Délégation dans les écoles normales, aspirantes, septembre 1885.)

Définir et distinguer la comédie d'intrigue, la comédie de mœurs et la comédie de caractère. Prendre des exemples dans le dix-septième et dix-neuvième siècle. (Traiter ce sujet sous forme de leçon orale aux élèves de troisième année.)

(Devoir officiel, décembre 1885.)

Pourquoi l'étude de la grammaire, si nécessaire aux instituteurs, est-elle généralement peu goûtée des élèves-maîtres? Indiquer par quels moyens le professeur d'école normale peut la rendre attrayante.

(Devoir officiel, février 1886.)

Nature, usage et abus du style figuré.

(Professorat, aspirants, juillet 1886.)

Discuter cette phrase de Voltaire (*Siècle de Louis XIV*, ch. xxxii) : Corneille s'est formé tout seul, mais Louis XIV, Colbert, Sophocle et Euripide contribuèrent à former Racine.

(Professorat, aspirantes, juillet 1886.)

Expliquer ces paroles d'un grand écrivain : Voulez-vous avoir un style clair? Faites d'abord la clarté dans votre esprit. Voulez-vous avoir un grand style? Ayez un grand cœur.

(Saint-Cloud, juillet 1886.)

Dans une description littéraire, quelle part doit être faite aux sensations? Quelle part aux sentiments? Exemple.

(Devoir officiel, octobre 1886.)

Appréciez cette définition de l'histoire donnée par Fénelon dans sa *Lettre à l'Académie :* « C'est elle qui nous montre les grands exemples, qui fait servir les vices mêmes des méchants à l'instruction des bons, qui débrouille les origines, et qui explique par quel chemin les peuples ont passé d'une forme de gouvernement à une autre. »

(Professorat, aspirants, juillet 1887.)

Comparez, d'après les parties de leurs ouvrages que vous avez étudiées, Montaigne, Pascal, La Bruyère, envisagés comme moralistes.

(Professorat, aspirantes, juillet 1887.)

Du rôle et de l'utilité des exemples dans l'étude de la grammaire à l'école primaire. — Comment pensez-vous qu'ils doivent être choisis?

(Saint-Cloud, juillet 1887.)

# HISTOIRE ET GÉOGRAPHIE

Raconter aux élèves-maîtres de troisième année la vie et la mort de Turenne, en indiquant en marge la position géographique des lieux où il s'est illustré.

(Concours pour les fonctions de maître adjoint dans une école normale, mars 1880.)

Résumé d'un cours d'histoire de la Révolution française jusqu'au traité de Campo-Formio, fait à la division supérieure de l'école normale.

(Professorat, aspirantes, 9 juillet 1880.)

Historique et tracé de nos frontières de l'est, de 1678 à 1871.

(Professorat, aspirantes, 10 juil'et 1880.)

Les états généraux au quatorzième siècle.

(Fontenay-aux-Roses, 19 octobre 1880.)

Résumé d'une série de leçons faites aux élèves de troisième année sur le règne de Louis XIV.

(Devoir officiel, décembre 1880.)

Exposez les vœux de la nation au moment de la convocation des états généraux de 1789.

(Fontenay-aux-Roses, 21 janvier 1881.)

Développer, en s'appuyant sur des faits, ce jugement de Voltaire sur saint Louis : « Il n'est pas donné à l'homme de porter plus loin la vertu. »

(Devoir officiel, janvier 1881.)

Notions de l'histoire des communes en France pendant le moyen âge. — Quelles lectures avez-vous faites sur ce sujet ?

(Devoir officiel, février 1881.)

La féodalité en France. — Comment exposerez-vous cette question à des élèves-maîtres d'école normale et à des enfants des écoles primaires ? — Donner un sommaire raisonné de chacune des deux leçons.

(Devoir officiel, mars 1881.)

Exposer à des élèves de troisième année les conséquences de l'édit de Nantes et de la révocation de l'édit.

(Devoir officiel, mars 1881.)

Sully et Colbert.

(Devoir officiel, juin 1881.)

État de la France à l'avènement et à la mort de Henri IV.

(Saint-Cloud, 10 novembre 1881.)

Vie du chancelier L'Hospital. — On pourra consulter utilement une histoire de France détaillée, par exemple, celle de M. Henri Martin, et la *Vie de l'Hospital*, par M. Anquez.

(Devoir officiel, novembre 1881.)

Résumé d'une leçon faite à des élèves d'une école primaire supérieure sur l'histoire et la géographie de la Suisse.

(Devoir officiel, décembre 1881.)

Nos colonies d'Asie, d'Amérique et d'Océanie. Quand et comment nous les avons acquises ou fondées.

Quand et comment nous les avons perdues.

Que possédons-nous aujourd'hui en regard de l'Angleterre et des autres puissances européennes?

*N. B.* La rédaction devra être précédée ou suivie du plan de la leçon; on supposera que cette leçon s'adresse à des élèves-maîtres de troisième année et qu'elle fait partie de la revision générale du cours.

(Devoir officiel, février 1882.)

Montrer l'influence du traité des Pyrénées sur toute la politique extérieure du règne de Louis XIV.

(Saint-Cloud, 7 février 1882.)

Dire ce qu'on entend par la Renaissance. En expliquer sommairement l'origine et les caractères, et citer, dans les arts et dans les lettres, les principaux monuments de cette époque.

(Saint-Cloud, 7 février 1882, et devoir officiel, décembre 1883.)

Faire connaître, d'une manière rapide mais précise, de quels éléments les armées françaises étaient composées à diverses époques de notre histoire (notamment sous Philippe-Auguste, Charles VII, Louis XIV et au moment de la Révolution française); comment elles étaient recrutées, soldées, commandées, avant de devenir comme aujourd'hui régulières, permanentes et nationales. Donner une idée de notre organisation militaire actuelle.

(Devoir officiel, mars 1882.)

Faire connaître et apprécier l'essai d'un gouvernement démocratique sous le règne de Jean le Bon.

(Devoir officiel, avril 1882.)

Essayer d'indiquer dans notre caractère, dans nos mœurs et dans nos institutions, ce que nous devons soit aux Gaulois, soit aux Romains, soit aux Germains.

(Devoir officiel, mai 1882, et novembre 1883.)

Exposer le rôle et expliquer l'influence du clergé en Gaule sous la domination romaine et sous les deux premières races.

*(Devoir officiel, juin 1882.)*

Comparer le règne de Louis XVIII à celui de Charles X. Montrer comment l'un aurait pu éviter une révolution que l'autre rendit inévitable.

*(Devoir officie', juillet 1882.)*

Tracer le plan d'une leçon de récapitulation faite aux élèves de troisième année d'école normale sur la Restauration. — Indiquer les grands faits d'ordre politique, militaire, social et littéraire sur lesquels on croit devoir insister; les points principaux qu'on veut mettre en lumière; les jugements essentiels et les idées générales qu'on s'efforcera de dégager dans cette étude.

*(Professorat, aspirants et aspirantes, 7 juillet 1882.)*

Dans une école normale, résumer l'histoire des quatre grands ducs de Bourgogne au point de vue de leurs rapports avec la France.

*(Devoir officiel, août 1882.)*

Analyser la douzième leçon de l'*Histoire de la civilisation en France* (Guizot, — *la Réforme*), et ajouter à cet exposé vos propres observations.

*(Devoir officiel, octobre 1882.)*

Décrire la région est de la France, depuis Paris jusqu'à la trouée des Ardennes, d'une part, et à celle de Belfort, d'autre part.

*(Devoir officiel, octobre 1882.)*

État politique de la France en 1715.

*(Saint-Cloud, 7 octobre 1882.)*

Remaniements politiques et territoriaux opérés en Europe de 1804 à 1815.

*(Fontenay-aux-Roses, 31 octobre 1882.)*

Exposer le caractère et le résultat des conquêtes de

Charlemagne et de son administration. — Expliquer en quoi sa tentative a échoué et en donner la raison.

(Devoir officiel, novembre 1882.)

Exposer l'état de la Gaule sous la domination romaine et montrer l'influence de cette domination sur l'avenir de notre pays.

(Devoir officiel, décembre 1882.)

Comment exposeriez-vous, dans une leçon d'école normale, ce qu'a été la Féodalité comme régime politique : le bien et le mal qu'elle a produits.

(Devoir officiel, mars 1883.)

Tracez le plan d'une leçon sur Henri IV, composée au point de vue des élèves de première année d'école normale. Rédigez les parties que vous croyez devoir mettre en saillie ou qui vous paraissent difficiles à traiter.

(Devoir officiel, avril 1883.)

Rôle politique de la France pendant la guerre de Trente ans. Avantages qu'elle a recueillis du traité de Westphalie.

(Devoir officiel, mai 1883.)

Comparer la situation des colonies françaises à l'époque du traité de Nimègue et à l'époque du traité de Paris. Résumer les principaux faits de l'histoire de nos colonies pendant cette période.

(Professorat, aspirants et aspirantes, 7 juillet 1883.)

État de la France à la mort de Henri III; Henri IV; son œuvre de pacification. La *Satire Ménippée*.

(Fontenay-aux-Roses, 21 juillet 1883.)

Dire ce que vous savez de la formation des communes au moyen âge. Origine et caractères divers du régime communal.

(Fontenay-aux-Roses, 4 octobre 1883.)

Expliquer les avantages que la France doit à sa position géographique.

(Fontenay-aux-Roses, 4 octobre 1883.)

L'Alsace. — Description géographique de cette province. — Résumé de son histoire depuis le commencement du dix-septième siècle.

(Saint-Cloud, 6 octobre 1883.)

Qu'avez-vous lu des historiens du dix-neuvième siècle? Dites, en particulier, lesquels de leurs écrits ont le plus attiré votre attention, et quelle impression vous en avez reçue.

(Devoir officiel, octobre 1883.)

Géographie politique de l'Europe en 1789 et en 1815.

(Devoir officiel, février 1884.)

Exposer à grands traits le rôle de la Convention, en insistant sur les résultats de la politique extérieure et sur les fondations littéraires et scientifiques de cette assemblée.

(Devoir officiel, avril 1884.)

Exposer sommairement comment la France avait acquis l'Alsace et la Lorraine, et comment elle en a perdu la plus grande partie.

(Fontenay-aux-Roses, juillet 1884.)

Comment et à la faveur de quels événements principaux s'est formé peu à peu en France le sentiment de nationalité?

(Devoir officiel, décembre 1884.)

Qu'était le roi de France avant 1789? Qu'était-il d'après la Constitution de 1791? Montrer à des élèves d'école normale comment ils doivent expliquer ce changement à des élèves d'école primaire.

(Professorat, aspirants, juillet 1885.)

On divise l'histoire en histoire ancienne, du moyen âge, moderne, contemporaine. Est il possible de donner des dates précises pour le commencement et la fin de chacune de ces divisions? Quelles dates donne-t-on habituellement et pourquoi les a-t-on choisies?

(Professorat, aspirantes, juillet 1885.)

Comment s'est faite de nos jours l'unité de l'Allemagne?

(Saint-Cloud, juillet 1885.)

Quelles causes ont amené la révolution de 1830?
Quels changements cette révolution a-t-elle introduits dans la constitution politique de la France?

(Fontenay-aux-Roses, juillet 1885.)

1° Couronnement de Charlemagne empereur; conséquences de ce couronnement; 2° départements formés par la Normandie; 3° explication des mots : états généraux et notables.

(Délégation dans les écoles normales, aspirants, septembre 1885.)

Faites connaître votre opinion sur la nécessité des tracés géographiques par les élèves dans l'étude de l'histoire, et comme exemple donnez l'exposé de la campagne de Turenne en Alsace.

(Devoir officiel, octobre 1885.)

État de la France à l'avènement et à la mort de Henri IV.

(Professorat, novembre 1885.)

Exposer les vœux de la nation au moment de la convocation des états généraux de 1789.

(Fontenay-aux-Roses, novembre 1885.)

Montrer l'influence du traité des Pyrénées sur toute la politique extérieure de Louis XIV.

(Saint-Cloud, novembre 1885.)

Dire quel rôle ont joué le chancelier Michel de l'Hospital et l'amiral Coligny dans les affaires de France de 1560 à 1572.

(Devoir officiel, avril 1886.)

1° Le Parlement de Paris; son origine, son organisation; son rôle politique au dix-huitième siècle.
2° Description physique de la côte de France, depuis l'embouchure de la Loire jusqu'à la frontière d'Espagne. (Texte et croquis.)

(Professorat, aspirants, juillet 1886.)

1° Henri IV disait : « Regardons au soulagement du peuple le plus qu'il se pourra. »

Quels hommes d'État au dix-septième et au dix-huitième siècle ont pris ces paroles pour règle de conduite?

2° La mer des Antilles et le golfe du Mexique. — Côtes et îles, possessions européennes ; leur importance. Croquis et notice.

(Professorat, aspirantes, juillet 1886.)

1° Résumer l'histoire des relations politiques de Louis XIV avec la Hollande, de 1661 à 1715.

2° Tracé physique du royaume des Pays-Bas : indiquer les villes mentionnées dans le résumé historique.

(Saint-Cloud, juillet 1886.)

Le domaine colonial de la France. — Résumé sommaire de nos acquisitions et de nos pertes depuis 1763 jusqu'à nos jours.

(Fontenay-aux-Roses, juillet 1886.)

1° Le Parlement de Paris : son origine, son organisation, son rôle politique au dix-huitième siècle.

2° Description physique de la côte de France depuis l'embouchure de la Loire jusqu'à la côte d'Espagne. (Texte et croquis.)

(Examen pour la délégation dans les fonctions de maître adjoint<br>d'école normale, novembre 1886.)

1° Résumer l'histoire des protestants de France depuis l'avènement de Henri IV jusqu'à la mort de Louis XIV. Insister sur les conditions dans lesquelles l'édit de Nantes fut signé par l'un des rois et révoqué par l'autre.

2° Comment se distribuent entre les fleuves français les eaux de notre massif central. (Texte et croquis.)

(Professorat, aspirants, juillet 1887.)

1° Résumer à grands traits l'histoire de la Provence depuis l'invasion des barbares jusqu'au commencement de ce siècle.

2° Décrire, en les comparant, la côte européenne et la côte africaine de la Méditerranée. (Joindre un croquis.)

(Professorat, aspirantes, juillet 1887.)

1° Les traités de 1814 et de 1815. État général de l'Europe après 1815. Insister sur la situation de la France.

2° Croquis et description de la frontière actuelle de la France, de Dunkerque à Belfort.

(Saint-Cloud, juillet 1887.)

# PSYCHOLOGIE, MORALE, PÉDAGOGIE

Méthode à suivre pour exercer les élèves-maîtres à composer en français sur un sujet simple. Du choix des sujets. Donner des exemples de sujets bien ou mal choisis. Est-il utile d'indiquer un sujet aux élèves plusieurs jours à l'avance, ou vaut-1 mieux leur faire faire la composition sur-le-champ? Modes de correction à employer.

(Concours pour les fonctions de maître adjoint d'école normale, mars 1880.)

Pourquoi la classe de lecture expliquée, qui devrait être attrayante et fructueuse, est-elle quelquefois monotone dans les écoles normales? — Choix, préparation, explication des lectures. — Marquer la différence entre la classe de lecture et la classe de grammaire. — Usages et abus des recueils de morceaux choisis.

(Professorat, aspirantes, 8 juillet 1880, et devoir officiel de novembre 1883.)

Expliquer et discuter cette maxime de Lhomond, principalement dans ses applications à l'enseignement grammatical de la langue : « La métaphysique ne convient point aux enfants. » Indiquer les conditions que doit réunir cet enseignement à ses divers degrés pour être méthodique sans être trop abstrait.

(Professorat, aspirants, 9 juillet 1880.)

Montrer que dans l'enseignement il faut considérer non seulement le savoir à communiquer, mais surtout l'éducation qu'en doit recevoir l'esprit de l'élève. — Prendre pour exemple l'histoire.

(Fontenay-aux-Roses, 18 octobre 1880.)

Que pensez-vous de cette maxime pédagogique : « Il faut apprendre la grammaire par la langue et non la langue par la grammaire. »?

(Devoir officiel, décembre 1880.)

Dans quelle mesure et par quels moyens le travail des enfants dans l'école peut-il ou doit-il être rendu attrayant?

(Fontenay-aux-Roses, 20 janvier 1881.)

Choisir deux sujets de composition en français, l'un pour les élèves de première année, l'autre pour les élèves de troisième année de l'école normale. — Motiver le choix des sujets et indiquer brièvement comment on entend qu'ils soient traités.

(Devoir officiel, janvier 1881.)

Dans quelle mesure doit-on joindre, dans une même leçon, l'enseignement de la géographie à celui de l'histoire? — Prendre pour exemple le sujet suivant : Découvertes de Colomb et de Magellan.

(Devoir officiel, avril 1881.)

Méthode à suivre pour l'enseignement de l'histoire dans les écoles normales : l'enseignement oral, le précis, les lectures, les interrogations. — Montrer, en donnant des exemples, dans quelle mesure chacun de ces procédés peut être employé.

(Professorat, aspirants et aspirantes, 15 juillet 1881. — Proposé comme devoir mensuel en octobre 1881.)

De l'utilité des lectures personnelles.

(Fontenay-aux-Roses, 22 juillet 1881.)

Des devoirs écrits dans les classes élémentaires des

lycées. Quels sont ceux qu'il faut proscrire? Quels sont ceux dont l'usage doit être conservé et dans quelle mesure?

(Certificat d'aptitude pédagogique, 8 juillet 1881.)

Quel est le système de récompenses et de punitions que vous avez adopté dans votre classe? Expliquez les motifs qui vous ont déterminé.

(Certificat d'aptitude pédagogique, octobre 1881.)

Vous êtes institutrice dans une commune rurale, et vous avez voulu organiser d'une façon sérieuse les travaux de couture; mais vous avez rencontré des difficultés de plus d'une sorte. Écrivez à une de vos amies, institutrice comme vous; exposez-lui ces difficultés, dites-lui comment vous en avez triomphé, et finalement comment cet enseignement est maintenant organisé dans votre école.

(Certificat d'aptitude pédagogique, octobre 1881.)

Montrer comment et en quoi les différentes études littéraires qui composent le programme des écoles normales contribuent à former le jugement.

(Saint-Cloud, 9 novembre 1881.)

Devoirs envers la patrie. Montrer comment le maître qui s'acquitte bien de ses fonctions professionnelles remplit en même temps un devoir patriotique.

(Devoir officiel, novembre 1881.)

Quel profit peut-on retirer, dans une école primaire, de la récitation des morceaux choisis de prose et de vers? quelle part faut-il faire à cet exercice?

Quelles règles présideront aux choix des morceaux, à l'explication du texte, à la récitation proprement dite?

(Devoir officiel, décembre 1881.)

Le goût. A quelles conditions et jusqu'à quel point peut-on songer à le cultiver par les études littéraires dans les écoles normales?

(Devoir officiel, janvier 1882.)

Quelle idée se fait M<sup>me</sup> Necker de Saussure de l'éducation?

Marquez avec quelque détail les vues générales ou partielles qui ont le plus attiré votre attention, les chapitres et les passages qui vous ont le plus frappé.

(Devoir officiel, février 1882.)

Fénelon, traitant « des premiers fondements de l'éducation », résume ses conseils en un seul : « Il faut se contenter de suivre et d'aider la nature. » Expliquez et appréciez cette maxime, et, si vous l'approuvez, montrez, par des exemples pratiques, comment vous essayeriez de l'appliquer dans la direction d'une école annexe, particulièrement pendant la durée du cours élémentaire.

(Professorat, aspirants et aspirantes, 3 mars 1882.)

Apprécier ce mot d'un moraliste : « Je n'ai jamais eu de peine qu'une heure de lecture n'ait dissipée. » Qu'a-t-il voulu dire? A-t-il raison de parler ainsi?

(Devoir officiel, avril 1882.)

Dire comment vous enseigneriez l'histoire dans une école normale; quelle part vous feriez à l'exposé oral du professeur, à l'étude du manuel, à l'analyse d'ouvrages ou de parties d'ouvrages recommandables qui traitent de questions ou de périodes particulières.

(Devoir officiel, mai 1882.)

Expliquer cette maxime de Fénelon : « Le grand point est de mettre une personne le plus tôt qu'on peut dans l'application sensible des règles de la grammaire par un fréquent usage. » La rapprocher du mot de Herder : « Il faut apprendre la grammaire par la langue et non pas la langue par la grammaire. »

(Devoir officiel, juin 1882.)

Quels conseils pratiques donneriez-vous à une institutrice munie du brevet élémentaire, qui veut se préparer à l'examen du brevet supérieur?

Insistez sur l'enseignement des lettres.

(Fontenay-aux-Roses, 19 juin 1882.)

Que pensez-vous de l'emploi de *Télémaque* de Fénelon comme livre d'éducation littéraire dans les écoles normales?

(Devoir officiel, 7 juillet 1882.)

En quel sens a-t-on pu dire que l'histoire est... la règle de conduite et des mœurs. (Rollin, *Traité des études*, livre V.) Cette maxime est-elle applicable à l'enseignement primaire? Comment et à quelles conditions l'enseignement de l'histoire à l'école primaire pourrait-il concourir à l'instruction morale?

Appuyer l'opinion qu'on soutiendra par des exemples précis.

(Professorat, aspirants et aspirantes, 8 juillet 1882.)

Exposer comment vous êtes parvenu à donner dans votre école un enseignement pratique et régulier de la morale, quels procédés vous avez employés, quels obstacles vous ont arrêté, quels résultats vous avez pu constater.

Ne parlez et ne concluez que d'après votre propre expérience.

(Certificat d'aptitude pédagogique, 20 juillet 1882.)

Tout le monde sait combien il est difficile dans nos écoles primaires comme dans nos écoles d'instruction secondaire, de plier les élèves à une bonne lecture.

1º A quelles causes diverses tient cette difficulté.

2º Importe-t-il, pour la bonne éducation de l'esprit, autant que pour le résultat immédiat et sensible, d'insister sans relâche sur cette réforme?

3º Quels moyens pratiques conseilleriez-vous?

(Devoir officiel, août 1882.)

Que pensez-vous du système des notes prises au cours de la leçon, comparé à celui des rédactions du cours?

Quels conseils donnerez-vous à vos élèves sur la manière

de prendre des notes dans les différentes leçons et sur les moyens de les utiliser ensuite?

(Professorat, aspirants et aspirantes, 2 octobre 1882.)

De l'usage et de l'abus des exercices de mémoire.

(Certificat d'aptitude pédagogique, 2 octobre 1882.)

De la responsabilité morale. — Ses conditions et ses limites.

(Professorat, aspirants et aspirantes, 3 octobre 1882.)

De quelle manière et dans quelles conditions peut-on utilement interroger les élèves à l'école primaire?

(Saint-Cloud, 6 octobre 1882.)

Comment peut-on tirer parti des tableaux, cartes et images qu'on distribue aujourd'hui dans les écoles, soit comme matériel d'enseignement, soit comme récompense aux élèves?

(Certificat d'aptitude pédagogique, 9 octobre 1882.)

Du besoin de mouvement chez les enfants. Comment l'école maternelle peut-elle y satisfaire en le conciliant avec les nécessités de l'ordre et de la discipline?

(Certificat d'aptitude à l'inspection des écoles maternelles,<br>9 octobre 1882.)

Quelles raisons vous attirent vers la carrière de l'enseignement dans les écoles normales, et quelles difficultés vous attendez-vous à y rencontrer?

(Fontenay-aux-Roses, 30 octobre 1882.)

Développer et justifier ce précepte : « Avant donc que d'écrire, apprenez à penser. »

(Devoir officiel, janvier 1883.)

La méthode interrogative. Usages et abus.

(Devoir officiel, février 1883.)

Appréciez le passage de La Bruyère sur les enfants dans le chapitre « de l'Homme » commençant par ces mots :

« Les enfants sont hautains, colères, » etc., et finissant
par ceux-ci : « et ne se gâtent pas moins par des peines
mal ordonnées que par l'impunité. »

(Devoir officiel, février 1883.)

Rechercher les raisons qui justifient la nouvelle division
des programmes d'histoi.  nationale.

(Devoir officiel, mars 1883.)

Quelle part y a-t-il lieu de faire, dans l'école normale
primaire, à l'étude de la grammaire historique et principalement à l'étymologie? Dans quelles limites convient-il
de restreindre cette étude pour en prévenir les abus?

(Professorat, aspirants et aspirantes, mars 1883.)

Les leçons de lecture à l'école normale ne peuvent-elles
pas venir en aide aux autres enseignements? De l'entente
qui peut s'établir à ce sujet entre les divers maîtres.

(Devoir officiel, avril 1883.)

A côté des connaissances positives que fournit l'école,
n'y a-t-il pas lieu de faire une place à l'imagination dans
l'éducation de l'enfant? Quelle doit être cette place?

(Devoir officiel, mai 1883.)

Expliquez et appréciez cette parole de Rousseau : « La
première éducation doit être purement négative. »

(Devoir officiel, juin 1883.)

De la leçon commune. — Avantages et inconvénients.
— Ce genre de leçon est-il encore possible avec les nouveaux programmes? Quelles matières peuvent ou ne peuvent pas la comporter?

(Devoir officiel, juillet 1883.)

Apprécier cette pensée de La Bruyère : « Le plaisir de la
critique nous ôte celui d'être vivement touchés de très
belles choses. »

(Devoir officiel, juillet 1883.)

On a souvent reproché la pédanterie à ceux qui enseignent : en quoi consiste la pédanterie; rechercher ses causes; montrer ses conséquences; mettre en garde les jeunes instituteurs contre la pédanterie, et aussi contre le défaut opposé où ils pourraient tomber en voulant éviter le premier.

(Professorat, aspirants et aspirantes, 7 juillet 1883.)

Que pensez-vous de ce mot : L'intention vaut le fait? Est-il juste, et dans quelle mesure?

(Professorat, aspirants et aspirantes, 7 juillet 1883.)

De l'enseignement élémentaire de la langue française. — Dans quelle mesure les exercices oraux doivent-ils être combinés avec les exercices écrits?

(Certificat d'aptitude pédagogique, 23 juillet 1883.)

Quels sont, à votre avis, les meilleurs moyens de faire régner l'ordre et la discipline dans une classe?

(Fontenay-aux-Roses, 4 octobre 1883.)

Énumérer les principaux événements et les personnages de l'histoire de France dont vous feriez choix pour les leçons de l'école maternelle.

(Admission à l'école Pape-Carpantier, octobre 1883.)

On dit qu'il faut enseigner aux enfants de l'école maternelle à bien parler. Qu'entendez-vous par là, et comment vous y prendriez-vous?

(Admission à l'école Pape-Carpantier, octobre 1883.)

Exposer comment vous avez procédé pour donner, conformément aux nouveaux programmes, le premier enseignement de la morale dans les classes du cours élémentaire et du cours moyen. Donner au moins un exemple.

(Certificat d'aptitude pédagogique, octobre 1883.)

Quels sont les avantages et les dangers de l'émulation?

(Saint-Cloud, octobre 1883.)

Vous êtes chargée de la section élémentaire d'une école maternelle composée d'enfants qui viennent pour la première fois à l'école. Que ferez-vous avec eux le premier jour?

(Certificat d'aptitude à la direction et au professorat des cours normaux des écoles maternelles, octobre 1883.)

Des distributions de prix : quelle peut en être l'utilité comme moyen d'émulation? Quels peuvent en être les inconvénients? Quelle est, selon vous, la meilleure forme d'une distribution de prix dans une école primaire?

(Certificat d'aptitude pédagogique, octobre 1883.)

Comment le maître doit-il comprendre cette pensée rappelée par Guizot : « C'est peu de chose, disait Platon, en parlant d'une petite faute commise, mais ce n'est pas peu de chose que l'habitude. »

(Devoir officiel, janvier 1884.)

Développer, en l'appliquant à l'instituteur et aux élèves de nos écoles primaires, cette pensée de Channing : « C'est la résistance, c'est l'effort qui donne à l'individu la volonté, sans quoi il n'est rien. Le travail est l'école du caractère. »

(Devoir officiel, février 1884.)

Discipline : action personnelle du maître et conditions de son autorité.

(Devoir officiel, mars 1884.)

Expliquer, en l'appliquant à l'enseignement de nos écoles, cette sentence de Coménius : « Il faut aux enfants des exemples et des choses, et non des règles abstraites. »

(Devoir officiel, avril 1884.)

Montaigne dit qu'il est bon que le maître fasse « trotter l'enfant devant lui pour juger de son train et juger à quel point il se doit ravaller pour s'accommoder à sa force. »
Le P. Girard, au contraire, veut que le maître marche toujours le premier pour montrer le chemin à ses élèves comme la mère le montre à ses enfants.

Appliquer ces pensées à l'enseignement dans l'école primaire et montrer s'il y a contradiction entre elles.

(Devoir officiel, mai 1884.)

En quoi l'étude générale de la psychologie peut-elle être utile à la pédagogie? Faire voir qu'elle ne doit pourtant pas se substituer aux observations quotidiennes et personnelles du maître.

(Professorat, aspirants, juillet 1884. — Devoir officiel, décembre 1884.)

Apprécier ces paroles de J.-J. Rousseau : « Émile n'apprendra jamais rien par cœur, pas même des fables, pas même celles de La Fontaine, toutes naïves, toutes charmantes qu'elles sont. »

(Professorat, aspirants, juillet 1884.)

Expliquer très sommairement la pensée suivante du philosophe Diesterweg, et dites très sommairement comment vous essayeriez de l'appliquer à l'école primaire : « L'élève apprend doublement quand il est de bonne humeur; cela seul devient vivant qu'on étudie avec plaisir. »

(Professorat, aspirantes, juillet 1884.)

Développer cette pensée : « Enseigner, c'est choisir. » Application à une ou plusieurs branches de l'enseignement dans les écoles normales primaires.

(Devoir officiel, novembre 1884.)

Discuter cette pensée de J.-J. Rousseau : « La seule leçon de morale qui convienne à l'enfance et la plus importante à tout âge est de ne pas faire de mal à personne. »

(Devoir officiel, mars 1885.)

Montrer que les institutions s'élèvent par leurs services et tombent par leurs abus.

(Devoir officiel, juin 1885.)

On recommande l'enseignement par l'aspect, qui a nécessairement pour objet des choses individuelles et concrètes. Comment concilier cette recommandation pédago-

gique avec la maxime d'un grand philosophe de l'antiquité :
« Il n'y a pas de science du particulier, la science a toujours
pour objet le général. »

(Devoir officiel, juin 1885.)

Dire nettement en quoi consistent le raisonnement
déductif et le raisonnement inductif. Montrer, par des
exemples, qu'on les emploie l'un et l'autre, et non à l'exclusion l'un de l'autre dans la plupart des sciences, notam·
ment dans les sciences morales et politiques.

(Professorat, aspirants, juillet 1885.)

De la sincérité et de la véracité. Importance capitale de
ces vertus. Moyens pratiques de les développer chez les
enfants et de combattre chez eux le mensonge.

(Professorat, aspirants, juillet 1885.)

Analyser le sentiment de l'admiration. Expliquer l'heureuse influence que peut avoir sur l'âme humaine en général, et sur l'âme de l'enfant en particulier, l'admiration
des belles choses, soit de l'ordre physique, soit de l'ordre
moral.

(Professorat, aspirantes, juillet 1885.)

« C'est dans la tâche même que l'on remplit qu'il faut
chercher la récompense des peines qu'elle coûte. » Expliquer le sens général de cette maxime. Montrer comment
elle convient en particulier à l'élève et à l'instituteur.

(Professorat, aspirantes, juillet 1885.)

C'est préparer des citoyens que d'apprendre aux enfants
l'histoire et la géographie de leur pays, et, par-dessus
tout, la langue nationale.

(Saint-Cloud, juillet 1885.)

Pourquoi les bons maîtres ont-ils moins que d'autres
l'occasion de punir ?

(Fontenay-aux-Roses, juillet 1885.)

Commenter le passage de Fénelon (fin du chapitre XI) :

« Il est d'un bien meilleur esprit, » etc. ; jusqu'à la fin du chapitre (*Éducation des filles*).

(Délégation dans les écoles normales, aspirantes, septembre 1885.)

Expliquer et apprécier ce mot de Condillac : « Nous supposons que les enfants ne raisonnent pas, parce que nous ne savons pas raisonner avec eux. »

(Devoir officiel, octobre 1885.)

Dans quelle mesure et par quels moyens le travail des enfants dans l'école peut-il ou doit-il être rendu attrayant?

(Fontenay-aux-Roses, novembre 1885.)

De la volonté. — Étudier cette faculté chez l'enfant. Exposer comment et jusqu'à quel point il convient de la développer, et montrer de quelle ressource est dans la vie une volonté ferme et réfléchie.

(Saint-Cloud, novembre 1885.)

De la nonchalance. Ses causes. Moyens de la corriger chez les enfants et les jeunes gens.

(Devoir officiel, décembre 1885.)

Développez cette pensée d'un pédagogue moderne : « Dans l'éducation, il faut sans cesse prévoir et se souvenir. »

(Devoir officiel, février 1886.)

De la nécessité d'une action continue et uniforme dans un établissement d'éducation. Moyens d'assurer une action semblable dans une école normale.

(Devoir officiel, avril 1886.)

Définir l'imagination ; chercher si nous avons à la créer chez l'enfant, ou à la détruire, ou seulement à la diriger, et de quelle manière.

(Professorat, aspirantes, juin 1886.)

Que pensez-vous du pensum employé comme moyen de punition dans les écoles primaires?

Exposer, avec le plus de précision possible, les motifs de votre jugement.

(Fontenay-aux-Roses, juillet 1886.)

Commentez et appréciez le mot de Montesquieu : « L'étude a été pour moi le souverain remède contre tous les maux de la vie, n'ayant jamais eu de chagrin qu'une heure de lecture n'ait dissipé.

(Fontenay-aux-Roses, juillet 1886.)

Qu'est-ce que l'esprit d'observation? Quel intérêt y a-t-il à le cultiver chez les enfants? Quels sont les moyens les plus propres à le faire naître et à le développer.

(Saint-Cloud, juillet 1886.)

Expliquer et apprécier, en l'appliquant à l'enseignement primaire, ce mot de M<sup>me</sup> de Girardin : « O tendres mères, défiez-vous des méthodes faciles : les méthodes faciles font les cerveaux paresseux. »

(Devoir officiel, octobre 1886.)

Commenter ce mot de J.-J. Rousseau : « Pour être le maître de l'enfant, il faut être son propre maître. »

(Examen pour la délégation dans les fonctions de maître adjoint d'école normale, novembre 1886.)

De l'éducation des sens.

(Professorat, aspirants, juillet 1886.)

Du penchant à l'imitation considéré particulièrement chez l'enfant; parti qu'on peut en tirer dans l'éducation; excès à éviter.

(Professorat, aspirantes, juillet 1887.)

D'où vient, chez l'écolier, le défaut d'attention? Quels sont ses effets? Comment y remédier?

(Saint-Cloud, juillet 1887.)

# LANGUES VIVANTES

## LANGUE ANGLAISE

### Thème anglais.

(Date du jour de l'examen, à écrire en anglais et en toutes lettres.)

M. JOURDAIN. — Holà ! monsieur le philosophe, vous arrivez tout à propos avec votre philosophie. Venez un peu mettre la paix entre ces personnes.

LE MAÎTRE DE PHILOSOPHIE. — Qu'est-ce donc ? qu'y a-t-il, messieurs ?

M. JOURDAIN. — Ils se sont mis en colère pour la préférence de leurs professions, jusqu'à se dire des injures, et en vouloir venir aux mains.

LE MAÎTRE DE PHILOSOPHIE. — Eh quoi ! messieurs, faut-il s'emporter de la sorte ? et n'avez-vous point lu le docte traité que Sénèque a composé de la colère ? Y a-t-il rien de plus bas et de plus honteux que cette passion, qui fait d'un homme une bête féroce ? et la raison ne doit-elle pas être maîtresse de tous nos mouvements ?... Un homme sage est au-dessus de toutes les injures qu'on lui peut dire ; et la grande réponse qu'on doit faire aux outrages, c'est la modération et la patience.

LE MAÎTRE D'ARMES. — Ils ont tous deux l'audace de vouloir comparer leurs professions à la mienne !

LE MAÎTRE DE PHILOSOPHIE. — Faut-il que cela vous émeuve ! Ce n'est pas de vaine gloire et de condition que les hommes doivent disputer entre eux ; et ce qui nous distingue parfaitement les uns des autres, c'est la sagesse et la vertu.

LE MAÎTRE A DANSER. — Je lui soutiens que la danse est une science à laquelle on ne peut faire assez d'honneur.

LE MAÎTRE DE MUSIQUE. — Et moi, que la musique en est une que tous les siècles ont révérée.

LE MAÎTRE DE PHILOSOPHIE. — Et que sera donc la philosophie?    MOLIÈRE, *le Bourgeois gentilhomme*, II, III.

(Professorat, aspirants, juillet 1886.)

### Version anglaise.

#### A SHAKESPEARIAN FESTIVAL

An Immortal Somebody was wanted in Dullborough, to dimple for a day the stagnant face of the waters; he was rather wanted by Dullborough generally, and much wanted by the principal hotel-keeper. The County history was looked up for a locally Immortal Somebody, but the registered Dullborough worthies were all Nobodies. In this state of things, it is hardly necessary to record that Dullborough did what every man does when he wants to write a book or deliver a lecture, and is provided with all the materials except a subject. It fell back upon Shakespeare.

No sooner was it resolved to celebrate Shakespeare's birthday in Dullborough, than the popularity of the immortal bard became surprising. You might have supposed the first edition of his works to have been published last week, and enthusiastic Dullborough to have got half through them. (I doubt, by the way, whether it had ever done half that, but this is a private opinion.) Portraits of Shakespeare broke out in the bookshop windows, and our principal artist painted a large original portrait in oils for the decoration of the dining-room. It was not in the least like any of the other portraits, and was exceedingly admired, the head being much swollen. The Debating Society discussed the new question : « Was there sufficient ground for supposing that the Immortal Shakespeare ever stole deer? » This was indignantly decided by an overwhelming majority in the negative. Distinguished speakers were opened, and committees sat, and it would have been far from a popular measure, in the height of

the excitement, to have told Dullborough that it wasn't
Stratford-upon-Avon. Charles DICKENS.

(Professorat, aspirants, juillet 1886.)

### Thème anglais.

(Date du jour de l'examen, à écrire en anglais et en toutes lettres.)

Vous êtes-vous jamais demandé par quelle combinaison un ouvrier serrurier, par exemple, fabrique son pain, sa viande, son vin, ses habits, son logement, l'éducation de ses enfants et tous les biens utiles, à coups de lime et de marteau ?

Il n'a pas hérité d'un centiare de terre; il ne sait ni labourer, ni moissonner, ni moudre, ni pétrir; et pourtant il se nourrit de pain. Il n'a vendangé de sa vie, et il répare ses forces en buvant un verre de vin. Il n'a jamais élevé une tête de bétail, et il mange de la viande, et il porte des souliers de cuir. Sans filer, tisser ni coudre, il a du linge et des habits. Deux forts chevaux, qu'il n'a pas nourris, le mènent à l'atelier, s'il est loin, et le ramènent. Il n'a jamais songé à se bâtir une maison, et il est logé bien ou mal. Ses bras sont les seules armes qu'il ait à son service, et il vit en pleine sécurité : il ne craint pas les malfaiteurs de son pays, ni les armées européennes, dont l'effectif se monte à deux ou trois millions d'hommes. Il a des juges à lui, une police à lui, une armée toujours prête à combattre pour lui.

Qu'a-t-il fait hier, de huit heures du matin à six heures du soir, pour payer sa part de tant de biens et de tant de services ?

Il a posé des sonnettes.

N'est-ce pas merveilleux ?

Sans doute, le travailleur en question doit une certaine reconnaissance à ses contemporains dont le travail simplifie et facilite sa vie, mais ses contemporains lui doivent juste autant. Et la balance restera toujours égale, tant qu'il payera ce qu'il achète et produira l'équivalent de ce qu'il consomme.

Pénétrons-nous de cette vérité, et nous serons plus justes les uns pour les autres.

E. About, *A B C du travailleur*, p. 122.

(Professoral, aspirantes, juillet 1886.)

### Version anglaise.

It is a sort of paradox, but it is true : we are never more in danger than when we think ourselves most secure; nor in reality more secure than when we seem to be most in danger. Both sides of this apparent contradiction were lately verified in my experience. Passing from the green-house to the barn, I saw our three kittens looking with fixed attention at something, which lay on the threshold of a door, coiled up. I took but little notice of them at first; but a loud hiss engaged me to attend more closely, when behold — a viper! the largest I remember to have seen, rearing itself, darting its forked tongue, and ejaculating the aforementioned hiss at the nose of a kitten, almost in contact with his lips. I ran into the hall for a hoe with a long handle, with which I intended to assail him, and returning in a few seconds missed him : he was gone, and I feared had escaped me. Still, however, the kitten sat watching immovably upon the same spot. I con-cluded, therefore, that, sliding between the door and the threshold, he had found his way out of the garden into the yard. I went round immediately, and there found him in close conversation with the old cat, whose curiosity being excited by so novel an appearance, inclined her to pat his head repeatedly with her forefoot; not in anger, but in the way of philosophical inquiry and examination. To prevent her falling a victim to so laudable an exercise of her talents, I interposed with the hoe, and performed an act of decapitation, which though not immediately mortal proved so in the end. Had he slid into the passages, where it is dark, or had he, when in the yard, met with no interruption from the cat, and secreted himself in any of the outhouses, it is hardly possible but that some of the family must have been bitten; he might have been trodden upon without being perceived, and have slipped away before the sufferer could have well distinguished what foe had wounded him.                    William Cowper.

(Professorat, aspirantes, juillet 1886.)

## Thème anglais.

### EDMOND SPENSER

Edmond Spenser, un des plus grands poètes anglais, naquit à Londres vers 1553 : nous ne connaissons pas la date précise de sa naissance. Il étudia pendant sept ans à l'Université de Cambridge, qu'il quitta après avoir pris le grade de maître ès arts. En 1579, il publia son premier poème, et il le dédia à Sir Philip Sidney, qui devint son protecteur. Après l'insurrection de Desmond, les terres de ce puissant seigneur irlandais furent confisquées par la reine Elisabeth et données à des Anglais. Spenser obtint du gouvernement une concession de plus de trois mille arpents, à condition qu'il résiderait en Irlande. Ce fut dans le sud de l'Irlande, au château de Kilcolman, qu'il composa son chef-d'œuvre, « la Reine des fées »; dont les trois premiers livres furent publiés en 1590. Spenser mourut à Londres, neuf ans plus tard, le 16 janvier 1599.

(Saint-Cloud, juillet 1886.)

## Thème anglais.

### CAMPAGNE DE RUSSIE

La guerre devenait difficile, l'hiver approchait, le terrible hiver du Nord ; les généraux russes avaient pris le parti de faire un désert devant notre armée, en brûlant villes et villages. Il fallut songer de sortir de ce pays. Alors commença la retraite de Russie, cette lutte désastreuse où les glaces et les neiges étaient les alliées de l'ennemi, et où périt la grande armée. Nos malheureux soldats, harcelés par des bandes de Cosaques, avaient à se défendre sans cesse contre les armées russes. Le passage de la Bérésina, où périrent trente mille personnes, mit le comble aux désastres de cette expédition.

(Fontenay-aux-Roses, juillet 1886.)

### Version anglaise.

#### AMALGAMATION OF RACES

In no country has the enmity of race been carried further than in England. In no country has that enmity been more completely effaced. The stages of the process by which the hostile elements were melted down into one homogeneous mass are not accurately known to us. But it is certain that, when John became king, the distinction between Saxons and Normans was strongly marked, and that before the end of the reign of his grandson it had almost disappeared. In the time of Richard the first, the ordinary imprecation of a Norman gentleman was, « May I become an Englishman! » His ordinary form of indignant denial was, « Do you take me for an Englishman? » The descendant of such a gentleman a hundred years later was proud of the English name.

(Fontenay-aux-Roses, juillet 1886.)

### Thème anglais.

Le courage que Claude Bernard montra dans ces luttes terribles contre un Protée qui semble vouloir défendre ses secrets fut quelque chose d'admirable. Ses ressources étaient chétives. Ces merveilleuses expériences, qui frappaient d'admiration l'Europe savante, se faisaient dans une sorte de cave humide, malsaine, où notre confrère contracta probablement le germe de la maladie qui l'enleva; d'autres se faisaient à Alfort ou dans les abattoirs. Ses expériences sur des chevaux furieux, imprégnés de tous les virus, étaient quelquefois effroyables. Le docteur Rayer venait de découvrir que la plus terrible maladie du cheval se transmet à l'homme qui le soigne. Bernard voulut étudier la nature de ce mal hideux. Dans une convulsion suprême, le cheval lui déchire le dessus de la main, la couvre de sa bave. « Lavez-vous vite, lui dit Rayer, qui était à côté de lui. — Ne vous lavez pas, lui dit Magendie, vous hâteriez l'absorption du virus. » Il y eut une seconde d'hésitation. « Je me lave, dit Bernard en mettant la main sous la fontaine, c'est plus propre. »

RENAN, *Discours de réception à l'Académie française.*

(Professoral, aspirants, juillet 1887.)


### Version anglaise.

One fine morning in the full London season, Major Arthur Pendennis came over from his lodgings, according to his custom, to breakfast at a certain Club in Pall Mall, of which he was a chief ornament. At a quarter past ten, the Major invariably made his appearance in the best blacked boots in all London, with a checked morning cravat that never was rumpled until dinner time, a buff waistcoat which bore the crown of his sovereign on the buttons, and linen so spotless that Mr. Brummel himself asked the name of his laundress, and would probably have employed her, had not misfortunes compelled that great man to fly the country. Pendennis's coat, his white gloves, his wiskers, his very cane, were perfect of their kind as specimens of the costume of a military man *en retraite.* At a distance, or seeing his back merely, you would have taken him to be not more than thirty years old : it was only by a nearer inspection that you saw the factitious nature of his rich brown hair, and that there were a few crowsfeet round about the somewhat faded eyes of his handsome mottled face. His hands and wristbands were beautifully long and white. On the latter he wore handsome gold buttons given to him by his Royal Highness the Duke of York, and on the others more than one elegant ring, the chief and largest of them being emblazoned with the famous arms of Pendennis.                                        THACKERAY.

(Professorat, aspirants, juillet 1887.)

### Thème anglais.

#### ENFANCE DE CHARLES XII, ROI DE SUÈDE

Dès qu'il eut quelque connaissance de la langue latine, on lui fit traduire Quinte-Curce : il prit pour ce livre un goût que le sujet lui inspirait beaucoup plus encore que le style. Celui qui lui expliquait cet auteur lui ayant demandé ce qu'il pensait d'Alexandre : « Je pense, dit le prince, que je voudrais lui ressembler. — Mais, lui dit-on, il n'a vécu que trente-deux ans. — Ah! reprit-il, n'est-ce pas assez quand on a conquis des royaumes? » On ne manqua pas de rapporter ces réponses au roi son père, qui s'écria : « Voilà un enfant qui vaudra mieux que moi, et qui ira plus loin que le grand Gustave. » Un jour, il s'amusait dans l'appartement du roi à regarder deux cartes géographiques, l'une d'une ville de Hongrie prise par les Turcs sur l'empereur, et l'autre de Riga, capitale de la Livonie, province conquise par les Suédois depuis un siècle. Au bas de la carte de la ville hongroise, il y avait ces mots tirés du livre de Job : « Dieu me l'a donnée, Dieu me l'a ôtée; le nom du Seigneur soit béni. » Le jeune prince, ayant lu ces paroles, prit sur-le-champ un crayon et écrivit au bas de la carte de Riga : « Dieu me l'a donnée, le diable ne me l'ôtera pas. »

(Professorat, aspirantes, juillet 1887.)

### Version anglaise.

« There was, » says Charles Dickens, « a school in the Hampstead-road kept by Mr. Jones, a Welshman, to which my father dispatched me to ask for a card of terms. The boys were at dinner, and Mr. Jones was carving for them with a pair of holland sleeves on, when I acquitted myself of this commission. He came out, and gave me

what I wanted; and hoped I should become a pupil. I did.
At seven o'clock one morning, very soon afterwards,
I went as a day scholar to Mr. Jones's establishment.
There was a board over the door graced with the words
WELLINGTON HOUSE ACADEMY. »

At Wellington-house academy he remained nearly two
years, being a little over fourteen years of age when he
quitted it. In a paper first printed in *Household Words*,
Dickens describes the school as remarkable for white
mice. He says that linnets, and even canaries, were kept
by the boys in desks, drawers, hat-boxes, and other
strange refuges for birds; but that white mice were the
favourite stock, and that the boys trained the mice much
better than the master trained the boys. He recalled in
particular one white mouse who lived in the cover of a
Latin dictionary, ran up ladders, drew Roman chariots,
shouldered muskets, and who might have achieved greater
things but for having had the misfortune to mistake his
way in a triumphal procession to the Capitol, when he
fell into a deep inkstand, and was dyed black and
drowned.          FORSTER's, *Life of Charles Dickens*.

(Professoral, aspirantes, juillet 1887.)


### Thème anglais.

Nous couchâmes à Dueñas la première journée, et nous
arrivâmes la seconde à Valladolid, sur les quatre heures
de l'après-midi. Nous descendîmes à une hôtellerie qui
me parut devoir être des meilleures de la ville. Je laissai
le soin des mules à mon valet, et montai dans une chambre,
où je fis porter ma valise par un garçon du logis. Comme
je me sentais un peu fatigué, je me jetai sur mon lit sans
ôter mes bottines, et je m'endormis insensiblement. Il
était presque nuit lorsque je me réveillai. J'appelai Am-
broise. Il ne se trouva point dans l'hôtellerie; mais il ar-
riva bientôt. Je lui demandai d'où il venait : il me répondit d'un air pieux qu'il sortait d'une église où il était
allé remercier le ciel de nous avoir préservés de tout

mauvais accident depuis Burgos jusqu'à Valladolid. J'approuvai son action; ensuite je lui pardonnai de faire mettre à la broche un poulet pour mon souper.        LE SAGE.

(Saint-Cloud, juillet 1887.)

## Version anglaise.

To Mr. Pope.

Vienna January 16th, 1717.

I have not time to answer your letter, being in the hurry of preparing for my journey; but, I think, I ought to bid adieu to my friends with the same solemnity, as if I was going to mount a breach, at least, if I am to believe the information of the people here, who denounce all sorts of terrors to me; and, indeed, the weather is at-present such, as very few ever set out in. I am threatened, at the same time, with being frozen to death, buried in the snow, and taken by the Tartars, who ravage that part of Hungary I am to pass. 'Tis true, we shall have a considerable escort, so that, possibly I may be diverted with a new scene, by finding myself in the midst of a battle. How my adventures will conclude, I leave entirely to Providence; if comically, you shall hear of them.

Pray be so good as to tell Mr. D. I have received his letter. If I live, I will answer it. The same compliment to my Lady R.        LADY MONTAGUE.

(Saint-Cloud, juillet 1887.)

## Thème anglais.

Les différentes races des animaux domestiques suivent dans les différents climats le même ordre, ou à peu près, que les races humaines : ils sont, comme les hommes, plus forts, plus grands et plus courageux dans les pays froids; plus civilisés, plus doux dans les climats tempérés; plus lâches, plus faibles et plus laids dans les climats trop chauds; c'est encore dans les climats tempérés et chez les peuples les plus policés que se trouvent la plus grande diversité, le plus grand mélange et les plus nombreuses variétés dans chaque espèce.

(Fontenay-aux-Roses, juillet 1887.)

Version anglaise.

THE EARL OF CHESTERFIELD TO HIS SON

I had a letter by last post from Mr. Makaire in which he tells me that your Greek grammar goes on pretty well, but that you do not retain Greek words, without which your Greek rules will be of very little use. This is not want of memory, I am sure, but want of attention, for all people remember whatever they attend to. They say that great wits have short memories; but I say that only fools have short ones; because they are incapable of attention, at least to anything that deserves it, and then they complain of want of memory. It is atonishing to me that you have not an ambition to excel in every thing you do; which, by attention to each thing and to no other at that time, you might easily bring about.

(Fontenay-aux-Roses, juillet 1887.)

————

# LANGUE ALLEMANDE

Thème allemand.

Dans l'éducation des enfants, les parents doivent sans cesse se répéter le mot de César, et croire qu'ils n'ont rien fait tant qu'il leur reste quelque chose à faire. On voit quelquefois des parents qui recommencent leur éducation pour conduire ou suivre celle de leurs enfants. Cela ne se peut pas toujours, car, en supposant l'intelligence nécessaire à ce second apprentissage, plus difficile que le premier, il faut encore le loisir, si rare, et, avant d'instruire les enfants, il faut les nourrir; mais, quand ces conditions se rencontrent, il est certain qu'une telle éducation porte de beaux fruits. Il y a là une force qui certainement agira, et le courage recevra sa récompense. Mais il l'a déjà dans la douceur du devoir sérieusement accompli : il n'y a pas de privations qui ne soient payées par une caresse, et si la destinée, qui se joue de nous, enlève l'élève ou le maître, il y a, pour le maître qui survit ou qui meurt, la consolation de n'avoir pas perdu un seul sourire d'un enfant.                       BERSOT.

(Professorat, aspirants, juillet 1886.)

## Version allemande.

### L'AGRICULTURE

Glücklich der Fusz, welcher über weite Flachen des eigenen Grundes schreitet ; glücklich das Haupt, welches die Kraft der grünenden Natur einem verstandigen Willen zu unterwerfen weisz! Alles, was den Menschen stark, gesund und gut macht, das ist dem Landwirth zu Theil geworden. Sein Leben ist ein unaufhörlicher Kampf, ein endloser Sieg. Ihm stählt die reine Gottesluft die Muskeln des Leibes, und die uralte Ordnung der Natur regelt auch den Lauf seiner Gedanken. Er ist der Priester, welcher Zucht und Sitte, die ersten Tugenden eines Volkes, zu hüten hat. Wenn andere Arten nützlicher Thätigkeit veralten, die seine ist so ewig, wie das Leben der Erde; wenn andere Arbeit den Menschen in enge Mauern einschlieszt, sein Blick hat nur zwei Grenzen, oben den blauen Himmel und unten den festen Boden. Auch dem Stadter ist die grüne Saat und das Rind auf der Weide, Waldesgrün und Wiesenduft eine Erquickung des Herzens ; aber stolzer und edler ist das Behagen des Mannes, der mit den Bewusztsein über seine Flur schreitet : dies Alles ist mein, meine Kraft erschuf es, und mir gereicht es zum Segen.                       FREINTAG.

(Professorat, aspirants, juillet 1886.)

### Thème allemand.

L'éducation est de tous les âges : elle commence et
finit avec nous. Il y a sans doute pour chaque âge une
éducation particulière; mais ces éducations particulières
doivent s'enchaîner l'une à l'autre, comme l'enfance s'enchaîne à la jeunesse, la jeunesse à l'âge mûr, et l'âge
mûr à la vieillesse. L'éducation doit donner à chaque
âge la perfection qui lui est propre, et en même temps le
préparer à l'âge qui va venir.

Dans l'enfant, il faut voir l'homme : voilà le point de
vue de l'avenir. Mais, dans l'enfant, il faut voir aussi
l'enfant, c'est-à-dire qu'il y a pour la première enfance,
comme pour les autres âges, un genre de perfection qui
doit servir de but à l'instituteur. Mais quelle est cette
perfection? L'enfant nous en donne l'idée dans ses moments les plus aimables. En effet, si vous observez attentivement l'enfance, vous verrez qu'elle a des jours
heureux où la nature fait toute seule son éducation et la
fait mieux que personne. Dans ces bons instants, l'enfant
est tout ce qu'il peut être : il a la perfection de son âge.

SAINT-MARC GIRARDIN.

(Professorat, aspirantes, juillet 1886.)

### Version allemande.

#### LE LIVRE

Wer nicht liest, der lebt nicht. Das Buch ist den Wun-
derwerken, die von Menschenhand gemacht sind, beizu-
zählen. Ein Buch ist eine Brücke, über den Strom der
Zeit gebaut, wo wir alle Tage die vor hundert und tau-
send Jahren Gestorbenen zu uns Lebenden kommen und
unter uns wandeln sehen, als lebten sie noch. Ein Buch
ist ein Band, um alles, was liest, geschlungen, und stiftet
eine Lebensgemeinschaft, so innig und zugleich so um-
fassend, wie keine andere. Die Kaufmannschiffe bringen
Kaffee und Thee, Baumwolle und Seide, und anderes

viel, was wir für unsern Leib brauchen; aber was unser Geist braucht, wovon er lebet, das führen die Bücher uns zu von nah und fern. Das Buch spricht and lehrt mitsprechen; es zieht den Kleinen grosz, bringt den Niedrigen empor, erweitert einem Ieden die Welt, dasz er ferne Dinge zu sehen bekommt und zu hören, wie hinter den Bergen und jenseits des Wassers auch Leute wohnen. Es tröstet die Traurigen, leistet den Einsamen Gesellschaft, und wo ihrer einige beisammen sind, da findet sich eine so gewählte Gesellschaft, wie kein Fürst sie an seiner Tafel sieht.　　　　　　　　　　HARMS.

(Professorat, aspirantes, juillet 1886.)

## Thème allemand.

Il semble que l'on ne puisse rire que des choses ridicules : l'on voit néanmoins de certaines gens qui rient également des choses ridicules et de celles qui ne le sont pas. Si vous êtes sot et inconsidéré, et qu'il vous échappe devant eux quelque impertinence, ils rient de vous; si vous êtes sage, et que vous ne disiez que des choses raisonnables, et du ton qu'il faut les dire, ils rient de même.　　　　　　　　　　LA BRUYÈRE.

(Saint-Cloud, juillet 1886.)

## Thème allemand.

La France, notre patrie, est un grand et beau pays. Ses côtes sont baignées par trois mers, qui portent de nombreux vaisseaux ; quatre fleuves puissants arrosent son sol, où croissent les arbres et les plantes les plus variées. Cette contrée, que nous voyons maintenant si bien cultivée, était, dans l'ancien temps, couverte d'épaisses forêts, et les hommes qui l'habitaient vivaient principalement de la chasse.

(Fontenay-aux-Roses, juillet 1886.)

## Version allemande.

Die Geschichte Robinson's, die Sie in Ihrem Buche wahrschienlich gelesen haben, hat seit langer Zeit die Jugend aller Länder bewegt und erfreut. Welches Kind hat nicht mit Angst die Abenteuer des Unglücklichen verfolgt, seit dem Augenblicke, wo die wüthenden Wellen ihn ans Ufer schleuderten? Welches Kind träumte nicht einmal von einer solchen Insel, wo es, sich selbst überlassen, für seine Bedürfnisse sorgen müszte? Während Robinson sich mühsam Alles selbst verschafft, sich Nahrung und Kleider bereitet, sich eine Wohnung, Waffen und Werkzeuge macht, do vergessen wir fast seine Leiden in der Bewunderung seiner fleiszigen Geschicklichkeit : ja, wir würden vielleicht wünschen, dasz kein Gefährte kame, seine Einsamkeit zu theilen.

(Fontenay-aux-Roses, juillet 1886.)

## Thème allemand.

Observez de bonne heure le tempérament de votre fils : et cela lorsqu'il est le plus abandonné à lui-même, dans ses jeux, quand il se croit hors de votre vue. Recherchez quelles sont ses passions dominantes, ses goûts favoris : s'il est farouche ou doux, hardi ou timide, compatissant ou cruel, ouvert ou réservé. En effet, selon que ses inclinations différeront, vos méthodes devront aussi différer, et votre autorité doit en quelque sorte s'ajuster sur ses inclinations pour agir de différentes manières sur son esprit. Ces tendances natives, ces dispositions prédominantes, il ne s'agit pas de les traiter avec des règles fixes, surtout celles qui sont les plus douces et les plus modérées, et qui dérivent de la peur, d'une sorte de faiblesse d'esprit. On peut cependant les corriger à force d'art et les tourner au bien. Mais, quoi que vous fassiez, soyez en certain, l'esprit penchera toujours du côté vers lequel la nature l'a d'abord incliné.

LOCKE. Edition Compayré.

(Professoral, aspirants, juillet 1887.)

## Version allemande.

### EURYKLEA ERKENNT ODYSSEUS

Indess gedachte Odysseus plötzlich an etwas, das ihn mit Besorgniss erfüllte. Noch ehe Penelope seine Gemahlin geworden war, hatte ihn auf der Jagd ein wilder Eber am Knie schwer verwundet, und es war eine Narbe zurückgeblieben, die Euryklea wohl kannte, denn oftmals hatte sie ihm die Füsse gewaschen. Da er nun fürchtete, die Narbe möchte ihn verrathen, stand er auf, wandte den Sessel und setzte sich mit dem Rücken gegen die Flamme des Herdes.

Dennoch entging der Alten die Narbe nicht, als sie beim Waschen mit der flachen Hand über die Stelle fuhr. Freudiger Schreck durchbebte ihr Herz, und sie liess den Fuss sinken. Dadurch aber fiel das eherne Gefäss mit Geklirr um, und das Wasser lief auf den Boden. Aus beiden Augen stürzten ihr Thränen, die Stimme versagte ihr den Dienst, und sie starrte ihren lieben Herrn an. Endlich drangen die Worte aus ihrem Munde : « Ja, du bist Odysseus, mein lieber Sohn, den ich von Jugend auf pflegte, und nun erst erkannte, da ich mit meinen Händen ihn betastete. »  *Homer's Odyssee*, SCHMIDT.

(Professorat, aspirants, juillet 1887.)

## Thème allemand.

### LA CURIOSITÉ DES ENFANTS

La curiosité des enfants est un penchant de la nature, qui va comme au-devant de l'instruction; ne manquez pas d'en profiter. Par exemple, à la campagne, ils voient un moulin, et ils veulent savoir ce que c'est; il faut leur montrer comment se prépare l'aliment qui nourrit l'homme. Ils aperçoivent des moissonneurs, et il faut leur expliquer ce qu'ils font, comment on sème le blé et comment il se multiplie dans la terre. A la ville, ils voient des boutiques où s'exercent plusieurs arts et où l'on vend diverses marchandises. Il ne faut jamais être importuné de leurs demandes ; ce sont des ouvertures que la nature vous offre pour faciliter l'instruction ; témoignez y prendre plaisir ; par là, vous leur enseignerez insensiblement comment se font toutes les choses qui servent à l'homme et sur lesquelles roule le commerce. Peu à peu, sans étude particulière, ils connaîtront la bonne manière de faire toutes ces choses qui sont de leur usage, et le juste prix de chacune, ce qui est le vrai fond de l'économie.    FÉNELON.

(Professorat, aspirantes, juillet 1887.)

**Version allemande.**

NAUSIKAA

Als Nausikaa das anmuthige Ufer des Stromes erreicht hatte, lösten die Mägde den Maulthieren die Fesseln, damit sie sich im üppigen Grase erquicken könnten. Dann trugen die Jungfrauen die Gewänder in Höhlungen, die bestandig von klarem Gewässer durchflossen wurden, stampften sie mit den Füssen und breiteten sie darnach auf dem reinen kiesigen Ufer der Reihe nach aus, damit die Sonne sie trockne. Nun stiegen sie ins Bad. Als sie sich darauf mit duftendem Öle gesalbt un mit den Gewändern wieder umhüllt hatten, nahmen sie fröhlichen Herzens auf dem grünen Rasen das Mahl. Dann ergotzten sie sich an dem Ballspied, und Nausikaa erhob dabei ihre Stimme zum lieblichen Gesange.

Nachdem die Fürstin und die Mägde sich genugsam an Spiel und Gesang erfreut hatten, gedachten sie der Heimkehr. Einige trugen die Gewänder herbei, andere schirrten die Maulthiere an den Wagen. Da erhob Nausikaa lachenden Gesichtes noch einmal den Ball und warf ihn nach einer der Mägde; aber sie verfehlte ihr Ziel, und der Ball flog weit in den Strudel hinein, worüber die Jungfrauen in ein fröliches Gekreisch ausbrachen.

*Homer's Odyssee*, SCHMIDT.

(Professorat, aspirantes, juillet 1887.)

## Thème allemand.

### SULLY

Le conseiller du roi Henri IV, Sully, portait au travail une ardeur infatigable. Tous les jours il se levait à quatre heures du matin; les deux premières heures étaient occupées à lire les lettres et à expédier les réponses; c'était ce qu'il appelait « nettoyer le tapis ». A sept heures, il se rendait au Conseil et travaillait avec le roi. A midi, il dînait; puis aussitôt il donnait une audience où tout le monde était admis. Enfin il faisait fermer sa porte et se livrait au plaisir de la conversation avec quelques amis. Mais, lorsqu'un événement imprévu avait dérangé le cours de ses occupations, il prenait sur la nuit le temps qui lui avait manqué dans la journée. Telle fut sa vie jusqu'au dernier jour de son ministère. Aussi le roi Henri IV, le montrant à ses courtisans jaloux, leur disait : « A quel prix, messieurs, voudriez-vous mener cette vie-là? »

(Saint-Cloud, juillet 1887.)

## Version allemande.

### L'ENFANCE DE CARNOT

Carnot war 1753 zu Nolay, einem kleinen Städtchen der Bourgogne, geboren, Sohn eines mit achtzehn Kindern gesegneten Advokaten, in schlichten Verhältnissen und sorgfältiger Erziehung herangewachsen. Seinen militärischen Sinn verrieth er schon als zehnjähriger Knabe, indem er im Theater zu Dijon bei dem Anblicke eines kriegerischen Schauspiels, zu groszer Erheiterung des Publikums, die Aufführung durch heftiges Rufen unterbrach, man solle die Soldaten und die Kanonen anders stellen, man gebe dem Feinde sonst Alles in die Hände. Diese Lebhaftigkeit des Ergreifens zeigte er dann auf allen Stufen des Unterrichts. Sehr frühe zeigte er einen eisernen Fleisz; er zog Verweise und Strafen auf sich, weil er, gegen die Schulordnung, auch in der Spielstunde thätig war. Jeder Eindruck rief in ihm ein leidenschaftliches Arbeiten hervor. Sonst hatte er keine Leidenschaft. Mäszigung und Uneigennützigkeit verstanden sich, bei seiner nach Wissen durstenden Natur, von selbst.

SYBEL.
(Saint-Cloud, juillet 1887.)

### Thème allemand.

Les différentes races des animaux domestiques suivent dans les différents climats le même ordre, ou à peu près, que les races humaines : ils sont, comme les hommes, plus forts, plus grands et plus courageux dans les pays froids; plus civilisés, plus doux dans les climats tempérés; plus lâches, plus faibles et plus laids dans les climats trop chauds; c'est encore dans les climats tempérés et chez les peuples les plus policés que se trouvent la plus grande diversité, le plus grand mélange et les plus nombreuses variétés dans chaque espèce.

(Fontenay-aux-Roses, juillet 1887

### Version allemande.

Das wahre und sichere Glück des Lebens liegt nicht auszer uns, sonder in uns; nicht, in den Goldkisten, nicht in dem Adelsbriefe, nicht in dem schäumendem Pokal, sondern im ruhigen und reinen Herzen. Wer seine Ruhe im Reichthum oder in einem hohen Stande sucht, findet sie nicht. Selbst auf dem Thron sitzt sie nur für den, der sie auf den Thron mitbringt. Nur der, welcher seine Wünsche auf das beschränkt, was Natur und Fleisz ihm gewähren, nur der hat Ruhe und einen für die Freuden des Lebens offenen Sinn. Sanfter Schlummer besucht sein Lager; mit leichtem Herzen wacht er am Morgen auf, begrüszt die wiederkehrende Sonne, und erfüllt fröhlich die Pflichten des Tages.            (D'après HEBEL.)

(Fontenay-aux-Roses, juillet 1887.)

# ÉPREUVES ORALES ET PRATIQUES

---

## SUJETS DE LEÇONS

Résumer l'histoire de la Réforme, en Allemagne et en France, de 1517 à 1562.

Les grandes lignes de communication entre l'Europe occidentale et l'Amérique.

François Iᵉʳ et Charles-Quint jusqu'au traité de Madrid.

L'édit de Nantes et la révocation de l'édit de Nantes.

La mer du Nord (littoral).

Charlemagne.

Voies de communication entre la France et l'Asie méridionale et l'Asie orientale.

L'analyse grammaticale : sa place dans l'enseignement de la langue; abus des exercices écrits d'analyse grammaticale.

Quelles lectures le professeur chargé du cours d'histoire de France doit-il faire pour sa propre préparation et indiquer aux élèves-maîtres pour leur éducation professionnelle?

Les Normands : leurs invasions et leur établissement en France.

Du choix des dictées. Sont-elles simplement destinées à apprendre l'orthographe?

Accroissement de la puissance russe pendant le dix-huitième siècle.

Caractère de don Diègue (dans *le Cid*).

Comment la Normandie et la Bretagne sont-elles devenues françaises?

Quel parti l'instituteur peut-il tirer des *Fables* de La Fontaine pour l'instruction et l'éducation des élèves?

Littoral septentrional de la Méditerranée, depuis le détroit de Gibraltar jusqu'à Naples.

Composition et dérivation des mots.

Du procédé qui consiste à opposer deux caractères au théâtre. Emploi que fait Molière de ce procédé. Parti qu'il en a tiré.

Littoral de la France, de la pointe Saint-Mathieu à la Bidassoa.

Accroissement de la puissance prussienne pendant le dix-huitième siècle.

Rôle de Pauline dans *Polyeucte*.

Pierre le Grand.

Rôle de Chimène.

La ponctuation.

Emploi du globe terrestre dans les écoles normales.

Les Alpes françaises.

Analyser le quatrième acte de *Britannicus*.

Les temps du verbe.

Christophe Colomb et Magellan : mers et pays qu'ils ont découverts.

De l'usage et de l'abus du style figuré.

Relations de la France avec l'Espagne pendant le règne de Philippe II.

Les côtes de France et d'Angleterre baignées par la Manche.

Formation de l'unité allemande.

Géographie physique comparée des deux Amériques. Après avoir comparé les grands traits de leur ressemblance générale, insister sur les différences de détail.

De l'analyse logique; son utilité; abus qu'on peut en faire. Dans quelle mesure doit-on l'enseigner à l'école primaire.

Comment le dix-huitième siècle a-t-il innové :
1° Dans la poésie dramatique;
2° Dans la composition historique?

Indiquer les caractères propres à chacun des genres lyrique, épique et dramatique. Citer des exemples à l'appui de votre explication.

Comparer les caractères de Cléopâtre dans *Rodogune*, et d'Agrippine dans *Britannicus*.

Du mensonge en général; puis du personnage du Menteur dans la comédie de Corneille.

Classification, sens et rôle des suffixes. Exemples à l'appui.

La Renaissance.

Institutions et créations de la Convention.

Formation de la Prusse.

Colbert.

Fleuves qui descendent des Alpes.

La Fronde.

Caractères de Burrhus et de Narcisse.

Style de M^me de Sévigné.

Opinion de Fénelon sur l'éloquence.

Question d'Orient au dix-neuvième siècle.

Caractères de Chrysale et de Martine.

Caractère d'homme dans *le Misanthrope* moins Alceste.

Henri IV.

Richelieu et la monarchie absolue.

La Belgique.

Causes de la Révolution anglaise, de 1648 et de 1688.

Analyse des caractères d'homme dans *Polyeucte*.

Les Anglais dans les Indes au dix-huitième siècle.

Formation de l'Unité italienne.

Étudier le rôle de Chrysale et de Martine dans *les Femmes savantes*.

Les colonies anglaises; distinguer les colonies d'exploitation, d'émigration et les points fortifiés.

Résumer et apprécier les règles que Boileau donne dans le troisième chant sur la tragédie et la comédie.

Etude de la frontière de l'est depuis le Luxembourg jusqu'à la Suisse.

Moralité des fables de La Fontaine.

Quelle méthode à suivre pour étudier un caractère. Exemple : Hermione.

Philippe II d'Espagne; apprécier son rôle.

Analyser pour des élèves d'école normale de troisième année le chapitre : *Des Ouvrages de l'esprit:*

Sur quels faits se fonde l'opinion en France que François I<sup>er</sup> a créé le pouvoir absolu.

De l'oraison funèbre; comment Bossuet a-t-il traité les oraisons funèbres?

Formation des mots; leurs éléments, préfixes et suffixes.

Analyser cette fable : *les Deux Rats, le Renard et l'Œuf.*

Rôle de Pauline.

Situation de la France à l'avènement de Louis XVI. Turgot, Malesherbes, Saint-Germain.

Qu'est-ce que les états généraux? Dans quelles circonstances mémorables ont-ils été réunis?

Géographie physique, politique et économique de la Bretagne. Côtes, reliefs, cours d'eau, principaux produits, voies ferrées. Départements, chefs-lieux, sous-préfectures, lieux remarquables. Date et circonstances de la réunion au domaine royal (croquis).

M^me de Maintenon. Instruction à la classe rouge sur la journée d'un enfant raisonnable ou l'habitude de la règle.

Comment Molière s'y est-il pris pour varier, dans les trois personnages de Philaminte, Armande et Bélise, la représentation d'un même défaut?

Résumez et appréciez les reproches adressés par Fénelon à Racine dans la *Lettre à l'Académie* (projet de tragédie).

Leçon sur Buffon à des élèves de troisième année, comme introduction à l'étude de son *Discours sur le style.*

Comparez le *Sermon sur la mort* à l'*Oraison funèbre de Henriette d'Angleterre.*

En désapprouvant la tragédie de *Polyeucte,* l'hôtel de Rambouillet obéissait à des raisons littéraires et à des scrupules religieux. Exposez et appréciez.

Description physique de la mer Baltique.

Comment s'est formée la république des Provinces-Unies? Quel a été son rôle dans les affaires de l'Europe de 1542 à 1688?

Etudiez le rôle de Philinte dans la pièce du *Misan-thrope*.

Appréciation des traités de Westphalie et des Pyrénées. Quelles en furent les conséquences?

Branche cadette de la famille d'Orléans, depuis Louis XIV jusqu'en 1848. Esquisser les caractères des membres les plus importants de cette famille, et dire quelle a été l'influence exercée par eux.

Que louez-vous et que critiquez-vous dans la tragédie de *Rodogune?*

Racine a dit, dans la deuxième préface de *Britannicus :* « La tragédie n'est pas moins la disgrâce d'Agrippine que la mort de Britannicus. »
Attachez-vous à prouver la vérité de ces paroles en étudiant le rôle d'Agrippine.

L'Alsace et la Lorraine avant et après 1789; géographie physique, économique et politique. Date et circonstances de la réunion à la France (croquis).

Exposer rapidement les institutions sociales, politiques et administratives de la France en 1789.

Vous exposerez, en vous engageant le moins possible dans la question théologique, le plan, les idées principales, le mouvement de la *Première Provinciale.*

Exposez et appréciez les idées émises par Fénelon dans la *Lettre à l'Académie,* sur le *Projet d'enrichir la langue.*

# DEVOIRS A CORRIGER

De la critique littéraire.

Sully et Colbert.

Malesherbes et Turgot.

Devoirs de l'instituteur envers les élèves.

De la Convention en 1794 et en 1795.

Du pronom.

Conseils à un jeune homme sur le choix de ses lectures.

Des modes d'enseignement.

Amour de la patrie. Devoirs envers la patrie.

Expédition d'Egypte.

De l'intuition.

Les principaux centres d'exploitation de la houille et les villes de commerce les plus importantes de la Belgique.

Le blocus continental.

Rivalité de Louis XIV et de Guillaume d'Orange.

La Saint-Barthélemy.

La France royale et féodale en 1461.

Vie de Duguesclin.

Alceste et Philinte.

Méthode à suivre pour composer.

Expliquer ce précepte : « Avant donc que d'écrire apprenez à penser. »

Principaux ports de commerce de l'Europe.

La morale et la philosophie des fables de La Fontaine.

Résultats politiques et religieux de la guerre de Trente ans.

A quoi servent les montagnes?

Les châteaux féodaux.

État de la France à l'avènement et à la mort de Henri IV.

Voyage de Paris à Rotterdam (par eau et par chemin de fer).

Moyens d'éclairer, de diriger et de développer la conscience chez l'enfant.

Montrer comment François Ier a mérité de donner son nom à son époque malgré ses fautes.

La France en 1789.

La bienfaisance. — Comment les plus pauvres mêmes peuvent l'exercer.

Quelles sont les raisons qui ont amené le remplacement de la dynastie mérovingienne par la dynastie carlovingienne?

Dans un château féodal au moyen âge, un trouvère, accompagné d'un jongleur, dit un morceau de la *Chanson de Roland*. Décrivez la scène.

A l'âge de quinze ans, Bossuet arrive au collège pour compléter ses études. Quinze jours après, il assiste à la rentrée triomphale du cardinal de Richelieu à Paris, puis à ses obsèques, — et, dans une lettre à son oncle, écrite le jour même, il lui fait part de ses impressions à ce sujet. Écrivez cette lettre.

Montrer le caractère universel de la Révolution française en rappelant l'opinion de Mirabeau à ce sujet.

Marquer les progrès du pouvoir royal sous Philippe-Auguste, saint Louis et Philippe IV le Bel. Quelle a été la conséquence de ce progrès?

L'empire chinois.

Les guerres de Louis XIV ont-elles été fatales ou utiles à la France ? Appuyez votre opinion sur des faits.

Quelles sont les qualités que vous appréciez le plus dans les lettres de M<sup>me</sup> de Sévigné?

Exposer et justifier la définition que La Fontaine a donnée de la fable :

> Une ample comédie aux cent actes divers
> Et dont la scène est l'univers.

Appréciez ce jugement de Voltaire sur Pierre le Grand : « Il résolut d'être un homme, de commander à des hommes et de créer une nation nouvelle. » (*Histoire de Charles XII.*)

Choisir dans *Andromaque* le caractère que vous préférez ; donner le motif de cette préférence.

« Les défauts des hommes sont accrus par l'ignorance et la curiosité. » (FÉNELON, *Education des filles.*)

Résumer l'histoire de la seconde maison de Bourgogne.

Quelles sont les qualités que vous admirez le plus dans les lettres de M<sup>me</sup> de Sévigné?

Appréciez ce jugement de Michelet sur Richelieu : « Il ne pardonna jamais, il l'eût fait aux dépens de l'Etat. »

---

# LECTURES EXPLIQUÉES

La bataille contre les Maures. (Récit du *Cid.*)

Le rat qui s'est retiré du monde. (LA FONTAINE.)

Mort de Louvois. (M<sup>me</sup> DE SÉVIGNÉ.)

Une fable de La Fontaine : *le Vieillard et les trois jeunes Hommes.*

Bataille de Rocroi. (BOSSUET.)

Mort de Turenne. (M^me DE SÉVIGNÉ.)

RACINE, *Andromaque*, acte III, scène VI.
>    Ah! Seigneur, vous entendiez assez

jusqu'à :
>    Il ne séparât point des dépouilles si chères.

LA FONTAINE : *le Songe d'un habitant du Mogol.*
(Livre IX, fable IV.)

RACINE, *les Plaideurs*, acte I^er, scène I^re, monologue de
Petit-Jean.

*Sermon sur la mort*, 2^e point :
>    Je ne suis point de ceux qui font grand état...

jusqu'à :
>    ... rendre compte de tous ses pas.

*Oraison funèbre de Henriette d'Angleterre* :
>    Que dirai-je de la libéralité, etc.

*Lettre à l'Académie.* — Projet de grammaire :
>    Il serait à désirer...

jusqu'à :
>    ... au lieu de le perfectionner.

*Le Misanthrope*, acte I^er, scène I^re :
>    Non, je ne puis souffrir cette lâche méthode

jusqu'à :
>    ... la chose comme elle est?

*Polyeucte*, acte IV, scène V :
>    Brisons là...

jusqu'à :
>    ... Je le veux ignorer.

LA BRUYÈRE, ch. V, *De la Société et de la Conversation* :
>    Avec de la vertu, de la capacité, etc.

RACINE, *Andromaque*, acte III, sc. VII :

> Madame, demeurez...

jusqu'à :

> Vous couronner, Madame, ou le perdre à vos yeux.

BOILEAU, *Art poétique*, chant II :

> Aimez donc la raison...

jusqu'à :

> Qui toujours sur un ton semblent psalmodier.

LA BRUYÈRE, *Des Ouvrages de l'esprit* :

> Si cependant il est permis...

jusqu'à :

> Il semble que l'un imite Sophocle et que l'autre doive plus
> à Euripide.

LA BRUYÈRE, *De la Société et de la Conversation*,
ch. V :

> Que dites-vous?... Comment? Je n'y suis pas...

jusqu'à :

> Peut-être alors croira-t-on que vous en avez.

VOLTAIRE, *Lettre à M. de Vauvenargues* (janvier 1745) :

> Le dernier ouvrage que vous avez bien voulu m'envoyer,
> Monsieur, est une nouvelle preuve...

jusqu'à la fin de la lettre.

*Britannicus*, acte V, sc. V :

> Quel attentat, Burrhus...

jusqu'à :

> Pleurer Britannicus, César et tout l'Etat.

BUFFON, *Discours sur le style* :

> Les ouvrages bien écrits sont les seuls qui passeront...

jusqu'à :

> Le style, c'est l'homme même.

# APPENDICE

**Décret du 27 décembre 1887.** — En cas d'insuffisance du nombre des candidats pourvus du certificat d'aptitude au professorat des écoles normales, des licenciés pourront être nommés professeurs d'écoles normales primaires, directeurs et professeurs d'écoles primaires supérieures.

La situation toute provisoire des maîtres adjoints délégués, menacés, en cas d'échec aux examens du professorat, de se trouver sans emploi, était peu faite pour encourager les instituteurs à solliciter des fonctions aussi précaires et à se préparer à l'examen de la délégation institué par l'arrêté du 1er septembre 1887. La circulaire ci-après fait heureusement cesser cette redoutable appréhension.

**Circulaire du 8 février 1888** (*Extraits*). — La situation des délégués méritait d'appeler toute mon attention. Ils sont, pour la plupart, sinon tous, d'anciens élèves d'école normale, qui, après le cours régulier d'études, avaient obtenu des postes d'instituteurs. Ils ont pu présumer de leurs forces en cherchant à s'élever dans l'enseignement normal à des fonctions que les résultats de l'examen ne leur permettraient pas de conserver, mais ils n'ont nullement démérité, et il ne serait pas équitable de les obliger à renoncer à une carrière à laquelle ils se sont préparés au prix de grands sacrifices; on ne peut en particulier leur refuser les moyens d'accomplir l'engagement décennal qu'ils ont contracté. Même s'ils sont insuffisants comme maîtres d'école normale, ils restent bons instituteurs et quelques-uns peuvent même être parmi les meilleurs des instituteurs.

Je considère donc, comme de toute justice, que la situation qu'ils occupaient précédemment dans l'enseignement primaire leur soit rendue.

Je sais, Monsieur l'inspecteur d'académie, que vous devez placer chaque année les élèves sortant de l'école normale et que, parfois, le nombre des emplois vacants ne répond pas à celui des candidats. Mais il n'est pas douteux que les délégués, obligés de quitter leur poste dans les écoles normales dans les conditions que je viens de rappeler, ont des droits antérieurs à ceux de leurs jeunes collègues. Il importe qu'ils soient placés avant eux et j'appelle toute votre attention sur ce point. Je vous recommande très instamment de veiller à ce qu'ils soient les premiers pourvus d'emplois, soit dans les écoles primaires élémentaires, soit dans les écoles primaires supérieures, suivant le degré de leur aptitude.

Aussitôt que les examens du certificat d'aptitude au professorat seront terminés, je vous ferai connaître les noms des délégués supprimés qui, ayant déjà exercé dans votre département, demanderaient à y reprendre un poste d'instituteur, et je vous communiquerai à leur sujet tous les renseignements nécessaires.

Veuillez m'accuser réception de la présente circulaire et prendre, dès que le moment sera venu, les mesures destinées à assurer les prescriptions qu'elle contient.

------

L'article 122 de l'arrêté du 18 janvier 1887 (p. 123) n'indique pas si les textes étrangers prescrits par le brevet supérieur, serviront comme les textes français à l'épreuve orale de langues vivantes pour l'admission à Saint-Cloud et à Fontenay-aux-Roses. Nous croyons néanmoins utile, sous cette réserve, et sous le bénéfice des avis de février 1886 et décembre 1885 (p. 45 et 46), de reproduire le récent arrêté suivant :

**Arrêté du 12 janvier 1888.** — La liste des auteurs sur lesquels porteront les explications à l'examen du brevet supérieur est fixée ainsi qu'il suit pour l'année 1888 :

**Langue allemande.** — Bossert et Beck, *Lectures allemandes*, 2º année (Hachette).

**Langue anglaise.** — Miss Edgeworth, *Contes choisis*, par M. Mothéré (Hachette).

. . . . . . . . . . . . . . . . . . . . . . . . . . . . . . . . . . . . . . . . . . . . . . . . . . .

## Examen d'admission à l'école de Fontenay-aux-Roses en 1887. — *Épreuves écrites.*

**Littérature et grammaire.** — I. Expliquer, quant à la forme grammaticale, à la versification et au tour littéraire, les vers de La Fontaine qui suivent :

> Chacun a son défaut où toujours il revient ;
> Honte ni peur n'y remédie,
> Sur ce propos, d'un conte il me souvient :
> Je ne dis rien que je n'appuie
> De quelque exemple.

II. Entre toutes les qualités du style, nommez-en deux (la correction mise à part), qui vous semblent devoir être cultivées de préférence.

**Histoire et géographie.** — I. De toutes les entreprises extérieures de la France, au dix-neuvième siècle, dire quelle est celle qui vous paraît lui avoir procuré le plus de profit et d'honneur.

II. Indiquer sommairement à quelles dates et dans quelles circonstances ont été réunies au domaine royal les provinces littorales de la France.

**Pédagogie ou morale.** — Des qualités que doit avoir un bon *livre de lectures* à l'école primaire.

(Voy. les textes de langues vivantes, p. 290, 291 et 299.)

# TABLE DES MATIÈRES

## TROISIÈME PARTIE

### Modèles commentés pour les diverses épreuves.



---

## QUATRIÈME PARTIE

### Recueil des sujets officiels donnés, soit aux examens mêmes, soit pendant l'intervalle des sessions pour la préparation des candidats.



SAINT-CLOUD. — IMPRIMERIE Vᵉ EUG. BELIN ET FILS.